非 洲 国 际 关 系 论 丛
African International Relations

本书由外交部"2020年中非联合研究交流计划"著作出版项目资助出版

刘青建　主编

中国对非洲教育援助研究

以中国－联合国教科文组织信托基金为例

RESEARCH ON CHINA'S
EDUCATION ASSISTANCE TO AFRICA:
Taking UNESCO-China Funds-in-Trust for Example

薛　莲　著

社会科学文献出版社
SOCIAL SCIENCES ACADEMIC PRESS (CHINA)

"非洲国际关系论丛" 序言（一）

刘贵今[*]

  2018 年注定是当代中国－非洲关系史上的又一个"大年"。7 月，习近平主席亲赴南非出席金砖国家领导人第 10 次会晤并访问非洲数国；9 月，中非合作论坛第三届峰会暨第七届部长级会议在北京召开。值此中非合作东风浩荡，双方全面战略关系不断深入发展之际，由中国人民大学国际关系学院刘青建教授及其团队创作的"非洲国际关系论丛"付梓，可谓应运而生，恰逢其时。

  我本人从 20 世纪 80 年代初起，一直从事对非外交实际工作，有幸见证和参与了中非关系和对非研究的发展进程，其中有一件事给我留下了深刻印象。2007 年 4 月，我结束了驻南非大使 6 年任期，回国后即被任命为中国政府非洲事务特别代表及苏丹达尔富尔问题特别代表，两周后便赴苏丹访问。当时达尔富尔问题是国际上一大热点，中国在此问题上面临西方舆论的巨大压力。为了深入了解苏丹和非洲其他热点问题的历史背景，我到北京王府井等几个大书店，想买几本有关的中、英文书籍"急补"，但找遍书架，除了一些旅游地图和小册子外，几乎没有我想要的有关非洲的图书和杂志。而此后不久，我到英国出差，在伦敦的大街上随便溜达进一间不大的书店，但见两面墙

---

* 刘贵今，中国前驻南非、津巴布韦大使，中国政府首任非洲事务特别代表，中国亚非学会会长。

的书架上全是有关非洲的各种图书，很容易买到有关苏丹和达尔富尔问题的历史和最新情况的著作。这一鲜明对照和巨大差距令我深为尴尬和不安。

如今，10 年过去了，形势正在发生可喜的变化。随着中非合作的不断扩大和双方关系的深入发展，中国的涉非研究和对非了解也迈上新的台阶。在中非合作论坛框架下，中非联合研究和交流计划、中非智库论坛、中非高校 20＋20 合作计划、中非智库 10＋10 合作计划、教育部区域和国别研究基地、中南非高级别人文交流机制等机制性安排相继建立和日臻成熟。全国多所高校纷纷成立非洲研究院或研究中心，各类学术研讨会频繁举行。有关非洲的新媒体如网站、博客、微信客户端、微信朋友圈上的涉非文章，更是层出不穷，屡见不鲜。图书馆和书店里有关非洲的书籍也开始多了起来。显然，中国的对非研究和关注已不再是冷门偏道，而是某种程度上蓬勃向上、热度不减。刘青建教授团队的新书问世，即是非洲研究百花园中新绽放的一朵美葩。

正是在中非合作论坛建立、国内学界对非洲和中非关系研究的兴趣上升之时，刘青建教授既看到中非关系的前景，又深切感到中国非洲国际关系研究的不足，便在对发展中国家国际关系研究的基础上更多地投入到非洲国际关系的研究里。近 20 年来，她以深厚的非洲情怀和执着的事业追求，带领她的团队，坚持不懈地探索着非洲国际关系的一些前沿问题，近十年来逐步取得了一些成果，"非洲国际关系论丛"，即是其中之一。

"论丛"以促进中非共同发展为目标，多维度探讨非洲与世界的关系以及中国在推动中非合作、非洲与世界各国合作发展中的重要地位和作用。这套多卷本丛书，有以下几个主要特点。

第一，学术质量较高。丛书列入的学术著作，是刘青建教授承担国家和教育部科研项目的成果，以及她所指导的中国人民大学博士、硕士研究生的论文。这些著作都经过严格的匿名评审。作者们提出了许多独到的、有创见和新意的学术思想和观点，填补了中国非洲国际关系研究的一些空白。

第二，具有一定规模效应。"论丛"包括十多部学术著作，显示出中国非洲国际关系研究已从研究者们单打独斗到集体发力的趋势。这将有助于推动中国的非洲国际关系研究向更高层次发展。

第三，展现出一个年轻、朝气蓬勃的团队。除了刘教授之外，这个团队的成员都是80后、90后的青年学者。他们具有良好的国际关系学术素养，勤奋好学，视野开阔，研究方法多元而新颖。更加难能可贵的是他们热爱非洲，执着于非洲研究。他们让我看到了中国的非洲研究不仅后继有人，而且前程远大。

今年是中国改革开放40周年，中非关系正是随着中国改革开放的扩大和深入不断迈上一个又一个新台阶的。如今，昂首迈入新时代的中国从来没有像现在这样接近世界舞台的中心。在我们实现中华民族伟大复兴的中国梦、构建人类命运共同体的征程上，始终得到并将继续获得非洲兄弟的支持、合作与帮助。中非从来就是命运共同体，中非关系堪称新型国际关系的典范。今年的中非合作论坛北京峰会，"一带一路"对接《非洲2063议程》将成为一大主题，这必将极大促进中非之间的全面相互联通，推动日益密切的中非关系更上一层楼。新形势下如何使中非关系更加健康、互惠、可持续发展，我们最缺乏的还不是资金和项目，而是对非洲的研究、知识和相互了解，是更多爱非洲、懂非洲和有志于中非事业的人才。多年来，我们在这方面虽然作了不少努力，取得明显成绩，但与中非合作发展的速度、广度和深度相比，还存在着明显的差距和不足。中非关系与务实合作形势喜人，形势催人，形势逼人，呼唤学者、专家和企业界人士更具体深入、严谨务实、矢志不渝、与时俱进地探索、研究、了解非洲，包括它的各个地区、国别、政治、经济、历史、文化、文学、艺术、法律、外交等，并对加强这些领域里的合作提出前瞻性和可操作性的研判和建议。但愿我们面前的这套"非洲国际关系论丛"能够起到些引领的作用。

2018 年 3 月 31 日

"非洲国际关系论丛" 序言（二）

李安山[*]

当我受到刘青建教授邀请为她主编的 "非洲国际关系论丛" 写序时，一种感佩之情油然而生。青建教授与我相识多年，她曾担任人民大学国际关系学院国际政治系主任，长期从事国际政治特别是发展中国家的相关研究与教学工作。她早在 2001 年便与畅征教授共同出版了《发展中国家政治经济概论》，此书后来成为 "21 世纪国际政治系列教材"，在学界颇受重视。近些年来，青建教授重点关注非洲国家的政治与发展及中非关系，发表了诸多有影响力的著述，也培养了相当一批青年才俊。这些著作中除了她的《中国对非洲关系的国际环境研究》之外，其余都是她指导的学生在博士论文的基础上修改而成的专著。

自 2000 年中非合作论坛成立以来，中非关系发展很快，也引发了国际学界的关注。国内学术界有关中非关系的研究著述发表了不少。然而，我们缺少将自身放在现行国际政治经济框架中进行分析的研究。虽然国内对中非关系快速发展极尽欢呼与赞颂，但青建教授保持了学者的理性。我们从她的论著中可以看出一位资深学者的冷静思考。她首先对国际政治经济的理论进行了梳理，并分析了既定的以非洲为特定背景的国际政治经济环境，包括美欧等传统西方大国的传统

* 李安山，北京大学国际关系学院教授，中国非洲史研究学会会长。

势力影响及其力图维持其优势的努力，以及新兴大国的崛起及其与非洲合作的趋势。然而，我最感兴趣的是第四部分。她指出：尽管2006年中非合作论坛后，北京方面加大了公共外交力度，两地友谊"火速升温"，经贸往来优势突出且向能源、安全等领域不断拓展。然而，"短期内，大国在非洲的实力配比仍将维系持续多年的'西强我弱'格局。"诚哉此言！如果没有对局势和各方力量的客观判断和冷静分析，中国的对外战略特别是对非战略难以达到理想目标。

在此基础上，青建教授分析了中国面临的三重压力：国际政治环境的结构性压力、世界经济环境的竞争性压力和软实力环境的规范性压力。首先是国际政治环境的结构性压力。由于非洲国家的觉醒使得它们有可能挑选中国作为合作伙伴，从而将中国推到与美欧对立的前沿。日本及俄罗斯和印度等国家加强对非合作，增加了中非关系进一步拓展和深化面对的压力和挑战。更重要的是，传统的既得利益者欧美等国为了扭转颓势并维持对国际政治经济秩序主动权的掌控，纷纷在不同程度上调整对非战略部署，"体系带来的结构性压力在军事安全方面表现得尤为突出"，"对中国在军事安全领域的对非战略部署形成若干实质性威胁"。

其次是世界经济环境的竞争性压力。针对中国在非洲经济领域取得的突破，西方大国为了维护既得利益，保持其传统优势，"不断通过对非援助外交和能源外交两大渠道，希望在非洲的经济环境与政策上对中国形成合围包抄之势，迫使中国就范"。对外援助是大国实现外交政策和全球战略的重要手段，概莫能外。中国在对非援助的过程中奉行自己的原则，特别是不干涉他国内政的做法普遍受到非洲国家好评。然而，美、欧预先构建起的"外援"环境客观上削弱了非洲国家接受外来援助的选择能力，同时对中国对非援助产生了较大的阻力。在能源外交方面，作者对西方大国借助能源议题给中国出难题的可能性提出了两点。其一，对那些被美国定义为"制造麻烦"的能源供给国（如苏丹），中国的做法与美国的行为背道而驰。这样，中国与这些国家的合作挑战了美国的制裁政策，从而导致了双方关系紧张。其二，作为能源出口地的非洲逐渐成为中国与欧洲能源博弈的一个重要砝码。"西方大国担心中国以能源合作为支点与非洲打开合作局面，在利益获取、国家形象塑造方面超越自身不过是时间的问题，故而不断阻挠中国与非洲国家之间的资源合作项目，拉拢非洲国家政府抬高能源价格，限制对中国的矿产开采和能源出口等等。"这样，在对外援助和能源外交方面，西方大国的种种举措有意或无意地给中国设下了诸多障碍。

再次是软实力环境的规范性压力。在文化教育等方面，美欧大国一直占着绝对优势，这与长期的殖民历史和移民有着密切关系。"西方国家通过在非洲国家的软实力建设对中国构成的规范性压力则是历史与现实、强化自身与诋毁他者的双向发力。"这种所谓的"软实力"包括人口构成、宗主国语言、教育体系、宗教习俗、发展援助的规范、政治价值观和政治体制等方面。这些因素中有两点特别之处。一是作者专门提到非洲国家的欧洲白人人口构成对非洲国家的影响，这一点往往被人忽略。"部分国家的白人仍掌握大量政治、经济、土地资源之余，还在其母国和所在国继续扮演'凝聚剂'和'纽带'，将西方价值理念、宗教信仰乃至生活方式更为深切地植入非洲社会各个角落。"实际上，非洲在发达国家的移民裔群人数不少，在美国占总人口的 11% ~ 12%，在英国大约占 6%，在法国和德国也占一定比例。他们也是促进非洲和发达国家之间关系的重要力量。二是作者认识到部分非洲利益集团对中国价值观不认可，中国提出的"构建人类命运共同体"、"一带一路"倡议、"弘扬正确义利观"等观念"一时无法获得非洲国家的广泛理解和认同"。"少数非洲政坛精英、学者或利益集团、非政府组织等甚至带着审视'新殖民者'的眼光质疑中国，并成为西方利用'价值观外交'和舆论攻势遏制中国在非洲'软实力'的'内应'。换言之，中国和非洲在加深了解和文化互鉴方面都成为西方建构世界图景的边缘和从属，非洲国家对中国的政策和理念认识往往是模糊或标签化的。"中国只有客观认识这些挑战，才能更好地面对挑战。

这些观点对我们面临中非关系快速发展的形势下清醒认识中非合作的压力和困难有着非常重要的意义，对我们制定中国非洲战略将起到积极作用。

王聪悦从角色理论的维度分析了美国与欧盟的北非安全政策为何失灵这一问题。作者较充分地利用了美国总统及其核心圈 2011 年前后涉及北非安全局势的发言稿、会议记录和政策文件，将美国在北非局势中所起的作用归纳为四重角色——"利用巧实力的幕后领导者"、"地区安全稳定锚"、"民主的谦逊支持者"和"工具性多边主义者"，并认为这四项元素复合而成"急需国际公信力与合法性的实用主义者"。四重角色颇有自封的意味，其结果是乱象丛生。对欧盟在推进民主化、打击恐怖势力和面对难民问题的对策上，作者认为欧盟"以提供和传播规范性价值并由此建立伙伴关系、维持周边安全为目标，尽量通过'合理介入、说服、合作'等非军事、非强制手段推进共有价值观和行为标准的移植与内嵌，进而构建规范化的周边环境与世界秩序"。然而，局势发展不遂人意。规范性目标遭弱化，实施手段趋强硬，内部分裂扩大规范性负面影响。角色的设计和角色的扮演完全不一致。作者认为，就角色内涵而言，"急需国际公信力与合法性的实用主义者"与"务实的规范性行为体"本质上均暗含了"追逐现实利好"与"实现理想主义诉求"这两个矛盾着的对立面；从角色扮演过程来看，美国、欧盟举措失当，陷入多重角色冲突的尴尬局面。然而，作者使用"阿拉伯之春"时是否想过：一场导致无数人丧生的事件还能称其为"之春"吗？值得深思。

赵雅婷的著作是有关21世纪以来欧盟对非援助的政治导向研究。这一研究较全面地梳理了欧盟援助中人权、民主和良治导向的对非政策及其实施效果，试图对其结果进行检验和分析。作者认为，欧洲在近代人权和民主理念方面具有理论和实践的优势，欧盟将相关理论作为核心价值规范推动欧盟各国取得了有效成果，并试图通过援助将人权、民主和良治等欧盟价值规范在全球推广，使其成为援助非洲国家时的政治条件。作者认为欧盟对非政治导向的援助政策对非洲的作用是双重的。非洲方面认识到应该下大力改善人权、民主和良治现状，欧盟的价值规范促进了这些观念在非洲的传播。然而，这种有政治导向的援助政策是对非洲国家内政的干预。欧盟这种带有政治导向的援助的结果不理想。欧盟这一政策的成效表现在对内和对外两个层面。对欧盟民众在道义上有所交代，对非洲则能够强化欧盟的观念影响力，推进欧盟规范在世界范围的传播。我们应该从历史视角来看待这一问题。以人权的妇女权为例。近代欧洲经过长期斗争，在1940年代末才实行男女平等的普选权（德国1918年，英国1928年，法国1945年，意大利1946年，比利时1948年）。非洲国家的妇女独立后在人权方面取得的进步不容忽略。除享有投票权外，她们中有联合国大会主席、政府部长、诺贝尔奖获得者，还有的成为总统。此外，欧盟带政治条件的援助也有自身经济利益的考虑。

张凯的著作专门探讨了南非在后种族隔离时代寻求大国地位的外交战略，并着重分析了其战略追求及其限度。作者全面涵盖了南非外交战略的各个层面，进行了较深入的梳理，特别是将南非置于冷战后国际与非洲的国际关系框架里，就其在国际体系中的地位进行了阐述，特别剖析了南非与非洲国家、南非与西方国家、南非与新兴国家以及南非与国际组织的关系。作者认为，新南非寻求大国地位的外交战略分两个层次展开。在地区层次，新南非以多边合作和提供公共产品的方式追求非洲大陆的领导地位。这也是本书最成功的部分。南非通过强调非洲团结压倒一切，超越了民主与人权；强调加强地区制度建设，直接参与地区制度的策划、设计和建设；强调要充分利用南非的政治经济优势地位，用提供公共产品和经济援助的方式促进非洲大陆的发展；认识到南非与南部非洲地区的命运密切相连，非国大政府更加强调维护南部非洲地区的安全建设。这些举措无疑是南非寻求非洲地区的大国领导地位的有力举措，同时也使南非从一个白人国度开始融入非洲大陆，并起到领头羊的作用。作者在提到非洲安全威胁从全球、地区和国家内部三个层面转为国内冲突的提法可进一步延伸。现实表明，冷战以后，大国利益之争（如美法之间）在非洲仍然不断引发新的角力和冲突，非传统安全如恐怖袭击和埃博拉病毒等已成为多个国家的心腹之患。

《中国和印度对非洲政策比较研究》较全面地分析了中印对非洲政策的各个方面。王朝霞梳理了中国和尼赫鲁以来的印度对非政策，并分析了各阶段的特点。为了更好地展现双方与非洲关系的异同，作者在双方对非关系的快速发展、中印双方对非政策的目标、双方对非政策的成效以及双方面临的挑战进行了全面的比较。作者的结论有三点。第一，非洲在中国和印度对外战略中的地位明显不同。非洲在中国对外战略中始终占据基础地位，并逐渐发展成为中国对外关系基本立足点的重要支点。非洲在印度的战略谋划和外交格局中的地位是模糊、暧昧的。第二，中印两国均会延续对非友好政策，并继续发展全方位的合作。第三，从中国和印度在非洲关系的问题来看，中印将在非洲长期竞争，也存在合作的可能。三点结论合乎情理和事实。然而，从政策成效来看，作者认为中国基本实现而印度只是有限实现了对非政策目标。确实如此吗？这种结论的根据是什么呢？我们知道，非洲是由 54 个国家组成的，各国情况不一样，与中国和印度的关系也各有所别。在殖民主义时期，印度和一些前英国殖民地同属英帝国，一些印度人移民至英属殖民地顺理成章。例如，在毛里求斯，印度移民裔群在政治、经济和文化方面的影响力华人无法比拟。南非印度侨民 2015 年达 155 万，华侨华人人数远少于印侨。在进行双方关系比较时，侨民应是一个不可或缺的因素。

概而言之，这套丛书对我们理解国际政治经济体系中非洲的位置和中非合作的价值有极大的帮助。最后想谈一点自己的感想。我们在研究国际政治时，应该以批判的态度来看待现有的理论及其框架、概念和观点。以"软实力"这一概念为例，5 部著作都使用了这一概念。然而，这一概念实际上与中国的政治文化传统并不相符。"软实力"概念的提出与美国对国际秩序的理解和硬实力下降直接相关，主要是在国际关系框架中使用，具有强烈的意识形态色彩。1991 年苏联解体使国际政治版图发生巨变，福山等学者提出了"历史终结"的理论，为资本主义唱赞歌。在 1990 年出版的《美国注定领导世界？——美国权力性质的变迁》一书中，作者约瑟夫·奈反驳了保罗·肯尼迪提出的"美国衰落论"，认为美国的实力不仅体现在强大的政治、经济和军事力量上，更体现在文化吸引力、政治价值观吸引力和塑造国际规则和决定政治议题等"软实力"层面。虽然美国的硬实力有所下降，但其"软实力"仍无与伦比，美国依然是拥有最强能力来塑造未来的、最大、最富有的国家。约瑟夫·奈在《美国霸权的困惑》（2001 年）一书中再次提到"软实力"。对这一理论的系统阐释集中体现在约瑟夫·奈专门以《软实力》（2004 年）命名的书中。2012 年 12 月，约瑟夫·奈在其为《软实力》中译本所写的前言中，对"软实力"概念进行修正。他提出，软实力主要包括文化吸引力、政治价值观吸引力及塑造国际规则和决定政治议题的能力。实际上，越南战争后美国实力的衰落导致了两种不同的判断。以保罗·肯尼迪为主的学者认为美国实力在下降，约瑟夫·奈则极力反驳"美国衰落论"。他当过卡特政府助理国务卿、克林顿政府国家情报委员会主席和助理国防部长，可谓集官方身份与学术身份为一身，美国利益在其学术研究中的位置可想而知。美国在现今国际体系中奉行实力政策，习惯于挥舞大棒以充当国际警察。二战结束以来的美国领导人一直以武力说话，在世界舞台上横行霸道。随着美国实力的相对下降，"软实力"这一概念应运而生，成为堂而皇之的补充力量。更重要的是，"实力"（power）这一概念在国际政治话语中往往与"武力"（militancy）、"统治"（dominance）、"强迫"（force）、"逼迫"（coerce）、"控制"（control）、"暴力"（violence）等词语相连。这实际上是一种崇尚"力"与"利"的霸道，与中国政治传统及王道哲学相违。在中国倡导"命运共同体"的话语中，在奉行独立自主的和平外交政策实践中，这种建立在"力"与"利"基础之上的国际秩序缺乏根基。

当然，中国学者要开创自己的国际政治理论还有很长的路要走，但我们会一步一个脚印，坚定踏实地走下去。刘青建教授以及她带出来的学生为我们树立了很好的榜样。

是为序。

2018 年 10 月 30 日于京西博雅西苑

"非洲国际关系论丛" 序言（三）

刘青建

　　国际关系研究肇始于欧美，在 20 世纪下半期，形成了各具特色的四大理论流派。然而，无论是传统的现实主义，还是新现实主义即结构现实主义；无论是自由主义，还是自由制度主义；无论是经典的马克思主义，还是西方马克思主义；抑或是后来的建构主义都是以西方为中心的国际关系理论，或是以西方国家为研究主体的国际关系理论。尽管经典的马克思主义有对殖民主义或殖民地问题的研究，西方马克思主义也有对外围国家（即发展中国家）的研究，但是他们是在讨论西方殖民问题或是探讨以西方为中心的世界体系时才涉及亚非拉发展中国家，并没有脱离以西方为中心的窠臼。

　　中国国际关系的研究，始于 20 世纪 80 年代下半期。伴随着中国改革开放的发展，中国逐步走向世界。中国从介绍西方国际关系理论和研究方法开始，逐步开启构建具有自身特色的国际关系理论的进程。在此进程中，有志于此的一些学者雄心勃勃地表示要构建国际关系的中国学派，并为此目标而孜孜不倦地奋斗着。笔者在中国国际关系研究起步阶段即进入该研究领域，并把重点放在了对亚非拉发展中国家问题的研究上，希望用既有的国际关系理论来解释亚非拉发展中国家的问题。但是随着对西方国际关系理论的广泛了解和对发展中国家问题研究的逐步深入，才发现西方国际关系理论并不能直接拿来解释和解决发展中国家面临的诸多问题。因此，笔者便在借鉴既有国际关系理论的基础上，通过修正这些理论来谋求对发展中国家许多问题的诠释与解答。而构建中国特色的国际关系理论和构建国际关系的中国学派虽离不开对既有国际关系理论的借鉴，但更重要的是要摆脱以西方为中心的国际关系研究的视角。就此而言，我们刚刚起步。

2000年中非合作论坛建立之后，笔者将研究现实问题的重心转向了非洲地区。由于中国人民大学国际关系学院缺乏有关研究人员，自己便通过招收和培养硕士和博士研究生，聚集了一批有志为非洲国际关系研究奉献的80后和90后硕士和博士生，形成了一支年轻而充满活力的非洲国际关系研究团队。他们具有良好的国际关系学术素养，勤奋好学，视野开阔，研究方法多元而新颖。更加难能可贵的是他们热爱非洲，执着于非洲国际关系研究。经过十多年的潜心钻研，成就了十多部具有较高学术水准的研究成果，代表了当前中国非洲国际关系研究的水平。为使这些成果能够更好地服务于中非关系的发展，为使这些有为青年能被中国学界所了解，本人多年来一直在推动这些成果的结集出版。

呈现在读者面前的这套"非洲国际关系论丛"以促进中非共同发展为目标，深入阐释当代中国的外交与发展理念和模式，服务于中国"一带一路"和中非命运共同体的建设，构建中国与世界的对外话语体系，多维度地探讨非洲与世界的关系以及中国在推动中非合作、非洲与世界各国合作发展中的重要地位和作用。本丛书既有西方大国（美国、欧盟国家）、新兴大国（中国、印度、巴西、俄罗斯）对非战略和政策的研究与比较研究，也有对非洲国家（南非）和国家集团（西非国家经济共同体）自身谋求发展的探讨，还有对非洲传统安全（北非乱局）与非传统安全（恐怖主义）的解析，更有中国对非发展合作（从援助到合作、借助联合国教科文组织的教育合作）的理论和实践的研究。这些都是非洲研究和国际关系研究领域中亟待探讨或解决的前沿性问题。作者们提出了许多独到的、有创见和新意的学术思想和观点，为中国的非洲国际关系研究做出了积极而富有成效的贡献。这些成果本可以同时出版，但由于出版资金限制，只能分期分批地陆续奉献给读者。相信"非洲国际关系论丛"的出版，将会对中国的非洲国际关系研究产生规模效应，进而推动中国的非洲国际关系研究向更高的层次发展。

由于"非洲国际关系论丛"是中国国内第一套有关非洲国际关系的论著丛书，作者也大都是青年学者，因此难免存在一些不足和有待改进之处，恳祈读者批评指正。

本"论丛"在寻求出版的过程中曾得到学界、外交界、出版界许多关注非洲问题的朋友们的关心与支持，在此，深表谢意。特别感谢中国前驻南非和津巴布韦大使、中国政府首任非洲事务特别代表、中国亚非学会会长刘贵今先生亲自为本"论丛"撰写序言。令笔者难忘的是已过古稀之年的刘先生视力下降，已经不能用电脑撰写文稿，便摸索着在白纸上用特大字体手写了全部内容。感动之余，笔者恳请刘大使赐稿留存，以作纪念。衷心感谢中国非洲史研究会会长、北京大学国际关系学院教授李安山先生对本"论丛"所做的中肯的评价。安山教授与笔者结识多年，亦兄亦友，凡请求之事无不热心帮助。令本人深深感动的是安山教授在百忙之中，通读了"论丛"的几乎全部书稿，并对其中5部著作做了精辟的点评。最后还要感谢社会科学文献出版社的赵怀英博士，没有她不厌其烦地进行沟通，没有她认真细致的文字工作，"非洲国际关系论丛"也难以顺利出版。

2018年是中国改革开放40周年，也是中非合作的又一个"大年"。正如40年前的改革开放为中非关系发展开辟新局面一样，新时代的改革开放必将为中非关系的发展和中非命运共同体建设带来新的机遇，也必将为中国的非洲国际关系的研究和发展谱写新的篇章。

2018 年 11 月 28 日于世纪城对山书斋

$\mathbf{C}^{\text{目录}}_{\text{ontents}}$

导　论

本书以中国在联合国教科文组织设立的中国－联合国教科文组织援非信托基金（2012～2016 年）为研究对象，探讨 21 世纪第二个十年以来中国对非洲教育援助问题。

第一节　问题的提出和研究的意义

第二次世界大战后，"国际发展援助"这一特殊的国际关系现象对于形成以联合国为核心的现有国际政治和经济体系，产生着持续重大影响。中国在恢复联合国席位之后，特别是自改革开放以后，成为国际发展援助的主要参与者和受益者。进入 21 世纪以来，国际发展援助的格局发生了重大的变化，坚持独立自主、互利共赢的对外援助政策，对于中国倡导建立人类命运共同体并引领国际秩序变革具有越来越重要的意义。然而，中国的教育援助，尤其是对非洲的教育援助，与发达国家援助者以及不少新兴援助者相比，无论是在资金规模、制度化、基础数据互动性还是在系统研究、田野考察等方面都处于较低水平，且形式单一、成效有限，这与中国的国际地位不相适应。因此，加强中国对非洲教育援助的研究应该成为正在崛起的中国对外援助领域新的关注点，且值得进行深入探讨。

一　问题的提出

21 世纪以来，新兴经济体的群体性崛起正在改变国际政治经济的权力结构，国际政治多极化和经济全球化趋势日益明显，对国际援助的发展产生了极大影响，受援国更主动地参与到发展援助进程中，强调援助需满足自身发展需求并推动未来发展，而中国也迫切需要为落实可持续发展目标扩大国际合作空间并提升其话语权。随着非洲国家在国际舞台上的地位和作用的提升，非洲正在成为中国突破波谲云诡的地缘政治经济环境的强有力的杠杆。中非关系突飞猛进，中国对非援助力度空前。最为明显的标志无疑是 2000 年建立的中非合作论坛。它促进中国与非洲的教育交流合作迈上了新台阶，向层次更高、范围更大、立意更深的方向发展。

然而，中国对非教育援助作为中国对外援助的重要组成部分，长期以来，在理论和实践两个层次都跟不上国际环境的变化与国内社会的发展。主要表现在：一是无论出于援助国的利益驱动、受援国的发展需求还是兼而有之，对于如何做到义利相顾，为维持和提升国际影响力提供理论支撑，尚缺乏清晰的战略考量和决策机制；二是无论中国传统的双边援助、国际通行的多边援助还是非政府组织援助等方式，对于如何做好取长补短，使援助效果产生质的飞跃，都缺乏有价值的系统考察与客观评价。

2012 年 11 月 22 日，在联合国教科文组织召开的首届全球全民教育会议闭幕之际，中国政府推出了对非教育援助的新举措——与联合国教科文组织共同启动一项用于援助非洲国家教育发展的信托基金：中国－联合国教科文组织信托基金（UNESCO－China Funds－in－Trust，也称中国－联合国教科文组织援非教育信托基金）。这是中国首次通过国际组织实施的多边教育援助项目，也是联合国系统首次收到来自中国的、用于促进非洲教师培训的大笔资助。它是中国对非教育援助的一个创举，具有满足非洲发展需求、推动非洲能力建设、借助国际组织的智力支持和通过多边援助积极参与全球治理等特点。

该项目于 2013 年由联合国教科文组织开始运作实施，由中国政府在 2012～2016 年四年内向该基金提供 800 万美元的资助，旨在通过信息与通信技术（Information and Communication Technology，英文缩写 ICT，以下简称 ICT 或信息通信技术）重点提高撒哈拉以南非洲教师教育水平，缩小教育质量差距，提升非洲项目国家重点教师教育与培训机构的能力。该项目自实施以来，按照既定计划顺利进行，取得了阶段性成果，在非洲国家和国际社会都产生了很好的反响。2015 年 12 月中非合作论坛约翰内斯堡峰会认为该项目实施顺利，双方支持该项目继续实施并先期延长两年（2016～2017 年）。目前已有科特迪瓦、纳米比亚、埃塞俄比亚、刚果（布）、利比里亚、刚果（金）、乌干达、坦桑尼亚、赞比亚和多哥 10 个国家直接受益。

中国政府为什么要在联合国教科文组织中启动援非教育信托基金项目，为什么是针对非洲国家启动这个项目？它有什么现实意义？这个项目对中国教育援非有什么作用？进一步的问题是：该信托基金是如何运作的，有什么特点，取得了什么成效？它对中国未来的教育援助将会产生什么影响或帮助？本书将对上述问题展开系统分析与实证研究。

二　研究的意义

对于中国－联合国教科文组织信托基金，教科文组织官方评价说："这是教科文组织首次收到来自中国的、用于促进教师培训的大笔资助，这一计划标志着一个新的合作伙伴关系的开始。"① 该基金与中国传统的双边教育援助模式有较大的不同，其运作模式和实际效果将对非洲未来的教育发展，以及对中国对非教育援助制度的构建产生重要影响。具体来讲，本研究的意义表现在理论和实践两个方面。

本研究的理论意义在于以下两方面。

第一，有助于在发展援助理论中补充教育援助的内容。传统的发展援助理论仅仅局限于经济领域，发展援助的目的也主要是援助国通过提供资金帮助受援国的经济社会发展。然而，半个多世纪的发展援助实践表明，单纯的经济援助未必能够达到帮助受援国发展本国经济，摆脱贫困，走上可持续发展道路的目的。发展中国家的实践表明，国家的发展必须依靠自己的力量，依靠本国的人力、智力来规划国家的发展战略，制定发展政策，使发展援助资金为国家的发展战略和目标服务。因而，通过培训加强人才培养和提高技能水平逐渐成为国际发展援助的一个新举措和重要内容。教育援助可以推动发展援助向深层次发展，真正推动受援国自身的可持续发展。本书的研究将探讨教育援助对受援国经济社会发展的作用，借助社会交换理论，补充传统发展援助理论的不足。

第二，有助于加强教育援助的制度构建。如何统筹协调教育援助的资源、强化各方人员的责任感、制定合理的教育援助管理和实施方案以及完善教育援助项目评估制度等，这些都是教育援助制度构建的重要内容。国际社会在实施教育援助方面已经积累了一些经验。对中

---

① 联合国教科文组织：《加强教师培训，缩小非洲教育质量差距》，http：//fr. unesco. org/node/179999，2015 年 11 月 1 日访问。

国来说，为了实施有效的教育援助，构建完善的教育援助制度势在必行，而中国－联合国教科文组织信托基金的设立，表明中国的教育援助制度的发展有了新的突破。

本研究的现实意义在以下两方面。

第一，有助于探讨中国教育援助与国际组织的关系。联合国教科文组织是世界上成员国最多的国际组织和联合国系统内最大的专门机构，目前拥有 195 个会员国和 10 个准会员，旨在为建立和平、消除贫穷、可持续性发展及跨文化对话，开展促进各国在教育、科学和文化等领域的合作。中国自 1972 年恢复在该组织的活动后，经历了观察学习、逐渐参与、深入参与和全面参与等各个发展阶段，与该组织的合作日益深入。20 世纪 80 年代中期，联合国教科文组织开始重点在基础教育领域对中国开展教育援助与合作，相比当时发达国家的官方发展援助和世界银行等国际组织的援助，尽管其援助在资金上十分有限，但"在国际教育援助组织中，教科文组织的援助最切合中国的实际，在具体的实际过程中也最为专业化（这种专业化是指符合教育的发展和运行规律），能够和中国的教育发展同步进行。"[①] 中国政府与该组织合作开展援助非洲教育的活动始于 2007 年。当时中方捐赠了 100 万美元用于资助联合国教科文组织在埃塞俄比亚建立非洲能力建设国际学院，以及在布基纳法索建立女童和妇女教育国际中心。除了这种间接的方式，中国的对外教育援助一直采取的是双边形式，主要通过互派留学生、互换教师、合作搞科研、加强人力资源培训等具体项目开展援助。中国在联合国教科文组织设立信托

---

① 靳希斌、安雪慧等：《国际教育援助研究：理论概述与实践分析》，福建教育出版社，2008，第 304 页。

基金表明中国对教育援助的实施效果有了更高的诉求，而在中国更多参与国际事务的情势下，面对西方社会甚至包括非洲受援国民众在内的种种质疑，借助联合国教科文组织是一个较优的选择。

第二，有助于提升中国在非洲乃至整个国际社会的软实力。自20世纪50年代建交以来，中国一直给予非洲国家多方面的援助，从提供资金、设备到传授技术和派遣人才等，为非洲国家实实在在做了很多好事，也取得了很多成绩。但这些做法在提升中国国际影响力方面的作用不尽如人意，甚至产生了一些负面影响。教育、科学和文化是联合国教科文组织的主要业务领域，也是体现一个国家软实力的重要因素。中国通过联合国教科文组织这个多边智力平台来实施教育援非项目，更容易获得国际社会的认可和提升中国的国际影响力。本书通过考察中国－联合国教科文组织信托基金的实施成果来说明中国教育援非如何在较高层次上实现中国对非教育援助的有序性和高效率，以及如何在非洲国家乃至全球产生了积极的影响。中国－联合国教科文组织信托基金的运作和实施成果不仅提高了中国在国际社会的声誉，而且也成为提升中国在非洲的软实力的重要组成部分。

第二节　中国教育援非的研究现状

中国政府及相关部门先后出台了一系列推动中国教育援非的文件，国内外学者也对中国教育援非进行了多角度的研究。从目前收集的文献资料来看，国内外尚无本书所涉及问题的专门研究，相关研究的文献资料主要涉及以下内容。

一　中国政府及相关部门的文件

中国政府及相关部门的文件为中国教育援非的发展以及中国对非教育援助基金的设立提供了政策指导和现实依据。主要有以下三类。

第一类，政府文件及领导人讲话中有关对非发展合作与援助的政策与实践。2006 年是中非开启外交关系 50 周年，《中国对非洲政策文件》于当年首次发表，该文件表示要在历史基础上与非洲建立新型战略伙伴关系和运行机制。其中涉及教育援助的内容主要体现在"人力资源开发与教育合作"，即"实施教育援助项目，促进非洲有关薄弱学科的发展"。① 2015 年 12 月，在距上次发布对非政策文件近 10 年之后，适逢中非合作论坛成立 15 周年，中国第二次发布了《中国对非洲政策文件》（2015），表示中非之间应升级为全面战略合作伙伴关系，并大大增加和细化了教育援助的内容。② 2016年 4 月，中共中央办公厅、国务院办公厅印发《关于做好新时期教育对外开放工作的若干意见》，提出了今后五年的工作目标和工作重点，明确指出要"促进教育领域合作共赢。通过加强与国际组织的合作，建立和完善双边多边教育部长会议机制，增进次区域教育合作交流，推动大学联盟建设，深入推进友好城市、友好学校教育深度合作，深化双边多边教育合作。通过提升发展中国家在全球教育治理中的发言权和代表性，选拔推荐优秀人才到国际组织任职，完善金砖国家教育合作机制，拓展有关国际组织的教育合作空间，

---

① 《中国对非洲政策文件》（2006 年），http：//www. gov. cn/ztzl/zflt/content_428674. htm。

② 《中国对非洲政策文件》（2015 年），http：//www. focac. org/chn/ltda/dwjbzzjh_1/t1321590. htm。

积极参与全球教育治理。通过发挥教育援助在'南南合作'中的重要作用，加大对发展中国家尤其是最不发达国家的支持力度，加快对外教育培训中心和教育援外基地建设，积极开展优质教学仪器设备、整体教学方案、配套师资培训一体化援助，开展教育国际援助，重点投资于人、援助于人、惠及于人"。① 这些是目前指导中国教育援助的纲领性文件。此外，较重要的政府文件还包括首次发布的《中国的对外援助》白皮书（2011 年）及此后发布的《中国对外援助》白皮书（2014 年），密集展示了中国对外援助的演变历程和新世纪对外援助的理念和愿景、政策和机制，以及各类对外援助情况的数据。

第二类，中非合作论坛有关文件对教育援助问题的总结与规划。中非合作论坛部长级会议于 2000 年 10 月首次召开，以后每隔三年举行一届，至今已经举行了七届。中国政府在历届会议上都作出过涉及中非教育援助或合作的郑重承诺。表 0 - 1 展示了这些承诺的重点内容。

第三类，外交部、商务部、教育部等中央部委对非援助数据统计。例如，根据商务部发布的数据，近二十年来中非双边贸易额与对非投资存量快速增长。自 2009 年起，中国开始连续多年稳居非洲第一大贸易伙伴地位。由于对非教育援助形式多样，分散于多个援助领域，总体援助资金难以统计，如果按照教育部公布的接收非洲留学生的数量来衡量，从表 0 - 2 可知其与中非经贸增速基本保持同步，政府教育援助的投入力度从中可见端倪。

---

① 中共中央办公厅、国务院办公厅：《关于做好新时期教育对外开放的若干意见》，http：//www. gov. cn/home/2016 - 04/29/content_5069311. htm。

表0-1　中非合作论坛历届部长级会议内容及中国对非教育合作与援助的承诺

时间及地点	议题与成果	双方愿景	中方承诺（与教育相关内容）
第一届部长级会议 2000年10月 中国北京 45国、17个国际和地区组织代表与会	"推动建立国际政治经济新秩序"及"加强中非在经贸领域的合作" 《中非合作论坛北京宣言》和《中非经济和社会发展合作纲领》	为在21世纪实现可持续发展，双方有必要建立起一种充满活力的新型战略伙伴关系	进一步增加非洲国家来华留学生奖学金名额；继续派遣教师，帮助当地高等院校加强学科和专业建设；建立双方大学间研究中国和非洲文明的联系渠道；设立"非洲人力资源开发基金"，逐步增加奖金投入，帮助非洲国家培训各类专业人才
第二届部长级会议 2003年12月 埃塞俄比亚亚的斯亚贝巴 45国与会	"务实合作、面向行动" 《中非合作论坛—亚的斯亚贝巴行动计划（2004~2006年）》	落实《中非合作论坛北京宣言》和《中非经济和社会发展合作纲领》确定的原则和目标	在"非洲人力资源开发基金"规模基础上进一步增加资金投入，培养、培训非洲各类人员力争达到一万人；互派教师和相互提供奖学金名额，建立高等院校与职业教育培训学校间的交流渠道；中国继续帮助非洲高等院校和职业教育培训学校加强学科和专业建设
北京峰会暨第三届部长级会议 2006年11月 中国北京 49国与会	"友谊、和平、合作、发展" 《中非合作论坛北京宣言》和《中非合作论坛—北京行动计划（2007~2009年）》	建立政治上平等互信，经济上合作共赢，文化上交流互鉴的新型战略伙伴关系	今后3年内为非洲援助100所农村学校；在2009年之前，向非洲国家提供中国政府奖学金名额由每年2000人次增加到4000人次；每年为非洲国家培训一定数量的教育行政官员、大中小学及职业教育学校校长和骨干教师；根据非洲教育的需要，建立孔子学院，开展汉语教学。

续表

时间及地点	议题与成果	双方愿景	中方承诺（教育相关领域）
第四届部长级会议 2009年11月 埃及沙姆沙伊赫 50国与会	"深化中非新型战略伙伴关系，谋求可持续发展"《中非合作论坛沙姆沙伊赫宣言》和《中非合作论坛—沙姆沙伊赫行动计划（2010～2012年）》	继续深化政治上平等互信、经济上合作共赢、文化上交流互鉴的中非新型战略伙伴关系	今后3年内，为非洲国家援助50所中非友好学校；倡议实施"中非高校20+20合作计划"，选择中方20所大学（或职业教育学院）与非洲国家的20所大学（或职业教育学院）建立"一对一"的校际合作新模式；在今后3年内招收200名非洲中高级行政管理人员来华攻读公共管理硕士（MPA）学位；继续增加中国政府奖学金名额，到2012年向非洲提供奖学金名额增至5500名；加大为非洲国家中小学、职业院校培养和培训师资的力度；今后3年为非洲国家培训1500名校长和教师；继续推进孔子学院的发展，增加汉语教师来华学习奖学金名额，加大非洲本土汉语师资培养的力度
第五届部长级会议 2012年7月 中国北京 51国与会	"继往开来，开创中非新型战略伙伴关系新局面"《中非合作论坛第五届部长级会议北京宣言》和《中非合作论坛第五届部长级会议北京行动计划（2013～2015年）》	继续深化政治上平等互信、经济上合作共赢、文化上交流互鉴的中非新型战略伙伴关系	继续实施"中非高校20+20合作计划"，进一步完善中非高校校际合作机制。鼓励中非高校在区域和国别研究领域开展合作，支持非洲高校开放中国研究中心；继续推动孔子学院和孔子课堂在非洲建设和发展，中方将在师资培训、人员派遣、教材资源等方面予以积极支持；在联合国教科文组织信托基金框架下，每年提供200万美元，用于支持非洲教育发展项目，特别是支持非洲的高等教育；继续帮助非洲国家建设教育培训设施，并提供更多短期、中长期培训和奖学金机会

续表

时间及地点	议题与成果	双方愿景	中方承诺（教育相关领域）
约翰内斯堡峰会暨第六届部长级会议 2015年12月 南非约翰内斯堡 51国与会	"中非携手并进：合作共赢、共同发展"《中非合作论坛约翰内斯堡峰会宣言》、《中非合作论坛约翰内斯堡行动计划（2016～2018年）》	双方同意将中非新型战略伙伴关系提升为全面战略合作伙伴关系，推动中非友好互利合作实现跨越式发展	向非洲国家提供2000个学历学位教育名额和3万个政府奖学金名额；通过南南合作与发展学院，为非洲培养国家发展高端政府管理人才；继续实施"中非高校20+20合作计划"，推动建立中非高校间合作机制，鼓励中非高校互设孔子学院和孔子课堂；支持更多非洲国家建设孔子学院和孔子课堂；支持非洲国家改造现有的或新建更多的职业技术培训设施，在非洲当地培养20万名职业技术人才，提供4万个来华培训名额，帮助青年和妇女提高就业技能，增强非洲自我发展能力；支持在联合国教科文组织设立的援非教育信托基金项目继续实施并先期延长两年（2016～2017年）。
北京峰会暨第七届部长级会议 2018年9月 中国北京 54国与会	"合作共赢，携手构建更加紧密的中非命运共同体"《关于构建更加紧密的中非命运共同体的北京宣言》《中非合作论坛—北京行动计划（2019～2021年）》	深化中非全面战略合作伙伴关系，携手打造更加紧密的中非命运共同体	中方将继续支持南南合作与发展学院的平台作用；实施头雁计划，为非洲培训1000名精英人才，为非洲提供5万个中国政府奖学金名额，为非洲提供5万个研修培训名额，为非洲培养更多各领域专业人才，继续实施"中非高校20+20合作计划"，搭建中非高校交流合作平台

续表

时间及地点	议题与成果	双方愿景	中方承诺（教育相关领域）
北京峰会暨第七届部长级会议 2018年9月 中国北京 54国与会	"合作共赢，携手构建更加紧密的中非命运共同体" 《关于构建更加紧密的中非命运共同体的北京宣言》《中非合作论坛—北京行动计划（2019～2021年）》	深化中非全面战略伙伴关系，携手打造更加紧密的中非命运共同体	中方愿通过派出汉语教师和志愿者，赠送汉语教材和教学材料，提供孔子学院奖学金，帮助培养本土汉语教师等多种方式，进一步支持非洲各国开展汉语教学；中方在联合国教科文组织成功设立的援非教育信托基金项目实施顺利，成果显著，双方支持该项目实施并延长4年（2018～2021年）；继续支持津巴布韦哈拉雷非洲能力建设基金总部的非洲能力发展学院建设，为非盟《2063议程》实施提供能力建设支持，确保非洲国家和各次区域组织人力资源水平、机构能力和协调能力不断提高

资料来源：中非合作论坛文件，http：//www.focac.org/chn/。

表 0 - 2　1999 ~ 2016 年中非经贸往来与来华留学情况统计

统计类型　　　　　年度指标	1999 年	2009 年	2016 年	年均增速（%）
双边贸易总额（亿美元）	64.84	910.7	1492	20.3
对非直接投资存量（亿美元）	5	93.3	398.8	29.4
接收非洲留学生数量（人）	1384	12409	61594	25.0

资料来源：根据中华人民共和国教育部来华留学生数据发布及商务部、国家统计局统计公报整理。

二　中文文献

通过对中文文献内容进行分析，可以发现学界对中国对非教育援助研究的兴趣主要集中在以下几个方面。

1. 关于对外援助的理论和中国对非援助的动因

其一，从国际关系的角度系统研究对外援助的理论和一般动因。美国学者迈克尔·托达罗认为"提供援助的捐赠者基本上出于战略、政治或经济的自我利益。虽然一些发展援助可能会切盼道德，以帮助不幸，但没有什么历史证据表明，一段时间之后，捐赠者不希望别人有相应的利益（政治、经济和军事）作为回报"。[①] 一些学者把对外援助看作国际经济政治关系中的重要组成部分。如刘丽云认为，对外援助从来不是一种单纯的、单向的经济活动或慈善活动。它能够折射出援助者的对外政策取向、战略意图以及价值观念。[②] 刘太伟在论文中指出，对外援助是国家、国家集团或国际组织内部政治的延伸，是其实现战略目标、维护经济利益、营造道德形象的重要外

---

① 〔美〕迈克尔·托达罗：《经济发展与第三世界》，印金强、赵荣美译，中国经济出版社，1992，第 439 页。

② 刘丽云：《国际政治学理论视角下的对外援助》，《教学与研究》2005 年第 10 期。

交工具，它涉及国际关系的各个层面，因此一直是学术界关注的领域。①

章昌裕先生主编的《国际发展援助》一书（1993），是国内首部关于对外援助的专著，其重点介绍了国际发展援助协议、双边发展援助、国际发展援助机构与协调、国际发展援助资金和部门、成套项目援助等内容。② 李小云、唐丽霞、武晋编著的《国际发展援助概论》一书，则系统介绍了国际发展援助的发展历程、国际对华援助以及中国对外援助、发展援助机构、方式和管理、效果和评价等具体内容。③ 周弘主编的《对外援助与国际关系》一书，也是目前对外援助研究领域较具影响力的著作。在这本书里，作者从国际关系的角度，探讨了以国家利益为中心的国际援助理论和非国家行为主体的超国家援助行为，也从政治、社会和文化进程的视角分析了对外援助政策和行为造成的影响，强调三个关键变量：国家、亚国家、超国家的作用。④

其二，从中国对非关系的目标、国际责任角度探讨中国对非援助的动因。蒂埃里·班吉在《中国，非洲新的发展伙伴——欧洲特权在黑色大陆上趋于终结?》一书中援引斯蒂芬·史密斯的话说，非洲是所有国际事务参与者的"票仓"。任何一个非洲国家都不容忽视，比如多哥或赞比亚等，在某些场合他们手中的票跟美国和俄罗斯等国手

---

① 刘太伟：《冷战后欧盟对非洲援助政策的调整》，上海师范大学硕士学位论文，2007。

② 其他相关著作如盛洪昌主编《国际经济合作》，中国人民大学出版社，2009；姬会英主编《国际经济合作实务》，清华大学出版社、北京交通大学出版社，2008；章昌裕主编《国际经济合作》，东北财经大学出版社，2009，等等。

③ 李小云、唐丽霞、武晋编著《国际发展援助概论》，社会科学文献出版社，2009。

④ 周弘：《对外援助与国际关系》，社会科学文献出版社，2002。

中的票同等重要。① 她认为"为了保障从非洲获得长期稳定的能源资源供应，中国将毫不犹豫地在非洲保持进攻态势"。② 同时，蒂埃里·班吉在其书中对西方抹黑中国的种种言论进行了客观的分析，并指出"中国对非合作模式颠覆了西方模式"，"这对非洲是一个机遇"。③ 门镜、本杰明·巴顿主编的《中国、欧盟在非洲：欧中关系中的非洲因素》收纳了中欧学者的论文，比较全面地分析了中欧对非洲的影响。书中指出，中国对非援助政策是随着中国对非政策的变化而变化的，且不仅是外交政策的一部分，也是内政的延伸。④ 刘鸿武、黄梅波等则是从中国的国际责任角度来讨论中国对外援助的动因的。他们所著的《中国对外援助与国际责任的战略研究》论述中国的对外援助和国际责任的关系。该书以中国对外援助研究的国际视野，将不同的对外援助模式与国际责任理论进行了纵向考察与横向比较和论证，"旨在系统梳理和深入讨论当代中国对外援助的文化渊源、现实动因、历史进程、民族个性和时代影响，及中国对外援助个性与中国担当国际责任、履行国际义务之间的互动关系"。⑤ 丁韶彬的《大国对外援助——社会交换论的视角》在利益关系和权力关系分析的基础上，提出中国对外援助模式是一种互利互惠的交换。⑥

① 〔中非〕蒂埃里·班吉：《中国，非洲新的发展伙伴——欧洲特权在黑色大陆上趋于终结?》，肖晗等译，世界知识出版社，2011，第 32 页。
② 〔中非〕蒂埃里·班吉：《中国，非洲新的发展伙伴——欧洲特权在黑色大陆上趋于终结?》，肖晗等译，世界知识出版社，2011，第 31 页。
③ 〔中非〕蒂埃里·班吉：《中国，非洲新的发展伙伴——欧洲特权在黑色大陆上趋于终结?》，肖晗等译，第 245 页。
④ 门镜、〔英〕本杰明·巴顿主编《中国、欧盟在非洲：欧中关系中的非洲因素》，李靖堃译，社会科学文献出版社，2011，第 276 页。
⑤ 刘鸿武、黄梅波等：《中国对外援助与国际责任的战略研究》，中国社会科学出版社，2013，第 2 页。
⑥ 丁韶彬：《大国对外援助——社会交换论的视角》，社会科学文献出版社，2010。

　　其三，从援助产生的实际效果探究中国对非援助的动因。尽管已经证明，在促进千年发展目标中"消灭极端贫穷和饥饿、普及小学教育、促进两性平等并赋予妇女权力、降低儿童死亡率、改善产妇保健"等具体目标的实现上，援助具有明显的作用，[①] 但是《援助的死亡》的作者莫约坚持认为，正是由于发达国家通过经济援助进行结构调整和发展干预，非洲国家从独立之初高涨的充满希望和抱负，已沦为近乎赤贫、需要新的依赖的状态。[②] 在莫约看来，"外援和自然资源二者间的关键差异在于，援助是一种主动的、深思熟虑的、为谋求发展而制定的政策"。[③] 该书的着眼点主要在经济方面，"中国是用经济的力量而不是用枪炮来征服非洲的"。"中国对非洲的整套政策中最吸引人的一个方面是其致力于外国直接投资。这通过政府直接投资的方式和鼓励中国私营企业到非洲投资的间接方式来实现，常常是通过优惠贷款和买方信贷来完成。"[④] 美国学者布罗蒂加姆认为，"中国的援助与经济合作则大不相同，这种不同既体现在内容方面，又体现在援助活动的标准方面"。"中国的援助与经济合作计划主要取决于受援国自身的发展经验和请求，重点放在基础设施、生产和大学奖学金等传统捐助者已经不再重视的领域。"[⑤] 针对中国是

---

① 魏雪梅：《冷战后中美对非洲援助比较研究》，中共中央党校博士学位论文，2008。

② 〔赞比亚〕丹比萨·莫约：《援助的死亡》，王涛、杨慧等译，刘鸿武审校，世界知识出版社，2010，第14页。

③ 〔赞比亚〕丹比萨·莫约：《援助的死亡》，王涛、杨慧等译，刘鸿武审校，世界知识出版社，2010，第34页。

④ 〔赞比亚〕丹比萨·莫约：《援助的死亡》，王涛、杨慧等译，刘鸿武审校，世界知识出版社，2010，第74、75页。

⑤ 〔美〕黛博拉·布罗蒂加姆：《龙的礼物——中国在非洲的真实故事》，沈晓雷、高明秀译，社会科学文献出版社，2012，第11页。

"流氓捐助者"的观点，其反驳道："在所有情况下，起决定作用的因素可能并不是中国，而是各非洲国家及它们的政府。在治理相对较好的稳定国家，中国的援助与投资有可能会产生纯利。""在腐败横行和不稳定的独裁国家，由于它们的政府缺乏责任感，中国的参与（与任何其他国家一样）不大可能会取得广泛的收益。"① 门镜、本杰明·巴顿主编的《中国、欧盟在非洲：欧中关系中的非洲因素》指出，"中国对于援助似乎没有明确的标准或清晰的界定"。"中国的承诺往往是以具体结果的方式提出的：建造 30 所医院，或者计划提供多少人次的培训，这些并不能转化为独立的'价格标签'。"② 这一条评价，极好地佐证了中国对非援助工作在制度建设方面的缺失。

2. 关于中国对非援助的模式

张永蓬的《国际发展合作与非洲：中国与西方援助非洲比较研究》通过对中国与西方国家对非洲援助多个领域的比较，总结中国与西方在援助非洲方面的经验、教训，探讨未来的发展方向。③ 他在该书第五章专门就中国与西方的援助机构和管理体系及其援非特点进行了比较，但并没有突出强调中国援非制度建设方面存在的问题。④ 亦有研究者总结归纳了对非发展援助模式，认为中国应始终坚持平等相待和共同发展的援助理念，并随着时代背景和非洲国家的切实需要相

① 〔美〕黛博拉·布罗蒂加姆：《龙的礼物——中国在非洲的真实故事》，沈晓雷、高明秀译，社会科学文献出版社，2012，第 20 ~ 21 页。

② 门镜、〔英〕本杰明·巴顿主编《中国、欧盟在非洲：欧中关系中的非洲因素》，李靖堃译，社会科学文献出版社，2011，第 286 页。

③ 张永蓬：《国际发展合作与非洲：中国与西方援助非洲比较研究》，社会科学文献出版社，2012，第 9 页。

④ 张永蓬：《国际发展合作与非洲：中国与西方援助非洲比较研究》，社会科学文献出版社，2012，第 119 ~ 132 页。

应调整对非洲的援助政策。① 研究体现了中国对非援助的发展趋势，但仍没有将模式提升到制度层面来进一步讨论。

3. 关于对西方诟病中国对非援助的驳斥

北京大学非洲研究中心的资深学者李安山在《为中国正名：中国的非洲战略与国家形象》一文中认为，西方世界针对中国援助的负面言论有这样几种："掠夺资源论"、"破坏环境论"、"援助方式危害论"、"漠视人权论"、"新殖民主义论"和"近年扩张论"等。② 针对"非洲版"的"中国威胁论"，王洪一作了比较详尽的分析。他认为，中国经济的快速发展，发挥着越来越大的政治影响力，带动了发展中国家的整体发展，挑战了西方列强在国际事务中的主导地位。中国的和平崛起，已然成为非洲国家学习的典范，他们对中国模式青睐有加，让发达国家愈加不安。不少西方政治学者认为，复制本国政治自由化和多党制的经验是非洲国家走向民主成功的必由之路，所以诋毁中国，希望借助国际媒体等平台主导世界对中国的看法。其实质是，中国与非洲平等互利的合作关系给非洲人民带来更多实惠的同时，客观上动摇了西方国家对非洲长期控制的根基，削弱了非洲国家对西方国家的政治依赖，更影响了其已获得和将获得的超额利润。因此一些西方舆论极力炮制有关中国对外贸易和能源合作的谣言，丑化中国的国际形象，干扰中国和非洲之间正常的友好合作。③ 基于对中国传统文化的无知，他们往往无视中国的和平发展外交政策。中国尊重其他国家的主权，始终坚持政治与经济政策上的独立自主，对将自己的

---

① 张海冰：《发展引导型援助：中国对非洲援助模式研究》，上海人民出版社，2013，第 11 页。

② 李安山：《为中国正名：中国的非洲战略与国家形象》，《世界经济与政治》2008 年第 4 期，第 6~15 页。

③ 王洪一：《试论"中国威胁论"》，《西亚非洲》2006 年第 8 期，第 30~31 页。

一套东西强加于人不感兴趣，中国决不采用胡萝卜加大棒的手法，而更愿意通过积极的援助和鼓励去支持非洲。这种指责还反映出西方国家对中国进入非洲会影响西方国家既得利益的一种不良心态，特别是在矿产和石油等优质资源领域，中国与非洲关系的发展已使某些西方国家和非政府组织感到不舒服，一定程度上唤起了其殖民的罪恶感。①

世界银行前行长保罗·沃尔福威茨（Paul Wolfowitz）曾致函英国《金融时报》，指出该刊物于 2006 年 10 月 24 日对其关于中国的言论进行了不当报道，他说："中国在过去 25 年里，使 3 亿多人口摆脱了贫困。中国人以极具才智与务实的态度为撒哈拉沙漠以南区域仍在努力寻找脱贫之路的 6 亿非洲人提供了宝贵的经验。为了共同的目的，世界银行集团和包括中国在内的主要捐助国，正在支持我们的非洲伙伴国，为那里的穷人创造切实的机遇。"②

4. 关于国际教育援助的具体内容和形式

徐辉教授认为，真正的国际教育援助，产生于第二次世界大战之后，其先决条件是众多的殖民地国家先后获得了独立。③ 顾建新教授认为，教育援助的概念内涵始终处于动态变化之中，受政治、经济、历史、文化等多种因素的制约。国际援助非洲教育领域的方式和优先发展事项等，在不同历史时期呈现出明显的阶段性发展特征。促进国家和个人发展，以及人力资源开发的需要等角度，他认为教育援助是包括了扫盲、职业培训、远程教学和市民教育在内的，针对学校教育

① 刘乃亚：《互利共赢：中非关系的本质属性——兼批"中国在非洲搞新殖民主义"论调》，《西亚非洲》2006 年第 8 期，第 33～39 页。

② ［美］保罗·沃尔福威茨：《中国为非洲提供了宝贵经验》，梁鸥译，《金融时报》2006 年 11 月 2 日。

③ 徐辉：《战后国际教育援助的影响、问题及趋势》，《外国教育研究》2000 年第 1 期，第 35 页。

和其他正规教育机构的援助活动，并持真正的教育援助始于第二次世界大战之后的观点，还将其分为人力资本时期、结构调整时期、管治时期、减贫与市场时期和新知识经济时期五个阶段。①

学者们还根据援助的来源把教育援助的形式分为双边援助、多边援助、非官方组织援助。其中双边援助（bilateral aid）为两个国家或地区之间通过签订发展援助协议或经济技术合作协议，由援助一方以直接提供无偿或有偿款项、技术、设备、物资等方式，帮助受援一方发展经济或渡过暂时困难而进行的援助活动。多边援助（multilateral aid）则是多边国际组织机构（例如世界银行、联合国机构、区域性开发银行或石油输出国组织等多边机构）利用其成员国的捐款、认缴股本、优惠贷款及在国际资本市场的借款或业务收益等，按照其制定的计划与规则向欠发达国家或地区提供的援助。② 非官方组织援助按照实施机构的不同，可分为两类：一类是各种学会、协会等社团组织；另一类是各种基金会和以基金会为基础的学校、服务机构、研究所等。基金会包括资助型基金会和运作型基金会，除了资金援助，各种专门的教育相关组织、非教育相关的其他社团组织，也在学历教育、职业教育、法律知识方面为非洲国家提供支持。③ 此外，按照使用方向，还可分为项目援助和非项目援助，其中项目援助在 20 世纪七八十年代风靡一时，现在仍是援助非洲教育较普遍的方式之一，如帮助非洲国家建立或修缮学校，提供教学设备和教材，培训师资和管

---

① 顾建新：《国际援助非洲教育发展及对我国的启示》，《西亚非洲》2008 年第 3 期，第 54～55 页。

② 潘忠：《联合国开发计划署援助与中国的发展——一个国际多边发展援助案例的研究》，中国人民大学博士学位论文，2006，第 15 页。

③ 吴卿艳：《国际教育援非的发展、问题及对策》，《教育发展研究》2009 年第 5 期，第 63～64 页。

理人才，制定课程、教学方法和管理模式，大学间的合作与交流等。①

5. 关于中国教育发展与国际组织的关系

谢喆平的《中国与联合国教科文组织关系的演进：关于国际组织对会员国影响的一项经验研究》一书旨在分析联合国教科文组织成立60余年来的演变，以及中国与其关系的演进历程。该书通过对重大事件、关键人物和主要政策的个案比较研究，阐述中国自 20 世纪 70 年代重返联合国以后与联合国教科文组织的互动和交往，重点说明中国与联合国教科文组织的关系如何发生变化，以及若干先进教育理念在合乎中国需求的情况下如何被中国接受，中国如何参与联合国教科文组织的国际公约的谈判，进而归纳和总结了这一政府间国际组织对会员国的影响及影响方式。② 张民选教授认为，"作为一个负责任的大国，我们首先要积极参加国际组织，主动参与国际组织的教育活动，这样才有可能在国际组织中表达我国政府和教育工作者的态度，显示我国教育学者和教育工作者的才智"。③ 以上两项研究虽做了一些有益的研究工作，但对于中国如何利用国际组织做好对外援助，尤其是援非工作没有做进一步的阐释。

6. 关于中国对非教育援助的历史

周弘教授在《中国援外六十年的回顾与展望》中对中国对外援助的理念、政策、方法和机制等进行了梳理，指出中国援外研究需要强化理论研究、实证研究和细化研究。④ 从新中国成立到现在，中国的

---

① 顾建新：《国际援助非洲教育发展及对我国的启示》，《西亚非洲》2008 年第 3 期，第 57 页。

② 谢喆平：《中国与联合国教科文组织的关系演进：关于国际组织对会员国影响的一项经验研究》，教育科学出版社，2010，第 1 页。

③ 张民选：《国际组织与教育发展》，上海教育出版社，2009，第 313 页。

④ 周弘：《中国援外六十年的回顾与展望》，《外交评论》2010 年第 5 期，第 3~11 页。

对外援助大致经历了三个不同的阶段。20 世纪 50 年代至 80 年代，这一时期的援助几乎是单向性的和"利他性"的，甚至很多时候超出自身能力。改革开放以后到 21 世纪初，对外援助战略转向服从经济建设大局，同时兼顾地缘政治等其他考量。21 世纪以来，国际格局发生了很大的变化，中国的国际地位迅速提高，中国正在成长为一个新型的全球领导力量。①

三　外文文献

国际发展援助始于西方发达国家，因而西方学者针对援助的研究成果不少，但就中国对非洲的教育援助主题而言，研究成果相当有限。西方学者的研究重点在以下三个方面。

1. 关于援助的动因

国际关系现实主义理论大师汉斯·摩根索（Hans Morgenthau）认为，无论何种形式的援助都是援助国推行外交政策、谋求国家利益的工具，人道主义援助也不例外。因为"当它在一个政治背景下运作时，确实可以发挥政治作用"，"在对外援助的旌旗下并没有更高的道德原则"②。他将对外援助分为六种类型：人道主义援助（humanitarian）、生存援助（subsistence）、军事援助（military）、声望援助（prestige）、贿赂援助（bribery）和经济发展援助（economic development）。美国新现实主义大师肯尼斯·沃尔兹（Kenneth Waltz）对此也指出，外援是世界主要大国寻求建立霸权，建立"合适的"世界秩序的工具。对于美国而言，其军事援助，是服务于两极世界的安全体

---

① 李小云、徐秀丽、唐丽霞：《中国对外援助的发展：若干建议》，《国际发展时报》2016 年 1 月 27 日。

② Hans Morgenthau，"A Political Theory of foreign Aid，" *The American Political Science Review*，Vol. 56，No. 2，1962，pp. 301 – 309.

系的，经济援助则是为了争取盟友，增强援助国的国力以遏制共产主义的一种行贿。① 格里芬（Griffin）和伊诺斯（Enos）也认为，"一个国家给另一个国家提供援助多寡，不取决于后者的实际需要，也不取决于它以往的经济状况，或它的道德状况，只取决于前者从对后者的援助中能获得多少政治上的好处"。② 相比较而言，盖·阿诺德（Guy Arnold）的理解稍有不同，他认为，穷国只有靠国际共同体的援助才能够摆脱贫困；富国应该帮助穷国，穷国通过发展进入世界经济体系，变为更强的贸易伙伴后，将为发达国家的出口提供新市场，从而使得双方获利。③ 阿尔弗雷多·C. 罗伯斯（Alfredo C. Robles）则在《2000 年及以后欧盟的发展援助：一种理论分析》一书中指出："对外援助是将本国价值观与社会力量投射到海外的过程，提供援助是为了增进正义。"④

2. 关于教育援助

国际教育援助与国际发展援助最终目的是一致的。阿诺德·M. 扎克（Arnold M. Zack）指出，殖民时期的非洲，殖民者对非洲人力资源的开发方面基本没做什么工作。一战前非洲教育的任何显著进步基本上都是基督教和穆斯林的传教团开展活动的结果。殖民者更多的是

---

① Kenneth Waltz, *Theory of International Politics*, Reading, Mass.：Addison – Wesley Publisher Corporation, 1979, p. 200.

② K. B. Griffin, J. L. Enos, "Foreign Assistance：Objectives and Consequencess," *Economic Development and Cultural Change*, Vol. 18, No. 3, April 1970, p. 315.

③ Guy Arnold, *Aid and the Third World：North/South Divide*, London：Robert Ryce Limited, 1985, pp. 157 – 160.

④ Jr Robles and C. Alfredo, "EU Development Assistance to the Year 2000 and Beyond：A Theoretical Approach," *European Studies：Essays by Filipino Scholars*, University of Philippines, Center for Integrative and Development Studies with the Institute of International Legal Studies, 1999, p. 71.

考虑如何监管而不是开展新的基本的教育项目。直到一战以后工业化国家才开始广泛地开展教育项目以支持非洲的发展。[1] 米歇尔·卡尔顿（Michel Carton）认为，20 世纪 70 年代至 20 世纪末，官方发展援助（ODA）的界定和范围都有了很大的扩展，而教育援助也发生了极大的变化，对此，国际发展合作（International Development Cooperation）不得不涵盖新的关注领域以适应新的目标。随着全球化的日益加剧，教育援助开始向教育合作和教育国际贸易转变。从 1989 年到 1994 年，经济合作与发展组织发展援助委员会成员国的教育援助呈下降趋势，教育领域的国际合作却在发展。[2] 斯蒂芬·赫尼曼（Stephen P. Heyneman）指出，"有理由相信尽管国际援助正在减少，但是国际教育合作在增加"。[3] 布克特（Lenna Bukater）指出，20 世纪 90 年代兴起的部门援助方法（SSA）是一种由发展中国家的发展合作伙伴倡导的新型援助形式。这种方式把整个教育部门作为援助对象，旨在通过横向和纵向的协调与合作，在教育各阶段支持所有人接受高质量教育，解决阻碍教育发展的瓶颈问题。[4] 麦金（Noel F. McGinn）提出在援助方和受援方之间创立一种"诚实的经纪人"或调停者关系（如

---

[1] Arnold M. Zack, "Developing Human Resources: A New Approach to Educational Assistance in Africa," in William Y. Elliott, ed., *Education and Training in the Developing Countries: The Role of U. S. Foreign Aid*, NewYork/Washington/London: Frederick A. Praeger, Publishers, p. 133.

[2] Michel Carton, "Aid, International Co – operation and Globalization: Trends in the Field of Education," in Kenneth King and Lene Buchert, eds., *Changing International Aid to Education*, Paris: UNESCO, 1999, pp. 60 – 67.

[3] Michel Carton, "Aid, International Co – operation and Globalization: Trends in the Field of Education," in Kenneth King and Lene Buchert, eds., *Changing International Aid to Education*, Paris: UNESCO, 1999, p. 64.

[4] Lenna Bukater, "Directing Foreign Aid for Basic Education: Taking Account of Political Will," *Brookings Global Economy and Development Policy Brief*, No. 4, 2008.

地区基金组织），通过第三方的调停来解决或避免合作方之间的冲突。并强调援助方应优先资助与受援方相互合作、相互监督的项目。①

3. 关于中国对非教育援助的发展

随着一批新兴发展中国家在国家发展援助的舞台上崭露头角，罗杰（Roger）认为，"尽管已经有接近 60 年的援助史，富裕国家仍然没有办法确保他们的援助将切实有效地促进发展（经济发展、社会发展、可持续发展、以人为本的发展）和减少贫困"。② 有西方学者分析认为中国在 20 世纪 70 年代恢复其联合国及安理会合法席位后，出于维护政治安全利益的考虑而大幅增加了包括技术、教育援助在内的对外援助。"1977 年一年中，中国就向非社会主义阵营的第三世界国家派遣了两万余名中国技术人员进行援助建设，其中近九成的人员被派往了非洲。"③ 还有学者强调中国加大对非援助的资源战略动机，如欧洲议会议员安娜·玛丽亚·戈麦斯在《关于中国对非洲政策及其影响报告》中指出，决定中国在非洲实施"走出去"政策的最重要原因在于石油——中国大约 30% 的进口原油来自非洲，占非洲对中国出口总额的 50%。④ 中国对外援助更多地出于对政治、经济的考虑，对于教育领域的援助并不深入。21 世纪以来，韩国、中

---

① Noel F. McGinn, "Issues and Challenges Raised by Development Agencies in Implementing the New Modalities of Aid to Education," *Prospects*, No. 3, 2008.

② Roger C. Riddell, *Does Foreign Aid Really Work*? New York: Oxford University Press, 2007.

③ Warren Weinstein, Thomas H. Henriksen, *Soviet and Chinese Aid to African Nations*, N. Y: Praeger Pub., 1980, p. 119。

④ Ana Maria Gomes, "Report on China's Policy and Its Effects on Africa," p. 10, http://www.europa.eu/meetdocs/2004 _ 2009/documents/pr/697/697015/697015en/pdf.

国和印度等亚洲国家逐渐从受援国转变为援助国，改变了传统援助格局，极大地影响了国际教育援助的发展进程。①

四　研究的不足

通过以上对既有文献的梳理，国内外虽然对中国对非教育援助有了初步的研究，但相对于其他援助领域而言，存在着明显的不足。

从研究方向来看，对于教育援助未来发展的理论定位不清晰。在"一带一路"倡议下，民心相通被提上了战略的高度。教育援助是打通心与心的隔阂、消弭人与人之间的距离的重要方式，是提高国际影响力、改善国家形象的重要手段。而当前教育援助总体上被置于国际发展援助体系框架内，常常进行"洋为中用"式的分析评价，难以契合南南合作与人类命运共同体的内涵，也难免不被以西方为主导的国际援助形势所左右。

从研究内容来看，国内学者对于中国对外教育援助的研究比较关注教育援助的示范性作用，而忽略体系性缺陷，往往以经济援助为中心，将教育援助视为配套性援助措施。国外学者则总是试图探究中国对外教育援助的发展、转型背后的动机和目的，忽视受援国的实际需求与真实感受，难以提出符合中国对外援助国情的建设性意见。特别是国内外均无中国借助联合国多边机制对非教育援助的研究成果。

从研究规模来看，国内外学界对于教育援助进行了一些有益的研究，在教育援助功能、作用等方面取得许多共识。然而其中大部分为期刊论文，且中国对非教育援助的文献还不多，国内尚无系统深入研究的专著出版。在中非关系跨越式发展和亚非文明复兴的机遇期，难

---

① Shoko Yamada, "Introduction: Positions of Asian Donors in The Aid Discourse toward Post – 2015," *Asian Education and Development Studies*, Vol. 3, No. 1, 2014.

以满足指导实际工作和开展创新的需要。

从研究效果来看，缺乏自主数据，难以了解实际需求，成果转化不足。例如，中国自改革开放以来，开始接受西方国家、国际组织、非政府组织以及海内外侨胞和港澳台胞的大量教育援助，伴随着恢复高考制度以来国家对于知识人才的高度重视，这些国际教育援助项目对于弥补国内教育经费的不足、改善贫困地区办学条件、提高教育管理水平，从而推动国内教育事业的改革与发展功不可没。对此，《国际教育援助研究：理论概述与实践分析》一书通过对甘肃省贫困地区国际教育援助项目的深入分析，展望了中国利用外资发展西部基础教育的前景。① 随着国力的强盛，中国已经由受援大国转变为援助大国，如何将这些国际、国内成功的经验应用于对外教育援助，特别是对经济和教育最不发达的非洲大陆开展实证性研究，增强对其教育援助的有效性和可持续性，实现中非全方位合作跨越式发展，是当前所迫切需要的。

为弥补以上不足，本书以中国－联合国教科文组织信托基金为模本，分析中国对非洲教育援助取得的成效，并针对存在的问题，探讨中国对非洲教育援助的多边途径和制度建设问题，以期对构建中国特色的对外教育援助的理论和实践有所贡献。

第三节　研究对象与研究方法

为了研究的便利，以下对研究对象进行界定，对研究方法进行说明。

---

① 靳希斌、安雪慧等：《国际教育援助研究：理论概述与实践分析》，福建教育出版社，2008。

一　研究对象的界定

本书的研究对象是中国对非教育援助中的中国在联合国教科文组织所设立的信托基金问题，研究的主要时段是 2012 年至 2016 年。这期间中国提出在联合国教科文组织设立援非信托基金，并完成了第一阶段两个批次的实践。为说明该信托基金是中国对非教育援助的创举，本书回溯了中国对非教育援助的历史，指出在 21 世纪第二个十年到来之际中国教育援非所面临的问题，并以中国－联合国教科文组织信托基金为模本来探讨中国对非洲教育援助如何扬长避短、打破瓶颈、开拓新路的问题。本书之所以把研究对象界定于此，其原因有二。一是面对快速发展的国际国内局势，中国对非教育援助已经跟不上时代步伐，而教育信托基金表现出一种"全新"的援助方式。二是该信托基金在非洲国家的这一开拓性的实践为未来中国教育援非提供了值得借鉴的经验。2015 年 12 月中非合作论坛约翰内斯堡峰会决定将该项目延长两年（2016～2017 年），2018 年 9 月中非合作论坛北京峰会又将该项目延长四年（2018～2021 年），就是最好的证明。

就研究的对象和主题而言，本书涉及的以下学术术语需要厘清。

1. 国际发展援助及其相关术语

在以往的研究中，"发展援助"（Development Assistance or Development Aid）、"发展合作"（Development Cooperation）、"国际发展援助"（International Development Assistance）和"官方发展援助"（Official Development Assistance，ODA，也有译为"政府开发援助"）、"对外援助"（Foreign Aid）、"援外"等几个术语常常交替使用。采用不同的术语是由于国际组织和援助国对外资金转移支付的方式的不同以及其对援助所采用的定义不同。

联合国一般使用"国际发展援助"。它是指在联合国范围内，"为促进国际合作，以解决国际间属于经济、社会、文化及人类福利性质之国际问题"，向发展中国家提供的一种援助。它属于国际资本运动的范畴。① 美国在多数文件中使用"对外援助"。北欧国家则使用"发展合作"，用以表示受援国和援助国之间是平等的伙伴关系。西欧大多数国家以及许多国际组织更多地使用"发展援助"，用以强调援助目的是帮助发展中国家实现发展。为了定义冷战结束后对中东欧等国家的援助拨款，经济合作与发展组织（OECD，以下简称经合组织）使用"官方发展援助"。② 经合组织于 1969 年在其《关于援助财政条件和方式的建议》中将"官方发展援助"定义为：国家官方机构（包括中央、地方政府及其执行机构）为促进发展中国家的经济发展和福利水平的提高，向发展中国家或多边机构提供的赠款，或赠与成分不低于 25% 的优惠贷款。③ 简言之，任何一种形式的官方赠与或贷款，只要其中的利率优惠或补贴达到 1/4 以上就是"官方发展援助"。约翰·怀特（John White）认为，"对外援助"是一个国家的人民或机构对另一个国家的人民或机构实施的帮助或计划进行帮助的行为。④

中国学者大多采用"发展援助"或"对外援助"。学者崔日明、阎国庆将"发展援助"定义为发达国家和一些经济发展程度比较高的发展中国家及其所属机构、有关国际组织、社会团体以提供资金、物资、设备、技术或资料等方式，帮助发展中国家发展经济和提高社会福利的活动。⑤ 在

---

① 窦金美主编《国际经济合作》，机械工业出版社，2006，第 246 页。
② 刘太伟：《冷战后欧盟对非洲援助政策的调整》，上海师范大学硕士学位论文，2007，第 4 页。
③ 陈建主编《国际经济合作教程》，中国人民大学出版社，1998，第 408 页。
④ John White, *The Politics of Foreign Aid*, London: Bodley Head, 1974, P 7.
⑤ 崔日明、阎国庆主编《国际经济合作》，机械工业出版社，2009，第 169 页。

《国际政治经济学概论》中，宋新宁教授和陈岳教授指出："对外援助是一国或国家集团对另外一个国家或国家集团提供的无偿或优惠的有偿货物或资金，用以解决受援国所面临的政治经济困难或问题，或达到援助国家特定目标的一种手段。"①

发展援助或对外援助是主权国家融入国际社会、建构国际社会以及发展国际社会的积极体现，是主权国家承担国际义务、履行国际责任的基本方式，是推动全球和谐共荣发展的基本要素。中国政府首次发布的《中国的对外援助》白皮书（2011 年）中这样表述："当前，国际发展援助总规模逐渐扩大，南南合作发展迅速，并成为南北合作有益、有效的补充。中国愿在南南合作的框架下，在尊重受援国意愿的基础上，与有关方开展优势互补、富有成效的三边和区域合作，共同推动全球减贫进程。"②

1961 年 9 月 4 日，美国国会通过了《对外援助法案》（Foreign Assistance Act），重新制定了对外援助计划，包括军事援助和非军事

---

① 宋新宁、陈岳：《国际政治经济学概论》，中国人民大学出版社，1999，第216 页。

② 国务院新闻办：《中国的对外援助》白皮书（2011 年），http：//www. scio. gov. cn/m/zxbd/nd/2011/document/896471/896471. htm，2016 年 1 月 16 日访问。上述概念需从语义方面对"援助"一词进行解析。据韦氏词典定义，援助的同义词有 Help 、Support、Aid、Assistance 等。其中 help 与 Support 是普通用语，一般用于非正式场合，多指非物质的"举手之劳"的帮助；而 Aid 与 Assistance 为强语气词，其中，Aid 一般含义为"help or assistance given to someone"，特定含义为"financial and technical assistance"，即给予他人帮助的行为，这种行为往往是一种财政和技术的援助；Assistance 的一般含义为"the act of assisting or the help supplied"，特定含义为"providing aid and comfort"，即提供帮助或协助的行为，并且有精神安慰的作用。因此可以理解为在 Aid 中，援助者与受援者的关系处于明显的强—弱状态，而 Assistance 反映出援助者在援助过程中起辅助作用，事情主要由被帮助者来做的助手意愿，更强调"协助"的内涵。

援助，该法案要求成立一个机构来监督执行经济援助活动，并于当年11 月成立了美国国际发展署（United States Agency for International Development，USAID）。其他国家也建立了与之相类似的机构，如英国的国际发展部（Department for International Development，DFID），日本国际合作署（Japan International Cooperation Agency，JICA），韩国国际合作署（Korea International Cooperation Agency，KOICA），瑞典国际发展署（The Swedish International Development Agency，SIDA），中国（商务部）对外援助司（Department of Foreign Assistance）等。这些机构是各国的对外援助机构，但在用词上各有不同，这从一个侧面反映了不同国家、不同时期的援助战略的差别。中国援助机构侧重对外（Foreign）的双边援助，而其他国家的援助机构则强调援助的国际性（International）。综上，本文所指的国际发展援助是指发达国家或高收入的发展中国家及其所属机构、有关国际组织、社会团体以提供资金、物资、设备、技术或资料等方式，帮助发展中国家发展经济和提高社会福利的具体活动。根据本文的研究主题，将不再区分以上术语的异同，并在同等意义上运用这些术语。

2. 国际教育援助

目前对国际教育援助并没有普遍认可的定义。一般把国际教育援助作为国际发展援助的重要组成部分。它是国际上援助方向受援方教育领域提供无偿赠款、贷款及专业技术资源的一种援助形式，以帮助这些国家和地区改善教育，并最终促进生产、经济、卫生和公共福利的改善。① 徐辉教授将其定义为："国际组织和富裕先进国家对贫穷落后国家或地区的援助，以帮助这些地区或国家改善生产、

---

① 赵玉池、陈时见：《国际教育援助及其对世界教育发展的影响》，《比较教育研究》2010 年第 10 期，第 49 页。

经济、教育、卫生和公共福利。它是以资金援助、技术援助、发展援助和国际发展教育等名义进行的人力、物力、财力以及技术上的支援。"[1]

笔者认为这一界定不够严谨。因此，本书将国际教育援助界定为援助国或国际组织为促进受援国教育事业的发展，促进受援国人力资源的开发所提供的国际发展援助。所谓受援国教育事业的发展包括扩大教育机会，提高智力水平，改善教育环境的软硬件条件，提升教学质量和水平，完善教学机制和管理能力，等等。因此，严格地说国际教育援助全称应该为国际教育发展援助。本书简称教育援助。本书在此界定下，讨论国际教育援助问题。需要说明的是本书的援助国是指中国这个发展中国家。本书将教育援助作为与经济援助、军事援助和人道主义援助等相并列的国际发展援助的一种类型。这将在第一章第三节进行重点讨论。

袁本涛教授把国际教育援助的发展历史划分为三个时期：殖民地时期的国际教育援助、冷战时期的国际教育援助以及冷战后的国际教育协作。其中殖民地时期主要以教会组织、基金会等非政府机构的援助活动为主，政府援助相对较少；而冷战后的国际教育援助，是教育领域的资源在发达国家和发展中国家之间的流动状况，包括教师、专门知识、教育设备、教育贷款、奖学金以及教育捐赠等教育资源的流动。[2] 由此可见，不同时期教育援助的重点不同。

3. 中国 - 联合国教科文组织信托基金

根据《中华人民共和国信托法》（2001 年 10 月 1 日起施行），信

---

① 徐辉：《战后国际教育援助的影响、问题及趋势》，《外国教育研究》2000 年第 1 期，第 35 页。

② 袁本涛：《发展教育论》，江苏教育出版社，2005，第 467 页。

托是指"委托人基于对受托人的信任，将其财产或财产权委托给受托人，由受托人按委托人的意愿以自己的名义，为受益人的利益或者特定目的，进行管理或者处分的行为"。在第六十条第四款"公益信托"中明确规定：以"发展教育、科技、文化、艺术、体育事业"等公共利益为目的而设立的信托，属于"公益信托"，"国家鼓励发展公益信托"。① 根据该法，本书所指的信托属于公益信托。本书所指的委托人是中华人民共和国政府，受托人是联合国教科文组织，受益人是非洲国家。基金（Fund），是指为了某种目的而设立的具有一定数量的资金。如不特指，目前约定俗成是指金融类的投资性基金，但这并非本书所涉的信托基金。本书所指的基金是指由政府提供捐款支持的有明确目标和任务的基金。② 信托基金（Trust Fund 或 Funds – in – Trust），即代为托用的基金。

据此，本书将中国－联合国教科文组织信托基金界定为：中华人民共和国政府（委托人）基于对联合国教科文组织（受托人）的信任，将其所持有的资金委托给联合国教科文组织（受托人），由联合国教科文组织（受托人）按中华人民共和国政府（委托人）的意愿以联合国教科文组织（受托人）的名义为非洲国家（受益人）发展教育事业管理和处分该资金的行为。

二　研究方法

本书所采用的研究方法有历史文献分析方法、案例分析方法和比较分析方法。

---

① 《中华人民共和国信托法》第 2 条、第 60 条、第 61 条。该法于 2001 年 4 月 28 日第九届全国人民代表大会常务委员会第二十一次会议通过。

② UNESCO Funds – in – trust，http：//whc. unesco. org/en/funding/。

1. 历史文献分析方法

历史分析方法"以历史事实，包括人物、历史事件、历史关系为材料，进行分析、处理，并运用一定的理论框架，获得作者的观点或意见"。[①] 本文运用历史唯物主义的观点，梳理中国对非教育援助发展演进的过程，分析每个阶段的不同特点。通过历史回顾，解析中国对非教育援助所取得的成就和存在的问题。文献分析方法主要指搜集、鉴别、整理文献，并通过对文献的研究，形成对事实的科学认识。本书运用涉及中国对非教育援助的有关中国政府、国际组织的政策文献，参考国内外学界有关中国对非教育援助的著作、论文和互联网上的相关数据和资料，为本书每一章节的研究提供理论支撑和现实依据。

2. 案例分析方法

针对中国对非教育援助的问题，本书将研究的重点放在中国在联合国教科文组织设立的教育援非信托基金上。该信托基金虽然是中国对非教育援助的一个案例，但它却在很大程度上对解决中国对非教育援助的一些问题具有启发和借鉴的意义。在此案例研究中，本书没有采用传统的从个别到一般的研究思路，而是采取从一般到个别，再到一般的研究路径，即从中国对非教育援助的普遍性问题出发，从解决问题的角度选取了中国对非教育援助信托基金的案例，试图从这一个别案例的经验中寻找解决中国对非教育援助的一些问题的思路。

3. 比较分析方法

比较分析方法也称对比分析法，是把客观事物加以比较，以达到认识事物的本质与规律，并做出正确的评价的目的。通常是把两个相互联系的指标数据进行比较，因此，选择合适的对比标准是十分关键

---

① 　胡宗山：《政治学研究方法》，华中师范大学出版社，2007，第 252 页。

的步骤。如果选择不合适，评价可能得出较为主观甚至错误的结论。本书首先对国际发展援助的理论体系与重要实践进行了比较剖析。然后通过对国际发展援助的四种类型进行归纳，明确了研究范围。本书也对中国对非教育援助不同发展阶段进行了纵向比较，以评价其发展变化的特点。本书还就中国在各非洲国家实施信托基金项目的进程进行了横向比较，以总结哪些是值得借鉴的经验，哪些是需要改进的问题。同时，本书还对照其他援助国所采用的信托基金模式和实施的具体项目，深入分析了各国教育援助理念、援助项目运行机制等方面的差异。

第四节　框架结构、主要观点与创新

本书的框架结构包括导论、正文六章和结论，并在其中展示笔者的主要观点和创新。

一　框架结构

导论提出了研究的问题，说明了研究的意义，总结和分析了研究现状和不足，明确了研究对象及方法，展示了框架结构、主要观点和创新。

第一章是"教育援助与国际发展援助：理论与实践"。本章在理论以及理论和实践的结合上探讨教育援助与国际发展援助的关系。本书认为教育援助是国际发展援助的一种类型，为此，笔者首先梳理了国际发展援助的理论体系，分析了国际发展援助的发展演进及其在不同时期的特征。接着，在列举了国际发展援助不同类型的基础上，特别强调了教育援助与其他援助类型的异同，以及教育援助的地位和作用。最后，说明了本书将有选择地借鉴援助互利理论来探讨中国对非教育援助的理论和实践问题以及分析路径。

第二章梳理了中国教育援非的发展历程、取得的成效与存在的问题。中国教育援非经历了启动、初步发展和全面发展三个阶段，在培养非洲留学生、派遣中国教师、推动中非大学交流、为非洲培养各类人才以及改善非洲教育基础设施等方面取得了显著成效，同时在援非统筹结构、援非人员、援非影响力和援非成效惠及自身等方面还面临着严峻的挑战。

第三章是"新举措：中国－联合国教科文组织信托基金的设立"。本章从背景、考量和意义三个方面解析了中国教育援非信托基金的设立。该信托基金设立的背景主要有三：一是国际政治经济与发展援助的变化，二是非洲的发展困境和对人才的需求，三是深化中非合作、提高中国国际影响力的需要。接着，该章从解决中国对非教育援助所面临的问题和借助教科文组织优势提高对非教育援助效率的视角阐释了中国政府设立该信托基金三个方面的考量，即法律依据与实践考量、联合国教科文组织的信誉和能力考量、对中国对非教育援助的问题及解决方式的现实考量。最后本章指出了该信托基金设立的重要意义。

第四章分析中国教育援非信托基金项目的机制与特点。本章在说明了该信托基金项目的组织成员及职责与协调机制、项目目标与选择受援国的标准、项目管理和评估机制等制度的基础上，总结了该信托基金项目在推动中国教育援非本土化发展和机制化建设、满足非洲发展需求以及通过双多边结合的方式加强非洲能力建设方面的特点。

第五章总结了中国教育援非信托基金取得的初步成效。该章首先介绍了第一批项目国家科特迪瓦、埃塞俄比亚和纳米比亚分别取得的阶段性成果，然后从 ICT 在项目实施中得到有效应用、项目运作取得丰富经验、项目实施有针对性地解决受援国教师中的问题和增进南南合作等方面进行了论述。

第六章探析中国教育援非信托基金项目对中国教育援非的启示。本章重点总结了中国教育援非机制建设、本土化措施和多边合作等三方面的启示，并提出了相关建议。

结论部分根据研究结果，进一步对中国对非教育援助的定位与发展趋势，以及面临的机遇和挑战进行了说明和预判，并对中国教育援非信托基金项目的理论意义与实践意义进行了概括性总结。

二　基本观点

通过回顾国际教育援助发展过程，以及剖析教育信托基金设立的背景，对中国对非教育援助制度化发展之路进行探索，形成了本书以下主要的观点。

第一，国际教育援助是国际发展援助的重要内容和一种类型，其对受援国的发展具有可持续作用，有利于实现国际发展援助的目标。国际发展援助最初以减贫为目的，以经济援助为主要手段在全球展开，此后，随着国际政治经济局势的不断演变，援助方和受援方以及研究者都发现纯粹的经济援助既难以真正达到减贫的目标，更难以满足援助方的初衷和受援方的实际需求，而教育援助的目标更加长远，更具有可持续性，可以更好地完成国际发展援助的使命。

第二，国际对非教育援助的发展必须与全球发展目标接轨。几十年来，国际发展援助在非洲大陆的实践并没有取得成正比的回报，这表明单纯的经济援助不能实现减贫，加重非洲贫困和落后程度的原因在于其治标不治本。国际发展援助只有真正推动了当地的发展，才能实现其减贫的使命。国际教育援助的着眼点是人，通过推动受援国的教育发展，提升当地的人力资源水平，实现人的发展，进而在当地人的努力下，实现减贫并使其发展具有可持续性，最终推动受援国的发展，实现其发展目标。

第三，中国－联合国教科文组织信托基金的设立是中国教育援非的创举。随着中国经济的不断发展，综合国力的不断提高，中国的外交从双边走向了多边。为了进一步提升中国在国际社会的软实力和综合影响力，中国对外援助的步伐应该走得更快更稳。在教育领域，单纯的双边教育交流活动已经不能满足双方发展的需要。该基金借助联合国教科文组织的制度资源和人才力量，规避了自身的短处和现实问题，推动了中国对非教育援助的发展。它既是中国在联合国教科文组织设立的第一个信托基金，也是中国首次在国际组织中设立的教育领域的信托基金，具有划时代的意义。

第四，中国教育援非的深入必须本土化。中国教育援非的本土化是中国教育援非深入和可持续发展的必要条件。中国教育援非要实现深入发展必须立足于当地实际，培养当地所急需的各类人才，满足非洲的发展需求。因此，中国教育援非的目标本土化、项目设计本土化、项目实施本土化以及项目评估本土化是实现中国教育援非深入发展的关键。

第五，中国教育援非必须加强制度建设。中国教育援非活动始于60多年前中非建交之时，为非洲国家的教学硬件设施建设、人力资源发展等提供了有力的支持。但由于实施部门分散，经费无法集中，监管难度较大，很多援非项目的成效并不显著。因此，一方面为了满足非洲国家不断增长的发展需求，另一方面提升对外援助的实际效果和中国援非影响力，中国教育援非需要加强制度化建设。通过与国际组织的合作来了解和学习国际援助项目的运作和实施的各种机制，借鉴其经验，是完善中国教育援非制度的有效途径。

三 主要创新

本书的主要创新在于，通过探讨在中国教育援非面临困境的情况下出台的新举措——中国－联合国教科文组织信托基金项目第一阶段两个批次的实践，在理论与实践的结合上发现了解决中国教育援非问题的一种有效的途径，即借助联合国教科文组织援助机制、高管人才和技术人员以及非洲受援国家教育部门的人力资源，把中国教育援助资金用到实处并取得实际成效。该援非信托基金项目的贡献不仅在于解决了中国教育援非的人力资源不足、协调机制不健全的问题，而且在于它规避了西方对中国援助的诟病，提高了中国教育援助的影响力。同时，作者在联合国教科文组织中直接参与该项目的实践，在这个项目的实践中亲身见证了对非教育援助本土化对提高对非教育援助效率和增强非洲教育可持续发展能力的重要作用。因此，无论是对中国教育援非的深入发展，还是对更广泛的中国对外援助工作，本研究都具有一定的启发和借鉴意义。

第一章 教育援助与国际发展援助：
理论与实践

为深入研究中国对非洲的教育援助，本章在梳理国际发展援助的理论与实践的进程中，厘清教育援助与国际发展援助之间的关系。

教育援助是国际发展援助发展到一定阶段的产物，是当今国际发展援助的一种类型。理解教育援助必须知晓国际发展援助的历史，解读教育援助必须借助国际发展援助理论。这就是本章设计的缘由。

第一节 国际发展援助理论的发展历程与基本内容

国际发展援助理论是与国际发展援助实践相伴而生的。在这个过程中，国际发展援助的实践不断为国际发展援助理论提供解释的基础，并充实和完善着国际发展援助的理论。国际发展援助理论则为国际发展援助的实践提供了理论依据和政策指导。

一 国际发展援助理论的发展历程

国际发展援助理论与其实践相伴而生。第二次世界大战结束后至今，国际发展援助理论与实践的发展演进经历了五个阶段。

第一阶段，二战后至 20 世纪 50 年代初。美国的"马歇尔计划"开创了第二次世界大战后国际发展援助的先河。它在欧洲的实践获得了巨大成功，使人们对推动以增加国民生产总值（GNP）为核心的现代化进程充满信心，促进经济增长成为这一时期的基本目标。此时，国际发展援助战略的核心就是促进受援国的经济增长，其指导理论是哈罗德－多马经济增长模型。该模型强调资金积累是经济增长的最重要因素。当受援国不能实现满足自身经济增长的资本积累时，国际发展援助就发挥了帮助受援国增加资本积累的作用。在这一时期，大量的发展援助资金从援助国流入受援国，从而提高受援国的资本积累，促进其经济增长。此时，大推进理论在这一阶段也发挥了作用，它强调大规模投资作用于各重要工业部门才能破除阻碍经济增长的瓶颈。因此，这一阶段的国际发展援助大量投向了经济发展受阻的部门，推动了很多大型基础设施的建设和社会项目的实施。从国际政治学的角度来看，二战后迅速兴起的国际发展援助的实践主要得益于冷战的爆发，即源于政治原因。这一实践充分论证了国际发展援助的国家利益理论。

第二阶段，20 世纪 50 ~ 60 年代。50 年代，国际发展援助以单纯追求国民生产总值的增长为目标，受援国接受了大量的国际发展援助来弥补国内储蓄的不足，因而产生了大量的外汇赤字。同时，由于进口替代和工业优先的发展战略，剩余劳动力和农业部门被忽略，当工业部门不能吸收剩余劳动力时就产生了就业不足的问题。因此，60 年代的国际发展援助目标逐渐转向促进受援国的国际收支平衡和增加就业。此时主要采用两缺口模型来解读国际发展援助，并以此作为支撑国际发展援助政策及其实践的理论基础。该理论模型强调要保持国内储蓄和外汇收入的平衡。两缺口模型从理论上论证了如何解决经济增长所需的资金问题后，又产生了关于投资方向和重点领域的讨论。根据这一思路，这一阶段各种生产要素的投入产出效率成为衡量国际发展援助投资方向的重要指标。这一阶段的国际发展援助政策逐渐包含根据实际情况制定适当的价格政策、税收政策等，实行工农业的均衡发展，进行财政改革和制定部门发展计划等。从国际政治学的角度来看，这一时期国际发展援助的扩展依然体现了援助国的利益需求，强调投入产出效率的问题。它完全切合国际发展援助国家利益理论的阐释。

第三阶段，20世纪70~80年代。60年代众多受援国经济增长的失败，加剧了诸多发展问题，如就业不足、国际收支不平衡和国际债务负担日趋沉重等问题。70年代以后，对国际发展援助的目标进行了新的调整，开始实行大规模的国际减贫。这一阶段著名的依附论较深刻地解释了产生这些问题的国际体系原因。该理论认为发展中国家与发达国家在国际经济中形成的"中心—外围"的依附结构，是导致发展中国家经济滞后和贫困问题丛生的根源。为了实现国际减贫计划，摆脱依附结构，发展中国家需要进行内部的政治经济结构调整，推动工业化发展。进入80年代以后，新制度主义经济发展理论为国际发展援助提供了新的解决方案，即认为援助国应为受援国提供以经济结构调整方案为条件的国际发展援助，从而促进受援国的经济发展和缓解国际金融体系的危机。这样，发达国家向发展中国家提供带有附加条件的国际发展援助日益普遍。从国际政治学的角度来看，国家内部因素的外化理论可用于解释发达国家借助国际发展援助向发展中国家推广其价值观，通过向受援国提出政治性或经济性的附加条件来实现国家内部因素的外化。

第四阶段，20世纪90年代。进入90年代，大多数发展中国家经历了痛苦的政治改革和经济结构调整以后，逐渐进入了新的发展轨道。但是冷战结束后，国际发展援助初始的政治因素消失，同时大多数国际发展援助未能取得实质性成功，导致国际发展援助进入"疲劳期"，援助数额急剧下降，但是更多的援助用于社会基础设施建设。这一阶段国际发展援助的目标主要是继续协助受援国进行经济结构和政策调整，以实现制度变革。其指导理论仍是新制度主义的经济发展理论。该理论强调要创造有利的宏观经济和微观经济激励机制，要为经济运行提供基础制度保障等。这一阶段的国际发展援助的实践主要是通过继续实施带有附加条件的援助，贯彻发达国家的发展理念和思路，从而对受援国的经济政策调整施加影响。从国际政治学的角度来看，冷战结束对国际发展援助产生负面影响正是对国家利益理论的佐证，进一步说明了国际发展援助源起于国家利益的追求。同时，这一阶段国际发展援助更加强调提供带有附加条件的援助，更说明了国际发展援助本是援助国实现国家利益的手段。当然，国家内部因素的外化理论在提供带有附加条件的国际发展援助中依然适用，充分体现了全球化背景下，发达国家通过国际发展援助向发展中国家输出本国的价值观，影响发展中国家的发展方向的战略意图。

第五阶段，进入 21 世纪后至今。国际发展援助进入转型期，援助资金水平开始恢复。在经合组织发展援助委员会成员国中，2003 年的援助水平已经达到各国国民总收入的 0.25%，即 685 亿美元。随后，联合国提出的千年发展目标和 2015 后可持续发展目标，成为国际发展援助的重点方向，即不再主要局限于受援国的经济结构和政策调整以及制度变革，而是转向国际减贫和促进可持续发展，并且更多地关注环境、气候变化和全球价值观等国际社会的热点议题。在具体实施过程中，除了传统的援助国以外，多边机构、非政府组织和公民社会在国际发展援助中所起的作用得到极大的加强。新制度主义经济发展理论仍在这一阶段国际发展援助中起到理论指导作用。在具体措施方面，一方面发达国家的援助国仍然通过有条件的援助向受援国施压，要求其改进政府的治理能力以提高援助的效率；另一方面，国际社会施行更加有针对性的国际发展援助行动，以实现有效缓解受援国的贫困问题。从国际政治学的角度来看，借助第三方力量实施国际发展援助，从而提高援助效率，这正是超国家理论的现实体现。国际发展援助的具体实施过程也出现"超国家化"，多边平台和多方合作越来越多地用于援助实践。目前，国际发展援助已经成为主权国家融入国际社会、建构国际社会以及发展国际社会的积极体现，是主权国家承担国际义务、履行国际责任的基本方式，是推动全球和谐共荣发展的基本要素。

二　国际发展援助主要理论的基本内容

国际发展援助理论的形成有其深刻的时代、理论和实践背景。20 世纪中期，国际发展援助理论通常从国际政治学视角和发展经济学视角进行阐述。从国际政治学的角度来看，国际发展援助的理论包括国家主义理论、超国家主义理论、国家内部因素外化理论等。从发展经济学的角度来看，国际发展援助的理论包括哈罗德－多马经济增长模型、两缺口模型、大推进理论和新制度主义经济发展理论等。

国家主义理论认为，在国际社会中，国家就相当于法人代表，其一切行为的根本目的是为国家利益服务。国际发展援助也是如此，国家主体通过实施国际发展援助来保护和促进国家利益。国家主义理论对应了国际关系的现实主义理论，其代表人物包括现实主义国际政治理论家摩根索和新现实主义理论家沃尔兹等。摩根索认为，无论何种形式的援助都是援助国推行外交政策、谋求国家利益的工具，人道主义援助也不例外，因为"当它在一个政治背景下运作时，确实可以发挥政治作用"，"在对外援助的旌旗下并没有更高的道德原则"。① 沃

---

① 　Hans Morgenthau，"A Political Theory of Foreign Aid，" *The American Political Science Review*，Vol. 56，No. 2，1962，pp. 301 – 309.

尔兹也认为，对外援助是世界主要大国谋求建立霸权的工具。他以美国的对外援助为例，认为美国的军事援助是为加强两极世界的安全体系服务的，而美国的经济援助就像行贿一样，是为了争取盟友、朋友和增强援助国的国力以及遏制共产主义，从而建立"合适的世界秩序"的工具。①　总之，国家主义理论认为国际发展援助是国家追求利益和权力最大化的工具之一，其本质和目的都是政治化的，不存在真正的道德。

超国家理论认为，援助国应超越国家界限，加强在援助方向和内容上的协调统一，避免内部竞争，发挥各自的比较优势，实现相互补充，从而提高国际发展援助的整体效率，实现国际发展援助整体利益的最大化。因而旗帜鲜明地反对国家主义理论将国际发展援助作为实现援助国利益的工具，主张以满足受援国人民的基本需求和促进受援国的经济发展和社会进步为根本目标。超国家理论对应了国际关系的理想主义理论。该理论认为，国际社会是一个相互依存的共同体，为了促进全人类的进步，富国应该帮助穷国。这实际上也是在帮助富国自己。盖·阿诺德在《援助与第三世界：南北划分》一书中认为，在英美国内实施的社会福利也可以在富国与穷国之间实施，"富国应该帮助穷国，穷国只有靠国际共同体的援助才能够摆脱贫困；穷国通过发展进入世界经济体系，变为更强的贸易伙伴，这将为发达国家出口提供新的市场，从而使得双方获利"。②

国家内部因素的外化理论认为，随着现代科学技术的迅猛发展，

---

①　转引自刘丽云《国际政治学理论视角下的对外援助》，《教学与研究》2005年第 10 期，第 83 ~ 88 页。

②　Guy Arnold, *Aid and The Third World：North/South Divide*, London：Robert Ryce Limited, 1985, pp. 157 – 160.

全球化趋势日益加强，所有国家在国际社会中成为不可分割的整体。在这个整体中，处于强势地位的国家成为推动全球化的主要力量，并通过推动全球化来推广其价值观。国际发展援助便是推动全球化的重要工具。该理论主要用于解释不能用国家利益理论和超国家理论来解释的国际发展援助现象。国家内部因素的外化理论对应了国际关系的结构主义理论。其传承了马克思主义的隐性剥削利益观，认为发达国家实施的国际发展援助主要是将自身利益置于对他国进行剥削的基础之上。这种观点注重国际经济的不平等，强调国际发展援助是援助国有意使用的一种工具，其目的在于通过提供援助施加控制和影响，以确保受援国的发展能够有益于援助国的自身利益，维持其在国际劳动分工中的支配地位，并借以维护殖民体系以及自身在体系中的统治地位。

哈罗德－多马经济增长模型以凯恩斯的"收入决定论"为理论基础，考察一个国家在长时期内的国民收入和就业稳定均衡增长所需的条件。该模型假设全社会所生产的产品只有一种，总体上储蓄总量占国民收入的比例是一个常量，不存在技术进步，产品的规模收益不变，只有劳动和资本两种生产要素。该模型主要从资本的供求出发，讨论变量之间的联系，从而考察经济的动态增长规律。该模型的含义说明，经济增长来自投资。投资既可以创造收入，又可以增加生产能力。充分就业可以促进经济增长，同样的，生产能力的扩大也可以带来新的就业机会。哈罗德－多马经济增长模型是影响早期国际发展援助的重要理论模型，根据该模型出台的最重要的援助策略就是通过国际发展援助为受援国提供急需的资金，刺激投资和增加就业，从而推动受援国的经济增长。

两缺口模型同样强调资本积累在经济发展中的重要作用。"两缺口"指的是不能满足经济持续增长的储蓄缺口和外汇收入缺口。两缺口模型认为，储蓄缺口和外汇缺口需相互调解平衡。调解平衡的方式有两种。一种方式是不利用外资，仅就缺口本身进行修补，采取增加储蓄或削减国内投资，扩大出口或减少进口等来达到平衡。另一种方式是从缺口之外开辟新的财源，通过引进外资，使两个缺口实现平衡，以促进经济增长率提高。两缺口模型是影响早期国际发展援助的重要理论模型，根据该模型出台的最重要的援助政策就是通过国际发展援助，弥补受援国国内经济持续增长所急需的储蓄缺口和外汇缺口。该模型从理论上界定了国际发展援助的重要功能是为受援国弥补外汇的不足，同时也强调了国际发展援助对于受援国经济发展的计划和调控功能。如果受援国缺乏计划地盲目引入外资，不仅会造成资源的浪费，还会背上沉重的债务负担。

大推进理论讨论了如何利用现有的资本产生经济持续增长的方法。大推进理论认为，发展中国家要摆脱贫困、失业和收入不均等问题，必须大力发展工业，实现工业化。实现工业化必须首先增加资本投资。发展中国家通过实行大推进发展战略，全面地、大规模地在各个工业部门（特别是基础设施建设方面）投入资本，通过投资的"大推动"，来冲破经济贫困落后和停滞的束缚，推动整个工业部门的全面发展，从而迅速实现工业化，达到经济增长的目标。大推进理论强调要集中资金大规模投入到各重要经济部门，从而提高社会收入，促进经济增长。在早期的国际发展援助实践中，哈罗德－多马经济增长模型和两缺口模型从理论上为国际发展援助在受援国经济社会发展中的作用进行了定位，大推进理论则从理论上对如何使用国际发展援助提出了实施战略。

20世纪80年代以后，新制度主义逐渐成熟并占据经济发展理论的主流地位。新制度主义经济发展理论把制度等非经济因素作为经济活动的一个变量看待，进而探讨国际发展援助等问题。

其主要观点包括：第一，强调制度对于经济发展的作用，制度变迁与经济发展相互影响并相互作用；第二，强调不同制度环境中的经济运行成本不同，因此选择一种降低经济活动交易成本的制度体系至关重要；第三，强调制度对于规范经济行为的重要性，认为制度可以保障经济的健康持续发展。[①] 在1980年以来的国际发展援助实践中，制度变迁被认为是促进经济发展的重要突破口。新制度主义经济发展理论为20世纪80年代受援国的发展困境提供了一种解决方案。

　　社会交换理论是本书中尝试使用的社会学理论，用来补充21世纪国际发展援助理论的不足。社会交换理论于20世纪50年代末在美国产生，在随后的一二十年里逐渐发展成熟，成为重要的社会学理论之一。社会交换理论包括行为主义交换论、结构主义交换论、相互依赖理论和交换网络理论四种不同的理论流派。美国社会学家乔治·霍曼斯是行为主义交换理论的创立者和代表人物。他认为，进行交换的社会行为是一种期望得到最大回报的理性行为，行为者可以通过提供或停止提供资源对另一方施加影响，该理论源于斯金纳的行为心理学。美国的彼德·布劳是结构主义交换论的代表人物。他认为，社会交换过程会引起社会结构的改变，从而通过资源交换过程产生权力的分化。该理论源于经济学原理。蒂博特与凯利是相互依赖论的代表人物，他们认为，在社会交换关系中，双方的行为都有可能影响对方的报偿—成本状态，因而均相互施加了影响，即运用了一定的权力，该理论源于博弈论和强化理论。埃默森是交换网络理论的代表人物，他认为，权力和依赖在社会交换关系网络中是相互转换的，他把网络中

[①] 李小云、唐丽霞、武晋编著《国际发展援助概论》，社会科学文献出版社，2009，第68页。

的交换关系分为谈判性交换（negotiated exchange）和互惠性交换（reciprocal exchange）。谈判性交换的动机和条件明确，而互惠性交换往往表现为一方单方面地给予另一方资源，虽然期望得到回报，但不表现出明确的讨价还价。① 该理论是行为主义心理学和社会网络分析的结合。尽管以上四种社会交换理论流派各自有不同的侧重点，但作为社会交换理论，它们都强调了交换双方在交换关系中均受益是交换关系得以维系的必要条件。从利益交换的视角，社会交换理论可以为国际发展援助的理论研究做有益的补充。

社会交换理论强调的交换双方在交换关系中均受益是交换关系得以维系的必要条件，学者丁韶彬从这一视角来解释国际发展援助中的援助—受援关系。他将社会交换理论作为立论依据，提出了研究假设：国家是理性的行为体，援助是一种稀缺资源，援助—受援关系是一种互惠互利的交换关系，受援国在援助问题领域拥有一定形式的可供讨价还价的权力资源。② 为了使理论假设细化并可以验证，他从权力和利益两个维度对援助国和受援国关系进行了类型划分，包括互惠型利益关系、利他型利益关系、利己型利益关系和互惠型援助关系等。③ 他用美国和日本战后至今对外援助的历史以及美国和日本对华实施的援助实践进行理论检验，证明国际发展援助中的援助—受援关系是利益交换的互惠关系，并且互惠性越强，援助关系越稳定。在上述论证的基础上，他指出中国的对外援助也是互利互惠的交换，并且

①　〔美〕乔纳森·特纳：《社会学理论的结构》（第6版），邱泽奇等译，华夏出版社，2001，第333页。

②　丁韶彬：《大国对外援助——社会交换论的视角》，社会科学文献出版社，2010，第8~10页。

③　丁韶彬：《大国对外援助——社会交换论的视角》，第125~126页。

在不同的时期有着不一样的利益诉求。①

　　利用社会交换理论审视国际发展援助中的援助—受援关系，为国际发展援助研究提供了新的视角和理论框架，在一定程度上揭示了援助的本质，对国际发展援助的理论发展和国家理性援助的决策具有积极意义。然而，中国"提供外援的目的是帮助受援国逐步走上自力更生、经济上独立发展的道路"，②这是指导中国对外援助的重要原则，由此打破了发达国家的援助垄断，与许多西方国家的对外援助理论有着根本的区别。并且，中国的对外援助经历了逐渐发展演变的过程，不同阶段、不同类型的对外援助，特别是物质援助与教育援助的形式和内容有较大差别，并非一概而论的"互利互惠的交换"，而是突破了某些理论限制。如今，由于中国承担更多国际责任、参与国际规则制定的现实需求，本书利用社会交换理论分析国际发展援助实践，对于中国加强互利共赢、优化援助项目、创新援助方式、促进发展援助的法制化进程等方面无疑是有益的。

第二节　国际发展援助实践的演进和类型

　　国际发展援助的雏形最早可以追溯到19世纪美国向海外提供食品救济这一形式。第二次世界大战结束后，以难民救助和战后重建为主要内容的国际发展援助开始成为国际合作的重要形式。其中以美国—受援国为代表的双边援助，以及随着联合国所属机构和世界银行等国际组织的相继成立而开始的多边援助，还有美国福特基金会、洛

---

① 参见丁韶彬《大国对外援助——社会交换论的视角》第4~6章。
② 石林主编《当代中国的对外经济合作》，中国社会科学出版社，1989，第16~17页。

克菲勒基金会、英国乐施会等为代表的非政府机构援助，共同实施了国际援助的行动，从而形成了国家行为体和非国家行为体共同参与并实施的双边和多边国际发展援助体系。

一 国际发展援助的演进

国际发展援助的演进这一历史进程大致经历了五个发展阶段。

起始阶段（1945 年 7 月～1949 年 1 月）。国际发展援助最早始于1945 年 7 月召开的布雷顿森林会议，是在规划第二次世界大战结束后国际货币金融体系框架的讨论中形成的。鉴于遭受第二次世界大战破坏的欧洲重建需要有大规模外援资金的注入，来帮助恢复其社会、政治和经济的稳定和发展，会议上讨论了此问题。1945 年 10 月联合国的建立标志着国际发展援助的正式起步。《联合国宪章》明确规定了联合国的使命：维护世界和平、促进经济发展，保障人类基本权利；为消除饥饿，穷国与富国应通过合作，改善所有人的生活。

然而，随着两大阵营的建立，冷战的开始，国际发展援助便成为美国、苏联建立和巩固各自阵营的重要手段。1947 年，在美国国务卿乔治·马歇尔的提议下，美国从 1948 年至 1952 年五年内向欧洲国家提供约 130 亿美元的援助，即 "马歇尔计划"。它是第二次世界大战结束后美国对被战争破坏的欧洲各国提供的经济援助，以帮助遭受第二次世界大战重创的欧洲重建，因此也被称为欧洲复兴计划（European Recovery Program）。该计划于 1948 年 4 月正式启动，并整整持续了4 个财政年度。通过这个计划，美国赢得了西欧盟友的支持，为建立美国主导的西方阵营奠定了坚实的基础。在此阶段，西欧各国通过参加经济合作与发展组织（OECD）接受了美国包括金融、技术、设备等各种形式的援助。马歇尔计划使遭受战争破坏的西欧获得了经济的恢复和初步的发展。

　　针对"马歇尔计划",为防止东欧的"离苏倾向",苏联实施了"莫洛托夫计划"。所谓"莫洛托夫计划",是苏联为加强与东欧国家的经济联系,以援助东欧经济发展为目的而与东欧各国签订的经济协议的总称。1947 年 7~8 月,苏联分别与保加利亚、捷克斯洛伐克、匈牙利、波兰等东欧国家签订了贸易协定,以此来抵制和反击"马歇尔计划"。

　　在两大阵营内部,美国对西欧、日本实施了经济和军事援助,苏联对东欧国家实施了相应的援助。其目的在于帮助各自阵营的国家发展经济,确立其在各自阵营中的领导地位。可见,国际发展援助发端于大国之间"先入为主"的战略安全构想,具有明显的意识形态色彩和社会制度对立的特征。对于援助国来说,国际发展援助始于保护和获取最大国家利益。"一个国家给另一个国家提供多少援助,不取决于后者的需要,也不取决于它以往的经济状况是好是坏或它的道德状况,而是取决于援助国将从对其援助中在政治上能获得多少好处。"[1]因此,在国际发展援助起步之时,作为一种政策创新,为国家利益理论提供了实践基础。

　　扩展阶段(1949 年 1 月~20 世纪 60 年代末)。1949 年 1 月 20 日,美国总统杜鲁门在就职演说中,提出美国全球战略的四点行动计划,并着重阐述了第四点,即对亚、非、拉不发达地区实行经济技术援助。这就是所谓"第四点计划"(Point Four Program)。[2] 同年 6 月 24 日,杜鲁门在致国会的特别咨文中对"第四点计划"的内容作了详尽的阐

---

①　K. B. Griffin, J. L. Enos, "Foreign Assistance: Objectives and Consequences," *Economic Development and Cultural Change*, Vol. 18, No. 3, April 1970, p. 315. 转引自刘丽云《国际政治学理论视角下的对外援助》,《教学与研究》2005 年第 10 期,第 84 页。

②　前三点计划分别是:支持联合国、战后欧洲经济复兴计划——"马歇尔计划"、援助自由世界抵御侵略。

述。根据"第四点计划"，美国国会于 1950 年 6 月通过了"援助不发达国家"的法案。到 1951 年底"第四点计划"已扩展到 33 个国家。从 1945 年 7 月 1 日到 1967 年 6 月 30 日，美国对外经济和军事援助累计高达 1172 亿美元中的 30% 以上是给予亚非拉发展中国家的。不仅如此，"第四点计划"还开启了一系列国际发展援助计划，并形成了多种类型的发展援助方式。这对此后的国际发展援助产生了深刻的影响。

1958 年，世界基督教联合会（the World Council of Churches）向联合国全体代表提出 1% 目标，即富裕国家应至少把 1% 的国民总收入用于对发展中国家的援助。1960 年联合国宣布 20 世纪 60 年代为"第一个发展十年"，呼吁 1% 目标。1964 年，第一次联合国贸易和发展会议的决议中重申了 1% 目标。1969 年，经合组织发展援助委员会提出"官方发展援助"（ODA）这一概念。同年，由世界银行主席麦克纳马拉委任的皮尔逊委员会发表题为《发展的伙伴》的报告，倡议发达国家把国民生产总值的 0.7% 用于官方发展援助。[1]

该阶段国际发展援助以美国为首的发达国家对发展中国家的发展援助为主，表现为美国在亚非拉（所谓不发达）地区与苏联进行激烈争夺，企图把亚非拉地区的发展中国家纳入自己与苏联争夺的轨道。同时，国际援助理念开始深入人心，规模迅速扩展，作为当代国际援助制度核心概念的"官方发展援助"和作为一种援助规范的 0.7% 目标在这一时期确立下来，国际发展援助取得重要进展。在这一阶段，美国和苏联两大阵营对立升级，爆发了朝鲜战争、第二次中东战争、越南战争等局部战争，客观上推动了国际发展援助

---

① 丁韶彬：《国际援助制度与发展治理》，《国际观察》2008 年第 2 期，第 48～49 页。

的快速扩展。当时对发展中国家的发展援助，更多的是出于对各自盟友的争夺，也是对国家战略空间的争夺，从而成为国家利益理论的佐证。

消长阶段（20 世纪 70～80 年代）。在 20 世纪 70 年代之前，发展援助得到了长足的发展，官方发展援助与国民总收入的比例成为衡量发达国家国际援助的一个重要指标。1969 年世界银行发布了"皮尔森报告"，对第一个"联合国发展十年"进行了全面的评估，指出当时存在的严重的发展问题。在该报告的基础上，联合国大会于 1970 年通过了《第二个联合国发展十年的国际发展战略》，要求发达国家提高对外援助的额度，并采纳了 0.7% 的目标。然而发达国家输出的双边援助额度并没有提高，反而有所降低。此后双边援助逐渐向多边援助发展。第四次中东战争以后，石油输出国组织（OPEC）夺回了国际石油价格的定价权，并开始实施对外援助。在这样的背景下，多边援助的作用得到进一步加强。从 70 年代开始，发展中国家在国际政治经济舞台上的作用日渐加强。特别是一些石油输出国在本国得到进一步发展的同时，也逐渐成为新的重要的国际发展援助提供国。到 1980 年，中东地区石油输出国提供的国际发展援助总额达到 94.7 亿美元。石油输出国之间成立了多个区域性多边发展援助机构，1975 年到 1986 年所提供的国际发展援助总额达到 231 亿美元。① 此外，中国等发展中国家也增加了对非洲等发展中国家的经济援助。

该阶段国际发展援助开始表现出"此消彼长"的特征——发达国家的援助规模逐渐减少，多边援助逐渐增加。同时，一些发展中国家

---

① 李小云、唐丽霞、武晋编著《国际发展援助概论》，社会科学文献出版社，2009，第 31 页。

（如各石油输出国、中国等）逐渐加入援助国队伍之中。这一阶段仍是国家利益相互博弈的过程。但是，多边援助的逐渐增加体现了援助国集团通过一个共同的平台实施国际发展援助，以实现集团内部的协调一致、提高援助效率和达到援助集团整体利益的最大化。所以，超国家理论在国际发展援助的这个阶段得到充分体现。

调整阶段（20 世纪 90 年代）。从 90 年代开始，美苏两大阵营冷战对峙的局面结束，国际发展援助立即失去了重要的国际政治理由和动力。这个背景导致了国际发展援助的急剧下降。同时，二战结束后开始的国际发展援助除了欧洲重建计划取得成功以及少数受援国获得实质性发展以外，大多数接受国际发展援助的发展中国家没有实现预期的经济社会发展目标。因此，民众对国际发展援助的效力产生了质疑，进而引起"援助疲劳"现象。自 90 年代起，发达国家对发展中国家实施的发展援助开始深入影响发展中国家的治理问题。[①] 当长期的竞争性援助干预失败以后，援助国将援助的失败归咎于受援国糟糕的制度，因而要全面推动这些受援国的国家制度的改革。这一阶段，援助国和受援国相互指责，援助国高举着"正义"的旗帜，而受援国依然处于严重贫困之中。假借援助效力问题，美国为代表的援助国以及世界银行和以国际货币基金组织为代表的国际金融机构，以"华盛顿共识"为基础，要求受援国接受援助国和多边援助机构提出的经济结构调整和改革方案，并以此作为提供国际发展援助的必要条件。1999 年，世界银行制定了"综合发展框架"，强调根据援助国自身的实际条件，设计和执行有效的发展战略，以促进受援国的经济社会发展。

---

① 〔赞比亚〕丹比萨·莫约：《援助的死亡》，王涛、杨慧等译，刘鸿武审校，世界知识出版社，2010，第 16 页。

该阶段国际发展援助的特征表现在：其一，国际发展援助出现"援助疲劳"现象；其二，发达国家对发展中国家援助附加条件增多，如美、日、欧附加政治条件的发展援助；其三，多边援助机构进一步致力于发展援助框架的结构性调整。随着冷战的结束，发达国家开始借助国际发展援助推动其价值观的传播，国家内部因素的外化理论在此得到了印证。

转型阶段（2000年以来）。21世纪以来，国际发展援助体系发生了一系列变化。2000年，联合国组织召开了千年首脑会议，会议提出了联合国千年发展目标，并以此作为国际发展援助长期工作的行动指南和目标。尤其是布雷顿森林体系接受了千年发展目标，标志着联合国和布雷顿森林体系建立起了真正密切的联系。国际社会进而在2002年达成的《蒙特雷共识》中，再次确定了援助额占援助国国民生产总值的0.7%这一量化指标，以期增加对发展中国家的援助。然而，尽管援助规模不断扩大，援助效果却始终差强人意。2005年《关于援助有效性的巴黎宣言》签署，第一次明确提出"援助有效性"理念，标志着援助目标从"数量"到"质量"的转变。2008年通过的《阿克拉行动议程》进一步强调了加强各方协调、增加援助有效性的重要性。但是，这两次会议所强调的"援助有效性"侧重援助本身的操作方法和程序是否科学、合理，而忽略了考察其对受援国经济增长、就业、减贫等方面的影响。2011年《釜山宣言》提出"发展有效性"理念，意味着援助的改革不能限于援助本身，更应注重援助目标的实现，并正式将"南南合作"列为发展合作的一种形式，以吸引新兴国家进入西方主导的发展援助体系。

近年来，多边援助机构的作用日益显现。同时，以新兴市场经济国家为代表的发展中国家，特别是非发展援助委员会成员提供的官方发展援助呈明显上升趋势，且非政府组织对国际发展援助的贡献越来

越大。援助所关注的领域与联合国千年发展目标（MDGs）及其他
"国际公认"的发展目标趋于一致，经济基础设施和生产部门的援助
比重迅速减少，而针对社会基础设施和服务的援助占比越来越高，其
中教育、医疗、环境保护等成为援助的重点，知识合作与方案援助也
开始占有一席之地。随着新兴援助国的崛起，"南南合作"框架下的
"三方合作"等新的援助方式越来越受到青睐。①

　　经过 70 余年的发展，国际发展援助规模已相当庞大，援助体系
日趋完善，但在援助理念、援助主体、援助领域、援助方式等方面仍
处在不断转型和变化之中。现阶段国际发展援助不仅呈现援助主体、
援助方式的多样性特征，而且发展援助的目标也越来越趋向于去政治
化。其中最引人注目的就是中国等新兴援助国影响力的日益扩大，对
现有国际援助体系造成了冲击，新兴国家采用的以发展为中心的发展
援助方式直接挑战了西方以治理为中心的援助体系。

二　国际发展援助的主要类型

　　如上文所述，国际发展援助在其发展演变的第二个阶段即扩展阶
段逐渐产生了不同的援助方式。这些援助方式随着国际发展援助的不
断发展变化也进一步地得到规范。国际发展援助的类型较多，依据不
同的标准，一般可分为四类。

　　第一类，按照援助的领域，发展援助可以分为经济援助、军事援
助和人道主义援助。经济援助，即旨在帮助受援国解决其在经济社会
发展中所遇到的困难的援助；军事援助，即援助国从自身特定的政
治、经济、国家安全等方面出发，出于军事目的而提供的援助；人道

---

　　①　朱丹丹：《国际援助体系与中国对外援助：影响、挑战及应对》，《国际经济
　　　　合作》2013 年第 3 期，第 67 页。

主义援助，主要包括对受援国在遭受自然灾害或战争时给予的援助和开展提高教育、医疗等社会福利水平的援助。

第二类，按照援助实施的主体，可以分为官方发展援助和非官方发展援助。官方发展援助，即由援助国政府提供的发展援助，包括双边援助和多边援助；非官方发展援助，主要指通过私营部门筹资向受援国提供的发展援助。①

第三类，按照援助内容，发展援助可以分为财政援助、技术援助、粮食援助和减免债务。财政援助，即提供财政资源的发展援助；技术援助，即提供技术支持的发展援助；粮食援助，即提供粮食供给的发展援助；减免债务，即援助国向受援国提供债务减免方面的支持。

第四类，按照援助形式，发展援助可以分为项目援助，即通过实施项目的形式开展发展援助活动；方案援助，即援助国通过发展计划和方案向受援国提供的发展援助；预算援助，即援助国通过向受援国提供财政资金的形式来填补受援国在经济社会发展中所需的财政预算缺口的援助形式。在上述四类划分中，经济援助、军事援助和人道主义援助的分类经常被各国政府用于统计和表述之中。

经济援助是旨在帮助受援国解决其经济社会发展中遇到的问题的国际发展援助，如减贫、基础设施建设、公共卫生供给、环境保护等。在所有发展援助类型中，经济援助所涉及的国家数量、援助金额以及援助范围等都是最大的。目前广泛使用的官方发展援助的概念也主要指帮助受援国实现减贫目标，推动社会经济可持续发展的国际发展援助。因此，经济援助和官方发展援助的概念在很多时候是混合使用的。但从援助主体来讲略有区分，经济援助的主体可以是援助国政

---

① 李小云、唐丽霞、武晋编著《国际发展援助概论》，社会科学文献出版社，2009，第5页。

府，也可以是非政府机构，比如私营部门等；官方发展援助的主体是援助国政府，可以是双边援助，也可以是多边援助。

　　经济援助的主要内容包含财政援助、技术援助、粮食援助和减免债务等。财政援助即为了满足受援国的经济和社会发展需求，援助国或多边援助机构向受援国提供财政投资，以缓解其财政困难。在国际发展援助中，财政援助一直占据了最重要的份额，其援助资金的使用重点一般在大型基础设备建设和主要设备的购买等方面。根据财政援助的性质，又可以分为赠款和贷款两种形式。赠款是指通过无偿转让的方式，向受援国提供物资或资金援助。贷款是指向受援国提供长期低息的优惠融资援助项目，以缓解受援国的财政困难或补充其发展资金。在经济援助中，赠款援助只占极少部分，主要的财政援助是贷款援助。

　　技术援助主要指向受援国转让技术专利、培养技术人才、传授管理知识、提供咨询服务和需要与特殊训练结合的装备等形式的发展援助。[①] 技术援助的主体以联合国系统的国际多边机构为主。自 20 世纪 70 年代国际发展援助进行战略调整以来，技术援助在经济援助中所占的比重越来越大，重要性日益增强。技术援助的实施方式主要有两种：一种是直接向受援国派出专业技术人员以及相关技术设备；另一种是为受援国培训专业技术人员。与其他经济援助形式相比，技术援助注重通过提高受援国的人力资源质量来促进受援国的经济长期发展，更加具有可持续性。

　　粮食援助指通过直接提供谷物、油、棉等实物，或是提供资金购买粮食物资的援助方式。粮食援助包括紧急救济粮食援助、项目粮食援助和计划粮食援助三种类型。其中，项目粮食援助和计划粮食援助

---

①　Guy Arnold, *Aid and the Third World*：*North/South Divide*, London：Robert Ryce Limited, 1985, pp. 33 – 34.

属于经济援助范畴。项目粮食援助指向受援国贫困群体提供粮食援助，从而促进其发展；计划粮食援助指在受援国市场将所援助的粮食出售，所得资金用于平衡受援国的公共财政预算。[①]

债务减免是一种较为特殊的经济援助形式，通常包括降低利息、免除利息和免除所有债务等三种形式，与财政援助中的贷款援助直接相关。债务减免主要是为了调整受援国的外债结构，减轻其清偿债务的压力，间接弥补其发展资金的不足。

经济援助的主要实施方式包括项目援助、方案援助和预算援助等三种形式。项目援助主要指通过实施单个项目开展经济援助，比如修建道路、桥梁、工厂、水坝、电站、医院和学校等，或提供经济发展所需设备以及开展各类培训等。项目援助一直是经济援助的重要形式之一。方案援助主要指通过向受援国提供综合发展计划和方案的形式，帮助受援国推动经济社会发展。方案援助通常具有较强的针对性，援助方在此援助方式中有较大的干预度。因此，方案援助总是伴随着一定的经济或政治条件。预算援助是指向受援国提供财政资金支持，以弥补受援国经济社会发展所需财政预算的缺口。预算援助属于财政援助的范畴，但比赠款援助和贷款援助具有更高的要求和更多的附加条件。

经济援助的实例多不胜数，二战后美国政府在欧洲实施的"马歇尔计划"即典型的经济援助。经济援助是国际发展援助的最重要的组成部分。如前文所述，国家利益是国际发展援助最初和最强的驱动力。因此，国家利益理论在经济援助中也得到了很好的体现。同时，在经济援助的多样化实践中，多边发展援助在一定程度上体现了超国

[①]　田丽：《探析冷战后的国际粮食援助：以国际社会对朝鲜的粮食援助为例》，华中师范大学硕士学位论文，2007，第5页。

家理论，带有附加条件的经济援助也体现了国家内部因素的外化理论。可以说，国际政治学的国际发展援助理论均适用于经济援助。

军事援助是援助国从自身特定的政治、经济、国家安全等战略利益出发，出于军事目的而提供的有明确条件或隐含条件的国际发展援助。军事援助的主体主要为援助国政府。军事援助的内容涵盖财政援助和技术援助范畴，主要包括：优惠或无偿地向受援国提供用于国防建设和购置武器装备及其他军用物资的资金；优惠或无偿地提供武器装备、军事技术，以及军事信息和情报、卫星照片、军事地图、军事气象等咨询和服务；向受援国提供军事培训；派遣军队直接介入武装冲突或其他政治事件等。[①] 军事援助的实施方式主要包括项目援助和方案援助等。军事援助是一种最古老的援助方式，时至今日，依然是国际发展援助的主要形式之一，是国家主义理论的典型范例。出于维护自身安全利益和国际反恐的需要，中国曾向周边国家提供过必要的军事援助。长期以来，中国是联合国安理会五个常任理事国中向非洲派遣维和人员数量最多的国家。显然，军事援助越来越具有超国家主义理论的特征，对促进国际社会的稳定和发展起着重要的作用。

人道主义援助是指出于人道主义的目的，向遭受水旱、饥荒、大规模疫病、地震等自然灾害或战争的国家或地区提供财物或劳务的援助。人道主义援助的主体包括主权国家政府、国际组织（包括国际非政府组织）以及个人。人道主义援助通常包括两类：一类是在受援国遭受重大灾难性事故或战争时，为受灾民众提供维持基本生存所需的紧急援助，不附加任何政治或经济的外在条件，出于纯粹的人道主义动机；另一类是指在受援国开展以提高社会福利为核心的公共服务供

---

① 中国军事百科全书编审委员会编《中国军事百科全书》（光盘版），军事科学院军事百科研究部、北大方正电子出版社，1999，"军事援助"条目。

给等援助，主要包括医疗卫生和教育等，体现非营利性的特征。人道主义援助具有明确的针对性和时效性。国际社会对 2004 年 12 月印度洋海啸灾害所采取的人道主义援助是比较典型的大规模人道主义援助。对阿富汗战争之后所进行的国际援助也属于人道主义援助范畴。人道主义援助本身不具有政治性，但是也可以履行政治功能。

超国家理论所倡导的协调一致的援助可用于人道主义援助，但实现援助集团利益的最大化却有悖于人道主义宗旨。因而，超国家理论不能完全适用于人道主义援助。

第三节　教育援助

教育援助是国际发展援助的一种类型。然而，在国际发展援助的传统类型中教育援助并没有作为其中的一种类型。一般将其作为技术援助中的智力援助部分。在第二次世界大战结束后的近半个世纪的国际发展援助中，智力援助的作用和影响非常有限。20 世纪 90 年代之后，教育援助才开始有了长足的发展。进入 21 世纪后，教育援助如雨后春笋般蓬勃发展，并已经成为国际发展援助中的一种类型。如前文所述，本书将教育援助界定为援助国或国际组织为促进受援国教育事业的发展和人力资源的开发所提供的国际发展援助。所谓受援国教育事业的发展包括扩大教育机会，提高智力水平，改善教育环境的软硬件条件，提升教学质量和水平，完善教学机制和管理能力等。因此，严格地说国际教育援助全称应该为国际教育发展援助，简称教育援助。本书在此界定下，讨论教育援助问题。

一　教育援助在国际发展援助中的地位和作用

国际教育援助的主要目的是施援国或国际组织、机构通过资金援助和技术援助的方式，基于社会和经济开发的目的，向受援国（一般是欠发达国家或最不发达国家）提供教育援助，如确保和扩充教育机会、克服性别差异、改善就学环境、提高教学质量、强化教学管理、促进女童就学和妇幼保健等。与其他援助类型相比，教育援助由于其对受援国智力开发的重要功能，其具有可持续的效应。因此，它对于国际发展援助的深入发展起着越来越突出的作用。

（一）教育援助的地位

现代意义上的国际教育援助活动，发端于国际发展援助发展的第二阶段。教育援助并非国际发展援助的新生事物，而是常常以其他援助类型的名义施行，尤其对于前宗主国对其殖民地实施的发展援助而言。如法国对非洲的援助除了经济上的支持以外，还注重在当地推行法国语言和文化，实际上是为了加强对前殖民地的控制。他们认为，语言和文化对于维系两国良好关系有着重要和深远的影响。在国际发展援助第二阶段的演进中，联合国及其机构通过召开技术援助大会等方式将国际援助从战后重建转到对发展中国家的援助上来，美国也提出了前述的"第四点计划"。该计划正式名称为"技术援助落后地区计划"。对此，杜鲁门在其总统就职演说中宣称："幸而人类有史以来第一次掌握了救人于水火之中的知识与技术，而在所有国家中，美国又是工业和科技发展领域内的佼佼者。尽管我们所能承担的、用以援助他人的物质资源是有限的，但我们的科技和知识资源，却正处于不断的增长之中，这是取之不尽用之不竭的。"① 为将这个抽象的概念转变成实在的外交政策，1950 年 6 月 5 日，美国国会通过了《对外经济援助法案》，"第四点计划"获得批准。1950 年 8 月 27 日，国务院

---

① *Text of the Speech in Department of State Bulletin*，January 30，1949，p. 123.

又成立了技术合作署，负责"第四点计划"的运行。该署后来改组为援外事务管理署，并逐步演变为国际合作署和今天的国际开发署（USAID）等机构。受援国政府需要就援助问题与美国政府订立双边协约，之后技术合作署再为这些国家制定具体的援助任务。"第四点计划"并不局限于某个区域实施，但随着冷战的升级，援助重点转移到了社会主义阵营的前线国家。美国本意是利用先进的科学技术和发达的工业来改造和拉拢亚非拉发展中国家，更好地控制这些地区，并从中与苏联争夺重要战略资源，从而实现其经济扩张与新殖民扩张的目的。但客观上看，该计划的实施，不仅成为美国外交战略上具有里程碑意义的行动，而且对于现代国际教育援助的形成和发展起到了关键作用。

教育援助是国际发展援助的重要形式之一，而项目援助也是最为普遍和行之有效的教育援助形式。援助项目的类型广泛，如帮助受援国建立或修缮学校，提供教学设备和教材，培训师资和管理人才，制定课程、教学方案和管理模式，推动大学间的合作与交流等。① 与国际发展援助类似，教育援助的项目实施也分为官方渠道和非官方渠道。教育援助包括硬件投入和软件投入。硬件投入主要指提供机械、装置、设备等基础设施以及书籍、资料等物品；软件投入是相对于硬件而言，主要指在实施教育援助中使用的技术和人力资源等。技术援助是教育援助的重要内容之一，是为了帮助发展中国家培养经济社会发展所需的人才，援助国向受援国提供技术及相关专业知识，或者根据受援国的发展需求帮助其进行技术开发和改良，旨在帮助受援国提高技术水平、加强制度建设和组织管理等。在人力资源方面的援助，

---

① 顾建新：《国际援助非洲教育发展及对我国的启示》，《西亚非洲》2008 年第3 期，第 57 页。

是援助国通过技术支持及开展培训等加强受援国的人力资源建设，或派遣相关领域专家和志愿者，帮助受援国开展知识传播、科学研究等教育援助活动。除此以外，教育援助也包括少部分无偿资金援助，是援助国向受援国赠与没有偿还义务的资金的经济援助，通常这些资金将用于帮助发展中国家购买教育发展所需的物质设备以及支付运送、调试设备中所产生的有关费用。教育援助的对象国绝大多数是财力无法对教育发展给予充足投入的经济欠发达国家，在这些国家中，国际教育援助对于该国的教育发展具有难以替代的重要作用。

教育援助在国际发展援助中所占的比重逐渐扩大。进入 20 世纪 90 年代以后，教育援助赢得国际社会越来越多的关注，成为国际发展援助的"后起之秀"。1995 年，哥本哈根世界社会发展峰会正式把贫困问题纳入了全球议程，并对"优先发展经济与解决贫困问题之间的必然性"的传统观点进行了反省，"人类发展"以及"社会发展"等概念得到了进一步重视。1996 年被联合国列为"国际消除贫困年"。世界社会发展峰会提出将 1996 年到 2006 年定为"消除贫困的十年"，要求官方发展援助的 20% 应该用于社会发展项目。1997 年，联合国开发计划署首次在《人类发展报告》中提出"人文贫困"（human poverty）的概念。接着，世界银行于 1998 年提出了《综合发展框架》（Comprehensive Development Framework，CDF），将对发展中国家进行人文援助的内容纳入其中。相对于以往每年不断增加减贫预算却无法看到实际效果而言，世界银行视教育为社会收益率最高、开发效果和投资效果最大、最值得期待的援助领域。进入 21 世纪以来，教育援助的规模有了进一步的扩大，资金相对增加，项目内容也更加丰富。2000 年的纽约联合国千年峰会上通过了《千年发展目标》（MDGs），设定了消除贫困、改进妇幼健康、扩大教育机会和改变教育中的性别不平等现象以及制定可持续发展的国家战略等具体目标。教育则被认为是促进国家、地区的人力资本积累和社会秩序发展的根本途径之一。千年峰会之后，2002 年的蒙特雷会议旨在动员筹集为实现《千年发展目标》的发展资金。于是，积极投入发展援助的援助国开始行动起来。例如，美国鉴于蒙特雷会议和千年峰会的精神，在 2006 年将发展援助的预算增加了 50%，而欧盟（EU）将发展援助的预算由原来的国民生产总值的 0.33% 增至 0.39%，其中增加幅度较大的就是对于教育援助的投入。日本政府在 2000 年《达喀尔行动纲领》发表后 5 年间向发展中国家实施了 2500 亿日元的教育援助，[①] 另外，还通过联合国儿童基金会、联合国教科文组织等国际机构的信托基金的形式给予非洲数十亿美元的援助。

（二）教育援助的作用

教育援助有如下作用：

第一，教育援助促进国际发展援助目标的实现。教育援助实践与国际发展援助的减贫战略密切相关。根据联合国认定标准，至 2018 年 3 月，47 个最不发达国家（LLDCs）中，有 33 个国家在非洲。同时，进入 21 世纪以来，非洲学龄儿童的就学率依然不容乐观，仅为 58%，其中，非洲失学男童、女童所占世界比例分别为 46.1% 和 39.4%。非洲辍学率偏高和学习成绩达标率偏低已成为全世界公认的问题。人们认识到，由于战乱纷争、经济不发达等因素造成的持续性贫困，不仅给所在地区人民带来了饥饿、疾病、灾害等肉体痛苦，还极大地制约了他们自身潜能的全面发展，限制了其参与社会的机会，阻碍了所在国家、地区的人力资本积累和社会的可持续发展。而教育

---

① UNESCO, "EFA Global Monitoring Report 2015," *Education for All* 2000 – 2015: *Achievements and Challenges*, UNESCO, 2015.

恰恰是可以促进人的全面发展、推动社会可持续发展的重要手段。联合国开发计划署（UNDP）在 1997 年《人类发展报告：通过人类发展以消除贫困》中将人类自身的能力建设（Empowerment）作为消除贫困的六大优先行动之一，置于首要位置。①

因而，国际社会大大提高了对通过教育来实现减贫战略的重视。2000 年，消除贫困和扩大教育机会同时被列入千年发展目标。《达喀尔行动纲领》进一步确立了扩大和改善幼儿教育、确保至 2015 年所有学龄儿童都能够接受免费的初等义务教育、满足成年人的学习需求、扫盲、2015 年以前实现教育方面的男女平等及全面提高教育质量六大行动目标。同年，联合国、经合组织、世界银行及国际货币基金组织等国际机构共同宣布将 2015 年 100% 普及初等教育和消除初中等教育性别不平等作为减贫战略的两大目标。针对最不发达国家初等教育普及化的问题，加拿大喀喀纳基斯八国首脑会议将《全民教育行动计划》具体化，正式启动了快车道行动计划（Fast Track Initiative，FTI），非洲成为该计划的最大受援地区。参与快车道行动计划的 19 个非洲受援国获得的教育投入高达 37. 5 亿美元。在此框架下，国际组织及国际组织会员国纷纷加大官方发展援助中对教育方面的投入，针对非洲等欠发达国家和地区实施了一系列的教育援助项目，有力地推动了世界减贫战略目标的实现。②

第二，教育援助推动发展的可持续性。首先，从理论的视角来看，根据国际关系理论，不同的国际关系哲学观对于国际发展援助有

① UNDP，"Human Development Report 1997：Human Development to Eradicate Poverty，" http：//hdr. undp. org/site/deficult/files/reports/258/hdr – 1997 – en – complete – nostates. pdf.

② 吴卿艳：《国际教育援非的发展、问题及对策》，《教育发展研究》2009 年第 5 期，第 63 ~ 64 页。

着不一样的理解。现实主义主要从民族国家的利益观来看待国际发展援助，认为国际发展援助是国家追求利益和权力最大化的工具之一，其本质和目的都是政治化的，不存在真正的道德。然而，理想主义从国际共同体的角度出发，考虑国际发展援助可以给受援国带来的好处。理想主义反对现实主义将国际发展援助作为实现援助国利益的工具，主张以满足受援国人民的基本需求和促进受援国的经济发展和社会进步为根本目标。理想主义认为，国际社会是一个相互依存的共同体，为了促进全人类的进步，富国应该帮助穷国，这实际上也是在帮助富国自己。理想主义主要从人道主义和国际正义观的角度来进行辩论。但这种正义也为国际发展援助增添了附加意味，也正是结构主义所驳斥的地方。结构主义持批判和解放的立场，深受马克思主义的影响，它认为发展援助是资本主义扩展的一种方式，是一种新殖民主义。结构主义传承了马克思主义的隐性剥削利益观，认为发达国家实施的对外援助主要是将自身利益置于对他国进行剥削的基础之上。从结构主义的观点来看，国际发展援助将根本无法推动受援国的发展。从以上国际关系理论的角度来看教育援助，教育援助的目的更加接近理想主义的看法，以满足受援国的发展需求并促进受援国的经济社会发展为根本目的。相对其他援助类型而言，教育援助不具有太强的功利性，有助于推动发展的可持续性。

其次，从实现援助目标来看，国际发展援助的具体目标，从总体上可以分为政治目标、经济目标和人道主义目标三类。政治目标是国际发展援助的最重要目标之一，但常常被有意弱化，以掩盖国际发展援助的真正目的。这里所提及的政治目标包括巩固和扩大援助国在国际政治经济格局中的地位、通过实施国际发展援助直接实现的政治利益以及通过实施国际发展援助实现对某一政权的干涉等。经济目标是国际发展援助的另一大重要目标，也是其最冠冕堂皇的目标之一。经济目标包括通过实施国际发展援助来促进受援国的经济发展，以及援助国从受援国的发展中获得更大的经济利益。比如，通过实施国际发展援助，援助国对受援国的产品或服务的出口大幅增加；援助国对受援国的长期投资增加；援助国对受援国的经济影响增加等。人道主义目标是指援助国在受援国遭受自然灾害、战争、动乱等破坏后提供的紧急援助，以减轻当地人民面临的苦难，提供其基本生存需要，帮助其实施灾后重建。这一目标实际上是与前两大目标紧密联系的。尽管人道主义目标本身也隐含政治意味和一定的经济目的，但相对而言，人道主义援助占据了道义的制高点，更容易让受援国接受。在上述三类援助目标中，教育援助的目标与人道主义援助的目标更加接近，旨在通过物质支持或技术支持提高受援国的教育质量和水平，推动当地的教育体制发展和人力资源的培养。因而，从援助目标来看，教育援助也有助于推动发展的可持续性。21 世纪，发展中国家的教育必须继续关注处境不利的群体，为他们提供教育补偿，只有这样才能实现持续的减贫和人力发展。[①]

　　总的来说，根据其地位和作用，教育援助的特点可归纳为"四化"。一是政治意味弱化，由于教育援助更多关注教育设施的建设以及教育文化交流活动的开展，所以尽管也在援助的范畴内，却没有其他援助那般咄咄逼人，是一种软性的援助。二是形式多样化，教育援助的官方行为特点有所减弱，因而项目实施灵活性更强，活动更加丰富。三是多边趋势化，由于国际机构更多地参与教育援助项目，教育援助如今不仅在双边层面开展，而且越来越多地在多边层面进行，加强了国际组织会员国之间的协调，援助影响扩大化。四是援助有效化，教育援助总体上更加注重援助项目实施的成效，强调项目成果的

---

　　① 郑裕：《结构调整与非洲教育》，《比较教育研究》2009 年第 11 期，第 78 页。

有效性，不仅从援助的数量上来进行统计和说明，更是通过严格的项目评估来考量项目的长远影响。

二　教育援助与其他援助类型的异同

教育援助是援助方对受援方在教育领域提供无偿赠款、贷款及专业技术资源的一种援助形式，以帮助这些国家和地区实现经济社会发展目标，属于国际发展援助中的智力援助。此外，如果根据国际发展援助的分类标准，教育援助还可从如下视角来考察：教育援助的主要实施主体既可为援助国政府，也可为私营部门，因而既可归类于官方发展援助，又可归类于非官方发展援助；教育援助的主要内容包括技术支持和人力资源培训，因而可归类于国际发展援助中的技术援助；教育援助的主要形式为项目实施，因而属于项目援助；按照援助动机来进行分类，教育援助旨在促进受援国的经济社会发展，因而勉强可以归类于更加广义的经济援助。与国际发展援助的其他三种主要类型（经济援助、军事援助和人道主义援助）相比较，尽管各自的援助动机、援助实施的主体、援助内容和援助形式等都有很多区别，但是教育援助与三者的相同和相似之处还是很明显的。首先，四者皆属于援助范畴，其主要内容为向受援方提供对方所需物品，包括钱财、物资、人力、技术等。所以这四类援助的主要内容是一致的。其次，援助实施的客体都是受援国，这四种类型的援助针对同样的对象。所以它们的实施对象是一致的。再次，在国际发展援助的总体框架下，国际发展援助的总体目标是促进受援国的经济社会发展，因此，以上四种类型的援助的大目标也是促进受援国的经济社会发展。所以它们的总体目标也是一致的。最后，尽管四种援助类型各有不同的援助动机，但是或多或少都含有利益交换的因素，这一点将在下面做进一步阐述。

　　教育援助与经济援助。二者的相同之处如下。其一，援助实施的主体相同。教育援助和经济援助的援助主体均可为援助国政府，也可为私营部门，所以可为官方发展援助，也可为非官方发展援助。同时，在全球化背景下，教育援助和经济援助在国际社会的具体实施越来越多地在联合国体系内通过多边国际机构进行，因此，教育援助和经济援助均为双多边援助结合的援助类型。其二，援助内容部分相同。教育援助的主要内容包括提供教育领域的赠款、贷款、基础设施建设、技术支持和人力资源培训等。经济援助的主要内容包括提供促进受援国经济社会发展的财政援助、技术援助、粮食援助和减免债务等。因此，教育援助与经济援助的主要援助内容均包含了财政援助和技术援助的有关内容。其三，援助形式部分相同。教育援助的主要实施形式为项目援助。经济援助的实施形式包括项目援助、方案援助和预算援助。因此，教育援助和经济援助的主要实施形式均包括了项目援助。

　　二者的不同之处如下。其一，援助动机不同。教育援助的援助动机是为了促进受援国的教育发展，以实现经济社会的可持续发展。经济援助的援助动机是为了帮助解决受援国在经济社会发展中遇到的现实问题，促进受援国的经济社会发展。二者看似类似，实则不同。经济援助更加现实，援助针对的是受援国经济社会发展中的实际问题，援助实施的主体本身也有着强烈的利益驱动。而教育援助关注受援国经济社会建设的长远发展，通常不附加政治或经济的条件，带有更强的利他性。其二，援助内容部分不同。如上所述，经济援助的援助内容除了财政援助和技术援助以外，还包括粮食援助和减免债务，后两者教育援助不包括。即便在二者均有的财政援助和技术援助中，教育援助和经济援助的具体内容针对的事项也有差别，所以简单地说教育援助就是经济援助中的技术援助是很不全面的。其三，援助形式部分不同。如上所述，经济援助的实施形式除了项目援助，还包括方案援助和预算援助，通常带有政治或经济的附加条件。方案援助和预算援助不是教育援助的主要形式。同时，与经济援助强烈的利益驱动不同，教育援助有着显著的人道主义色彩，人道主义援助也包含提供教育服务的内容，但二者其实存在很大差异。

教育援助与军事援助。二者的相同之处如下。第一，援助实施的主体部分相同。教育援助实施的主体既可为援助国政府，又可为私营部门。军事援助的主体一般为援助国政府。因此，教育援助和军事援助实施的主体均有援助国政府。第二，援助内容部分相同。教育援助的主要内容包括财政援助、技术支持和人员培训等。军事援助的主要内容也包括财政援助、技术支持和人员培训等。因此，教育援助和军事援助的主要内容均包括财政援助、技术支持和人员培训等有关内容。

二者的不同之处如下。第一，援助动机不同。如前所述，教育援助的援助动机是为了促进受援国的教育发展，以实现经济社会的可持续发展。而军事援助的援助动机通常为军事目的。第二，援助实施的主体部分不同。如上所述，教育援助实施的主体除了援助国政府，还可为私营部门。但是，军事援助实施的主体通常只有援助国政府。第三，援助内容部分不同。教育援助和军事援助在财政援助、技术支持和人员培训等方面的具体内容有很大的区别。除此以外，军事援助还包括军队参与行动等内容。第四，援助形式不同。军事援助的形式并不像教育援助那样，主要通过项目实施来进行，而是根据不同的军事目的采取具体形式。对于军事援助，技术支持和人员培训等内容始终是其重要组成部分。例如随着局部地区战争和冲突的加剧，非洲越来越需要通过建立自身作战能力来参与和解决其内部问题。2015 年 9 月，在联合国维和峰会上，中国宣布在今后 5 年里，为各国培训 2000 名维和人员，开展 10 个扫雷援助项目，包括提供培训和器材；并将向非盟提供总额为1亿美元的无偿军事援助，以支持非洲常备军和危机应对快速反应部队建设。然而军事援助的动机是出于军事目的，这是与教育援助的根本区别。即便有些军事援助活动在形式上类似于教育援助，甚至有民间机构参与，也不能纳入教育援助范畴。

教育援助与人道主义援助。二者的相同之处如下。第一，援助动机部分相同。体现在教育援助更多地出于社会考虑，援助的主要内容是与教育相关的财政援助、技术支持和人员培训等。而人道主义援助是出于人本考虑，主要是提供受援国民众在遭受重大灾害和战争时面临的基本生存保障。所以说二者的援助动机是有一些重合的。第二，援助实施的主体相同。教育援助和人道主义援助实施的主体均可为援助国政府或私营部门，而且二者均有很多通过多边国际机构实施的具体实践。第三，援助内容部分相同。人道主义援助也包含部分提供教育服务的内容。

二者的不同之处如下。第一，援助动机部分不同。教育援助的援助动机更多的是为了推动受援国的教育发展和受援国经济社会的可持续发展。人道主义援助主要是提供受援国民众在遭受重大灾害和战争时面临的基本生存保障。所以，简单地将教育援助纳入人道主义援助的观点是不妥的。第二，援助内容部分不同。教育援助的主要内容就是与教育相关的财政援助、技术支持和人员培训等。人道主义援助的主要内容更多的是为受害民众提供及时的物资上或物流上的支援，以社会福利为核心的医疗、教育等内容只占其中的一部分，而且具体内容与教育援助也大不相同。第三，援助形式不同。教育援助主要通过项目援助实施，人道主义援助主要采取紧急措施拯救生命，舒缓不幸状况，维护人的尊严。

综上，教育援助与经济援助、军事援助和人道主义援助各有异同，不能简单地将教育援助纳入经济援助或人道主义援助。教育援助应该与经济援助、军事援助和人道主义援助一起并列为国际发展援助的主要类型。

三　基于教育援助的中国－联合国教科文组织信托基金研究理论的选择

教育援助伴随着国际发展援助的发展而发展，它不是一个新生事物，但是发展迅速，日益壮大。所以，将教育援助与经济援助、军事援助和人道主义援助并列是国际发展援助的发展趋势。但是，和概念缺位一样，有关教育援助的研究理论也存在欠缺。

根据本章开篇归纳总结的国际发展援助的主要理论，包括国际政治学视角的国家利益理论、超国家理论和国家内部因素的外化理论，以及发展经济学视角的哈罗德－多马模型、两缺口模型、大推进理论和新制度主义经济发展理论等，经济援助、军事援助和人道主义援助均能从这些理论中寻求到恰当的理论支持。比如，哈罗德－多马模型强调资金投入对于促进经济发展的重要性，经济援助中的财政援助便是这个理论的实际应用。两缺口模型强调需保持储蓄与外汇的平衡，经济援助的财政援助以及减免债务也是这个理论的实际操作。大推进理论强调集中资金投入各重要经济部门，以促进经济增长，经济援助中的技术援助就是重点加强重大基础设施的建设。新制度主义经济发展理论强调制度变迁对于促进经济发展的重要作用，带有附加条件的经济援助即该理论的实践表现。可见，在国际发展援助的主要理论中，发展经济学视角的理论主要适用于对经济援助的战略分析。对于不直接产生经济效益的军事援助、人道主义援助和教育援助就没有那么直接的指导意义。从国际政治学的视角来看，国家利益理论强调援助国在国际发展援助实践中对于本国国家利益的保护和追求。摩根索认为，美国在海外有些国家利益是通过军事手段所无法实现的，传统的外交方式也仅仅部分适用，唯有对外援助才是实现这些利益的最适宜途径。① 经济援助在为受援国提供经济支持的同时也寻求对本国有利的政治或经济回报。因此，国家利益理论也适用于经济援助。超国家理论强调援助国集团的整体一致性，在一定程度上适用于人道主义援助。国家内部因素的外化理论可用于解释无法用国家利益理论和超国家理论解释的国际发展援助问题，例如军事援助，便是援助国向受援国提供的带有附加条件的援助，援助国借此援助扩大其对该国的影响力。因此，经济援助、军事援助和人道主义援助均可在国际发展援助主要理论中找到理论支持。但是对于教育援助而言，它没有经济援助那么强的利益驱动，无法完全使用国家利益理论阐释；没有军事援助带来的那些附加条件，国家内部因素的外化理论并不适用；也没有人道主义援助那么强烈的超国家性，难以采用超国家理论。

此外，有学者运用社会交换理论②来研究大国的对外援助。社会交换理论（social exchange theory）形成于 20 世纪 50 年代末期的美国。该理论汲取了经济学、人类学、行为心理学等多个学科的成果，是当代西方社会学主流理论之一。社会交换理论就是指甲方自愿地将资源转移给乙方，以换取另一种资源。③ 在这个理论中，交换主体甲乙双方地位平等，没有强弱之分；资源泛指，没有特定性；重点强调的是自愿原则。该理论的核心思想即为，互动行为中必定产生利益的交换，无论交换的形式和种类如何。将这个普遍适用的理论放在国际

---

① Hans Morgenthau，"A Political Theory of Foreign Aid，" *The American Political Science Review*，Vol. 56，No. 2，Jun. 1962，p. 301.

② 参见丁韶彬《大国对外援助——社会交换论的视角》，社会科学文献出版社，2010。

③ 〔美〕迈克尔·E. 罗洛夫《人际传播：社会交换论》，王江龙译，上海译文出版社，1997，第 21 页。

发展援助的框架下，"援助不是慈善事业，工业发达国家的政府给予欠发达国家经济援助，很少出于慈善之心或者人道主义的动机；它们的做法是自私的，期望得到的是政治或经济上的利益"。① 援助是在援助主体和援助客体之间进行的交换行为，交换的内容包括经济资源、军事支持、人道主义捐赠和教育发展等内容，交换也是基于相互同意的原则。因此，社会交换理论在国际发展援助中是可以实践的。美国学者阿诺德（Guy Arnold）曾指出："那些为援助辩护的人根据其听众的不同而改变其策略：面对保守主义者，他们声称，给与援助是为了国家利益；面对自由主义者，他们争辩，援助是为了财富和权力在全球的再分配；而对于商人，他们表示，援助有助于贸易。"② 可见，利益交换在援助实践中已得到充分的体现。例如，经济援助中有很明显的政治或经济利益交换。军事援助也是带有条件的，所以也存在利益交换。人道主义援助确实带有利他性，但多有政治考虑，是援助国占据道义制高点的重要举措。就教育援助而言，援助方在援助过程中没有提出明显的政治条件，也没有获得任何经济回报，但是可以收获国际影响。这也可以算是获得的一种利益。当然，尽管社会交换理论主张社会交换的指导力量是自我利益，但是它并不认为自我利益是坏东西，相反地认为自我利益事实上将促进人际关系的发展。③

早在 1985 年，鲍德温在《经济治国方略》中就明确提出过使用社

① 〔瑞士〕布鲁诺·S. 弗雷：《国际政治经济学》，吴元湛等译，重庆出版社，1987，第 74 页。

② Guy Arnold, *Aid and the Third World*: *North/South Divide*, London: Robert Ryce Limited, 1985, p. 168.

③ 〔美〕迈克尔·E. 罗洛夫：《人际传播：社会交换论》，王江龙译，上海译文出版社，1997，第 6 页。

会交换论思考国际发展援助的问题。① 鉴于教育援助研究理论的缺失，本书借鉴社会交换论的某些观点来解析中国对非教育援助的某些问题，并以中国－联合国教科文组织信托基金为具体案例，论证中国教育援非可能带来提升中国国际影响力方面的收益。但是，在许多情况下，中国对非教育援助并未获得利益的交换。因此，社会交换理论并不能完全解析中国的对非教育援助。据此，本书批判地借鉴这一理论。

对于中国－联合国教科文组织信托基金，教科文组织官方评价说："这是教科文组织首次收到来自中国的、用于促进教师培训的大笔资助，这一计划标志着一个新的合作伙伴关系的开始。"② 该基金与中国传统的双边教育援助的模式有较大的不同，其运作模式和实际效果必将对非洲未来的教育发展，以及对中国对非教育援助制度的构建产生重要影响。

---

① David A. Baldwin, *Economic Statecraft*, Princeton：Princeton University Press, 1985, pp. 293 – 294.

② 联合国教科文组织：《加强教师培训，缩小非洲教育质量差距》，http：// fr. unesco. org/node/179999。

第二章 中国教育援非：发展历程、成效与问题

中华人民共和国成立以来，一直努力开展对外援助。早在 20 世纪 50 年代，中国就已成为发展中国家中的对外援助大国。1973 年之前对外援助总额一度高达国民收入的 2% 左右。1964 年 1 月，周恩来总理在非洲首先提出了以平等互利、不附带条件为核心的"对外经济技术援助八项原则"，确立了中国开展对外援助的基本方针。2011 年 4 月中国首次发布《中国的对外援助》（白皮书）。2014 年 7 月，在"八项原则"提出 50 周年之际，又发布了《中国的对外援助》第二个白皮书(2014 年)。该文件进一步强调了关注改善民生、促进经济社会发展、强化区域机制、参与国际交流合作等方面内容。2015 年 9 月，国家主席习近平在联合国发展峰会上告知全世界："60 多年来，中国积极参与国际发展合作，向 166 个国家和国际组织提供了近 4000 亿元人民币援助，派遣 60 多万援助人员。"[1]

在对外援助不断发展的进程中，中国随之展开了教育领域的援助，特别是对非洲的教育援助，在非洲留学生和教师培养、学术交流、人才培训和学校硬件建设等方面取得了有效进展，积累了丰厚的对非教育援助经验。尤其是在 21 世纪初建立了中非合作论坛后，中

---

[1] 习近平：《谋共同永续发展 做合作共赢伙伴——在联合国发展峰会上的讲话》2015 年 9 月 26 日，纽约，http://news.cntv.cn/2015/09/27/ARTI144330 2216282870.shtml。

国与非洲的教育交流合作迈上了新的台阶。然而，不可否认的是，在中国积极参与国际事务，迅速扩大对外援助规模的战略部署中，教育援助理论研究以及对非教育援助的实践研究依然还是一块"短板"。

第一节　中国教育援非的发展演进与特点

中华人民共和国成立后，就开始了对外发展援助的实践。对外发展援助一直是中国发展与第三世界国家关系、服务对外政策目标的重要途径，在中国恢复联合国合法席位、反"台独"和国际人权斗争等涉及重要国家利益的问题上发挥了重要作用。从新中国成立到现在，中国的国际发展援助大致经历了三个阶段。20 世纪 50 年代初至 70 年代末为第一阶段，即启动阶段。这一阶段的中国对外援助几乎是单向性的和"利他性"的，甚至很多时候是超出自身能力的。改革开放以后到 21 世纪初为第二阶段，初步发展阶段。此阶段中国的对外援助战略转向服务经济建设大局，同时兼顾地缘政治等其他考量。21 世纪以来为第三阶段，全面发展阶段。此阶段国际政治经济局势发生了很大的变化，中国的国际地位迅速提高，中国正在成长为一个新型的全球主要力量。[①] 中国的教育援助，特别是中国对非洲的教育援助作为中国国际发展援助的重要组成部分，也经历了相应的三个发展阶段，每个阶段都有其鲜明的特点。

中国对外援助理念和实践的演变深深影响着中国对非洲各国的教育援助取向。本书在此历史脉络中，从平等的中非教育交流与合作的维度，对中国对非洲的教育援助加以审视和考察。

---

① 李小云、徐秀丽、唐丽霞：《中国对外援助的发展：若干建议》，《国际发展时报》2016 年 1 月 27 日。

一　启动阶段（1950～1978 年）

1955 年 4 月，印尼万隆亚非会议召开后，亚非国家的合作得以加强，南南合作由此开端。当年 5 月，中国与埃及政府代表签订了两国《文化交流会谈纪要》，鼓励互派留学生和学者。根据双方会谈纪要的精神，1956 年 1 月，中国派遣了 7 名留学生和 1 名语文教师到达开罗。当年，埃及 4 位学者和 4 位留学生来华留学和交流。1956 年 4 月，在会谈纪要的基础上，两国政府又签署了《文化合作协定》，两国教育交流具有了更为正式的依据。① 同月，毛泽东在著名的《论十大关系》讲话中指出："提出这十个问题，都是围绕着一个基本方针，就是要把国内外一切积极因素调动起来，为社会主义事业服务。"并且在论"中国和外国的关系"中指出："我曾经说过，我们一为'穷'，二为'白'。'穷'，就是没有多少工业，农业也不发达。'白'，就是一张白纸，文化水平、科学水平都不高。"② 可见，中非教育合作的开启时间早于中非建立正式外交关系（1956 年 5 月与埃及建交）的时间。中国对非教育援助正是在中国经济和文化一穷二白的情况下，在中非教育交流合作的基础上开始起步的。

进入 20 世纪 60 年代，随着非洲国家的相继独立和中国开始社会主义的全面建设，中非关系迅速发展。中国及时扩大了接收非洲留学生的规模，中非教育交流合作也随之加强，并转向以教育援非为主。然而，1966 年开始的"文化大革命"一度干扰和中断了中非教育交流合作的有关活动。

---

① 李保平：《关于中非教育合作的几个问题》，http：//www. cctr. ust. hk/materi-als/conference/china - africa/papers/Li，Baoping - Chin. pdf。

② 毛泽东：《论十大关系》，《毛泽东选集》（第五卷），人民出版社，1977，第 215、231 页。

到 20 世纪 70 年代，中非国家之间的教育交流有了一定程度的恢复。随着中国恢复在联合国的合法席位，国际地位日益提高。中国在继续支持非洲民族独立与解放事业的同时，积极帮助非洲国家发展经济、教育和文化事业。发展教育事业，建立独立的教育体系正是刚刚独立的非洲国家发展的迫切需求。教育代表团互访、互换留学生以及中国向非洲国家派遣基础学科教师是这个时期中非教育交流合作的主要形式。当时，中国已与 44 个非洲国家建立了外交关系，接收了来自 25 个非洲国家的 648 名非洲学生到中国学习，同期有 115 名中国教师在非洲执教。[①]

在这一阶段，中国教育援非展现了以下三个特点。

其一，形式单一。此阶段，中国教育援非的形式主要是接收留学生和派遣中国教师到非洲国家任教。就接收留学生数量而言，20 世纪 50 年代不足百人，60 年代也只有百十人，70 年代最高时才达到 600 多人。就派遣教师到非洲任教而言，到 70 年代最高也只有百十人。

其二，覆盖有限。20 世纪 50 年代，只有埃及、乌干达、肯尼亚、喀麦隆、马拉维等少数国家派留学生到中国学习。中国仅向埃及、摩洛哥等国家派遣了留学生和教师。[②] 60 年代，中国派遣留学生去非洲 14 个国家学习。70 年代，中国接收的非洲留学生来自 25 个非洲国家。此阶段，中国教育援非仅涉及少数非洲国家。

其三，限于双边。这一时期的中国教育援非活动仅仅限于双边合作。20 世纪 50 年代至 60 年代主要是互派留学生、教师和访问团，70 年代仍然只是教育代表团互访、互换留学生以及派遣基础学科教师等

---

① 《中非教育合作与交流》编写组编著《中国与非洲国家教育合作与交流》，北京大学出版社，2005，第 14 页。

② 李保平：《关于中非教育合作的几个问题》，http：//www.cctr.ust.hk/materi-als/conference/china‐africa/papers/Li，Baoping‐Chin.pdf。

双边合作。

二 初步发展阶段 （1979~1999 年）

改革开放以后，中国的国民经济快速发展，中国的国际地位和国际影响力得到进一步提高。为了适应世界科学技术日新月异的发展变化，中国确立了教育优先发展的战略地位。在对外发展援助方面，中国也更加重视对非洲国家的教育援助。

到 20 世纪 80 年代末，已有 43 个非洲国家向中国派遣了留学生，在中国学习的非洲留学生已达到 2245 人。中国先后向非洲国家派出教师和留学生 250 余人。一方面，中国希望加强与非洲国家的教育交流合作；另一方面，非洲国家重视中国教育改革和发展的经验，希望通过加强与中国的教育交流合作来促进自身的教育体系的发展。除了教育交流合作项目之外，中国还加大对非洲国家教育物资的援赠力度，鼓励和支持中国高等院校与非洲国家高等院校之间的学术交流与合作，积极推动双方的人员往来以及在共同感兴趣的领域开展科研和学术交流活动。

进入 90 年代后，国际形势发生了重大变化，中非友好关系进一步发展。中国与非洲国家的教育交流合作也得到了深入而广泛的发展。教育高层互访、互换留学生、派遣援非教师以及校际合作等得到加强。在 20 世纪 90 年代，中国教育高层代表团访问了近 20 个非洲国家；有 43 个非洲国家向中国派遣了 5669 名非洲留学生，中国向非洲的十多个国家派出了一百多名政府互换奖学金项目的学生。此外，中国向非洲 30 多个国家派遣了共计 238 名援非教师。[①]　为了适应新的国

---

① 程家福：《新中国来华留学教育结构研究（1950~2007 年）》，华东师范大学博士学位论文，2009，第 44、45 页。

际形势，不断满足中国和非洲国家在政治、经济、社会和文化等各方面的发展需要，中国对中非教育交流合作的形式和内容及时做了调整和改革。中国在接收非洲来华留学生方面，调整了学历层次，相对缩减了本科生的人数，适当提高了硕士和博士研究生的招生比例。中国和非洲国家高等院校之间的校际交流与科研合作成为这个阶段中非教育交流合作的一个重要形式，旨在帮助非洲国家发展高等教育以及开展科研，以培养非洲国家社会经济发展的急需人才。中国高校还开始为非洲国家举办各类专业研修班。90 年代，根据中国高等院校的学科优势和非洲国家的发展需要，中国教育部在中国国内和非洲国家共举办了 18 期以教育管理、农产品加工、计算机应用技术、现代远程网络教育、药用植物研究与应用等为主要内容的培训班，共有 42 个非洲国家的 297 名教育官员、教师和专业人员参加。同时，应非洲国家的要求，中国有选择地帮助部分非洲国家的高等院校进行学科建设和实验室建设，并派遣专业教师前往任教。[1] 中国在非洲 21 个国家实施了 40 余期高教与科研项目，开设了生物、微生物、计算机、物理、分析化学、食品保鲜加工、材料、园艺、土木工程与测量、汉语教学等学科专业，还建设了 21 个相关学科实验室。

此阶段，中国教育援非出现了两个新的特点。

其一，形式多样。与前一阶段相比，中国在此阶段除了接收非洲留学生和派遣教师到非洲任教，还增加了中非高校之间的学术交流与科研合作，中国高校协助非洲高校进行学科与实验室建设，并逐步提高了非洲留学生的学历层次。

其二，全面覆盖。到 80 年代末，已有 43 个非洲国家向中国

---

[1]　张秀琴等：《中国和非洲国家的教育交流与合作》，《西亚非洲》2004 年第 3 期。

派遣了留学生，在中国学习的非洲留学生已达到 2245 人。90 年代，中国向 30 多个非洲国家派出了援非教师，与此同时，在非洲 21 个国家实施了高教与科研项目。

三　全面发展阶段（2000 年至今）

世纪之交，中非关系经过多年发展，已具备了全面发展的基础，但双方合作无论是政治上还是经济上，仍局限于双边层面，需要一个多边的舞台来促进双方关系的全面发展。1999 年 5 月，马达加斯加外长访华时提出，中非之间能否设立类似英联邦会议、法非首脑会议和东京国际会议的论坛。这引起了中国政府的高度重视。① 2000 年 10 月，中非合作论坛第一次部长级会议在北京召开，该会议确立了中国与非洲国家政府之间的定期磋商对话机制，从 2000 年到 2018 年在包括中国在内的 4 个国家举办了 7 届部长级会议与 3 届论坛峰会。2005 年，作为该论坛重要后续行动之一，中国教育部与外交部、商务部联合在北京举办了"中非教育部长论坛"。有 19 位非洲国家的教育部长出席，在教育的各个领域探讨了双方教育发展的战略与促进教育国际交流与合作问题。中非双方秉承合作互利、共同发展的原则，积极探讨新时期中非之间双边及多边教育合作的新模式。论坛签署的《中非教育部长论坛北京宣言》为中非教育合作掀开了崭新的一页。由中国教育部和商务部主办的首届中非大学校长论坛于 2006 年在浙江师范大学举办。中非的教育官员、大学校长和中非问题专家学者共计 120 人出席了此次论坛。论坛以"改革、合作、发展"为主题，围绕"发展中国家高校能力建设"、"高校内部管理体制改革"和"国际合作与伙伴关系"展开了积极的讨论。

---

① 刘贵今：《理性认识对中非关系的若干质疑》，《西亚非洲》2015 年第 1 期。

截至 2015 年，中国已与南非、埃及、埃塞俄比亚、毛里求斯、卢旺达、马里、突尼斯、阿尔及利亚、乍得、吉布提、喀麦隆、科特迪瓦、刚果（布）、几内亚、加蓬、加纳、尼日利亚、肯尼亚等非洲国家签署了教育合作协议。另外，中国还与埃及、阿尔及利亚、毛里求斯和喀麦隆签署了学历学位互认协议。

中国与非洲国家的教育合作规模不断扩大，形式趋于多样，从最初的互派留学生，发展到现在的多层次、多领域、多形式的教育合作与交流。中国不断增加为非洲国家提供的中国政府奖学金名额，奖学金种类也越来越多。[①] 奖学金覆盖的领域扩宽，适时地呼应了非洲国家经济社会发展和人才培养的需求。[②] 中国教育部与商务部于 2008 年设立了"为发展中国家培养硕士人才项目"，该项目设有公共管理、教育、国际传播、国际关系等 4 个专业，委托北京大学、清华大学、华东师范大学、中山大学、中国传媒大学和外交学院等 6 所高校承办。[③] 教育部还在 10 所高校设立了教育援外基地，旨在发挥高校基地的学科优势，为非洲国家提供形式多样、内容丰富、针对性强的培训。这些培训项目充分发挥了中国高校的学科与人才优势，极大地推动了中非教育合作的深入开展，取得了令人瞩目的成绩。

此外，自 2005 年在肯尼亚成立非洲第一所孔子学院以来，已在

---

① 楼世洲、徐辉：《新时期中非教育合作的发展与转型》，《教育研究》2012 年第 10 期，第 28 页。

② 《中非教育合作与交流》编写组编著《中国与非洲国家教育合作与交流》，北京大学出版社，2005，第 6 页。

③ 教育部国际合作与交流司：《落实中非合作论坛举措 加大对非教育援助力度》，商务部对外援助司网站，http：//yws.mofcom.gov.cn/article/jyjl/201309/20130900295797.shtml。

非洲 39 个国家开设了 54 所孔子学院和孔子课堂，① 当地汉语学习需求量逐渐增大。孔子学院在当地采取中非高校合作办学的模式，有些还开设汉语专业学位教育，填补了这些国家汉语教育的空白，有力地推动了中非教育合作交流和当地高校的学科建设。

此后，中非教育合作的研究蓬勃开展，机制运行富有成效，培养了一批热爱非洲、了解非洲的专门研究人才，推动了中非教育合作的实质性发展。浙江师范大学于 2007 年 9 月创建了非洲研究院，成为中国高校第一所综合性非洲研究机构。随后不久，外交部将中非合作论坛的研究中心设在了该研究院，国内设立非洲研究机构的院校增加到 11 所。教育部国家留学基金管理委员会（China Scholarship Council，CSC，以下简称国家留学基金委）自 2008 年起实施“非洲通人才建设工程”，为部分高校提供了硕士、博士研究生赴非洲进修学习的名额。在 2009 年中非合作论坛第四届部长级会议成果性文件《沙姆沙伊赫行动计划（2010～2012）》中，中国政府提出了一个加大与非洲在教育领域的合作的重点项目：“中非高校 20 + 20 合作计划”。根据该计划，中国选择本国的 20 所重点大学（或职业学院）与非洲的 20 所大学（或职业学院）作为中非大学间合作的重点合作伙伴开展长期合作，包括联合开展科学研究、教师培训、学术访问、师生互访，共同开发课程，联合培养研究生等，从而逐渐形成中非大学“一对一”校际合作新模式。

在本阶段，中国教育援非呈现向多层次、全方位的合作发展的特征。表现在以下方面。

其一，以双边为基础，向多边领域扩展。中非合作论坛奠定了中

---

① 全球孔子学院统计数据：http://www.hanban.edu.cn/confuciousinstitutes/node_10961.htm。

国与非洲国家之间的定期磋商对话机制。在此基础上，继续深化互派留学生、教师和教育访问团等双边合作项目，进一步扩展通过多边平台实施中非双边援助的渠道。

其二，形式更加多样化。从中非互派留学生、中国向非洲国家派遣教师等最初形式逐渐向更加多样化方向发展，包括教育援外基地、"中非高校 20 + 20 计划"、中非大学校长论坛、孔子学院以及"非洲通"人才建设工程等项目形式。

其三，向多层次化发展。21 世纪以来，中国教育援非进入多层次发展阶段，建立了"中非合作论坛"等国家间高层对话机制、"中非教育部长论坛"等政府部门间对话平台、"中非大学校长论坛""中非高校 20 + 20 计划"等校际合作交流机制，展现了不同层次的中国教育援非构架。

其四，由单向援助向双向合作发展。中国教育援非逐渐从中国对非洲的单向教育援助向中非双向合作发展。从中非互派留学生、中国向非洲国家派遣教师等最初形式逐渐转向中非高校通过"中非高校 20 + 20 计划"等项目形式合作开展科研项目，通过建立孔子学院促进中非教育文化交流。

第二节　中国教育援非取得的成效

中国作为世界上最大的发展中国家，非洲作为发展中国家最多的地区，有着相似的历史经历和现实的发展需求以及广泛的共同利益。[①]自新中国成立以来，中国与非洲国家的友好往来不断增加，始终保持

---

① 刘云主编《非洲与外部世界关系的历史变化》，世界知识出版社，2014，第21 页。

着友好合作关系。中国对非洲的教育援助积极呼应非洲国家发展的需求，不断调整和改革，取得了举世瞩目的成效。

一　培养大量非洲留学生

培养留学生是中国教育援非最主要的形式之一。中非建交之后，中国陆续接收了来自埃及、喀麦隆、肯尼亚、乌干达、马拉维等国家的 24 名学生来华学习，并派 3 名中国教师赴非洲任教。之后，非洲国家的来华留学生逐步增多。至 1966 年底，共有 14 个非洲国家的 164 名留学生来华学习，14 名中国教师在非洲任教。1966 年开始的"文化大革命"使中国接受非洲留学生工作中断了 7 年之久。20 世纪 70 年代，中国与 44 个非洲国家建立了外交关系，来自 25 个非洲国家的 648 名非洲学生到中国学习。到 20 世纪 80 年代末，已有 43 个非洲国家向中国派遣了留学生，在中国学习的非洲留学生已达到 2245 人。[1] 进入 90 年代，有 43 个非洲国家向中国派遣了 5669 名非洲留学生，中国向非洲的十多个国家派出了一百多名政府互换奖学金项目的学生。为了适应新的国际形势，不断满足中国和非洲国家在政治、经济、社会和文化等各方面的发展需要，中国接收了大量非洲留学生来华学习，并逐步调整了学历层次，相对缩减了本科生的人数，适当提高了硕士和博士研究生的招生比例。

21 世纪以来，中国政府不断增加为非洲国家提供的中国政府奖学金名额，留学生规模迅速扩大，二十年来非洲来华留学人数持续大幅增长，据统计，年均增幅高达 22.3%。非洲国家则根据其经济、社会

---

① 程家福：《新中国来华留学教育结构研究（1950 ~ 2007 年）》，华东师范大学博士学位论文，2009，第 44、45 页。

发展和人才培养的需要派遣留学生来华学习，专业选择以适应其国内发展的需要为主要目的，学科领域已从传统的农业、医学和语言类学科拓展到教育、经济、管理、国际政治及理工等学科，显示了非洲日益重视中国在发展模式和国家治理等方面取得的经验。[①] 特别是 2015 年出台了新的政府奖学金标准，在资助内容设置、货币化程度上进一步与国际教育接轨，资助标准更适合经济社会发展情况，已经与国内对最优秀学生的投入力度相当，大大增加了对优秀人才的吸引力（详见表 2 - 1、表 2 - 2 所示）。

表 2 - 1　1996～2018 年中国接收非洲留学生人数及年度增减比例

指标＼年份	1996	1997	1998	1999	2000	2001	2002	2003	2004	2005	2006
人数	1110	1215	1395	1384	6153	1526	1600	1793	2186	2757	3737
同比（％）	5.82	9.46	14.81	-0.79	344.5	-75.2	4.85	12.06	21.92	26.12	35.55

指标＼年份	2007	2008	2009	2010	2011	2012	2013	2014	2015	2016	2017	2018
人数	5915	8772	12409	16403	20744	27052	33358	41677	49792	61954	74011	81562
同比（％）	58.28	48.3	41.46	32.19	26.46	30.41	23.31	24.94	19.47	23.43	19.46	10.2

资料来源：根据中华人民共和国教育部来华留学生数据发布及 1997～2019 年《中国外交》整理。

表 2 - 2　中国政府全额奖学金资助标准/年（2014 年 9 月 1 日起实施）

学生类型	学科分类	学费	住宿费	生活费	综合医疗保险费	总额
本科生	一类	20000	8400	30000	800	59200
	二类	23000	8400	30000	800	62200
	三类	27000	8400	30000	800	66200

---

① 楼世洲、徐辉：《新时期中非教育合作的发展与转型》，《教育研究》2012 年第 10 期，第 28 页。

学生类型	学科分类	学费	住宿费	生活费	综合医疗保险费	总额
硕士研究生（普通进修生）	一类	25000	8400	36000	800	70200
	二类	29000	8400	36000	800	74200
	三类	34000	8400	36000	800	79200
博士研究生（高级进修生）	一类	33000	12000	42000	800	87800
	二类	38000	12000	42000	800	92800
	三类	45000	12000	42000	800	99800

资料来源：《财政部、教育部关于完善中国政府奖学金资助体系和提高资助标准的通知》，http：//www. moe. gov. cn/jyb. xxgk/moe_1777/moe_1779/201502/t2050204_185609. html。

二 增强非洲教育师资力量和培训非洲各类人才

中国在 20 世纪 50 年代中期就向开罗大学派遣了教师，以帮助埃及发展高等教育。60 年代以后，随着大多数非洲国家的相继独立，中非友好关系迅速发展，中国与非洲国家的教育交流合作也得到了长足发展。中国向更多的非洲国家派遣了数、理、化及汉语教师，帮助非洲国家的中学和大学的学科建设。到 70 年代末，中国已与 44 个非洲国家建立了外交关系，有 115 名中国教师在非洲执教。[1] 80 年代，中国先后向非洲国家派出了教师和留学生 250 余人。90 年代，中国向非洲 30 多个国家派遣了共计 238 名援非教师。21 世纪以来，应非洲国家的要求，中国有选择地帮助部分非洲国家的高等院校进行学科建设和实验室建设，并派遣专业教师前往任教。[2]

---

[1] 贺文萍：《中非教育交流与合作概述——发展阶段及未来挑战》，《西亚非洲》2007 年第 3 期，第 15 页。

[2] 张秀琴等：《中国和非洲国家的教育交流与合作》，《西亚非洲》2004 年第 3 期，第 24 页。

在 20 世纪 90 年代，根据中国高等院校的学科优势和非洲国家的发展需要，中国教育部在中国国内和非洲国家共举办了 18 期以教育管理、农产品加工、计算机应用技术、现代远程网络教育、药用植物研究与应用等为主要内容的培训班，共有 42 个非洲国家的 297 名教育官员、教师和专业人员参加。

中非合作论坛建立以来，以制度形式确立了中国和非洲国家的定期工作磋商机制，合作内容涉及政治、经济、科技、教育和文化等。论坛会议下设教育、文化、卫生分会，为中国与非洲国家教育官员的直接对话和沟通提供了很好的平台。在中非合作论坛的框架下，中国教育部与商务部于 2008 年设立了"为发展中国家培养硕士人才项目"。该项目设有公共管理、教育、国际传播、国际关系等 4 个专业，委托北京大学、清华大学、华东师范大学、中山大学、中国传媒大学和外交学院等 6 所高校承办。[①] 教育部还在 10 所高校设立了教育援外基地，旨在发挥高校基地的学科优势，为非洲国家提供形式多样、内容丰富、针对性强的人力资源培训。这些培训项目的落实极大地推动了中非教育合作的深入开展，取得了令人瞩目的成绩。

英国学者肯尼斯·金教授还把对非短期培训作为中国软实力进行了评估：在三届中非合作论坛（2003 年、2006 年、2009 年）所做出的承诺期限内，非洲有不少于 45000 名短期培训人员来到中国。与同期的长期奖学金学生相比，接受专业培训人员的数量比这三年获得资助的 11500 名非洲访问学者的 4 倍还要多。所有的课程，根据非洲国家的不同语言，分别用英语、法语或阿拉伯语等语言授

---

① 教育部国际合作与交流司：《落实中非合作论坛举措　加大对非教育援助力度》，商务部对外援助司网，http：//yws. mofcom. gov. cn/article/jyjl/201309/20130900295797. shtml。

课。学习期间，这些非洲学员们有机会去考察中国的某些贫穷省份，以让他们感知中国依然是一个发展中国家。中国方面提供的所有课程并没有向他们鼓吹或教授他们应该怎样去改进非洲，而是用知识打开他们的眼界，促进他们思考。2010 年肯尼亚近 200 名短期培训人员的匿名反馈表明，他们对在中国的短期培训的评价非常高。①

三　中非高等教育交流发展迅速

高等教育与科研项目的合作是 20 世纪 80 年代后期开始实施的中国对非洲教育援助的新形式，以满足非洲国家教育、科技和文化发展的需要。90 年代，中国在 21 个非洲国家实施了 40 余期高教与科研项目，开设了生物、微生物、计算机、物理、分析化学、食品保鲜加工、材料、园艺、土木工程与测量、汉语教学等学科专业，还建设了 21 个相关学科实验室。顺应时代需求，中非职业技术教育合作蓬勃发展起来，越来越多的非洲国家更加重视培养应用型专业技术人才。中国教育部采取"走出去""请进来"的方式，在中国国内开办内容丰富的研修班，或者选派优秀专业教师赴非洲国家，协助培养高层次专业人才，并积极尝试在非洲国家高等院校推动产、学、研一体化的发展模式。

当前中国拥有近 2000 所高等院校和高等职业技术学院，建立起了门类齐全的学科体系。非洲国家重视发展高等教育，扩大了高等教育的办学规模，提高了教学和科研质量。中国和非洲国家高等院校在学科特点和发展水平上存在着较大的差异，学科互补性较强，有着较

---

① 〔英〕肯尼斯·金：《中国对非洲的援助与软实力：以教育和培训为例》，刘爱生、彭利平译，浙江大学出版社，2015，第 187 页。

大的合作空间。2005 年 11 月，中国教育部、商务部和外交部在北京联合举办"中非教育部长论坛"，签署了《北京宣言》，体现了中、非双方在教育领域加强合作的共同意愿。2006 年 10 月，中国教育部、商务部委托浙江师范大学承办了"首届中非大学校长论坛"，围绕"发展中国家高校能力建设""国际合作与伙伴关系"等充分交换了意见。在此基础上，2011 年 11 月，中国政府与联合国教科文组织在法国巴黎联合召开"教科文组织－中国－非洲大学校长研讨会"。中、非双方共 45 所高校参会，分享了各自在提高毕业生就业能力和加强高等教育与劳动力市场的联系方面的看法及经验，并对如何加强教科文组织、中国和非洲三方合作提出建设性意见。此次会议成为促进"教科文组织－非洲－中国"三方合作的新尝试，也是扩大中非高等教育交流合作的新起点。以上论坛的设立与计划的落实，为中非教育交流合作的进一步开展搭建了更加扎实和宽广的平台，有效地保障了中非教育合作的持续开展。

四　改善非洲教育基础设施

对非洲教育基础设施的援建是中国教育援非的一个重要内容。中国教育援非基础设施建设包括校舍建设、学校基础设备配备等。对于基础教育而言，中国在非洲援建的农村小学促进了当地社区的入学率和识字率，有利于全民教育目标的实现。对于职业教育而言，中国在非洲捐助的教学物资，促进了当地的职业教育发展，有利于非洲国家的经济社会建设。对于高等教育而言，中国向非洲国家的高等院校援赠了大批教学和科研仪器设备，有助于帮助非洲国家高校建立部分学科建设急需的实验室，帮助非洲国家培养更多的应用型人才。2003 年底之前，中国在非洲 21 个国家实施了 43 个项目，共在非洲建立了 23 个较为先进的实验室，涉及生物与微生物、材料、汉语教学、分析化学、土木工程与测量等。① 2005 年，非洲第一所孔子学院在肯尼亚成立，目前非洲已有 39 个国家开设了 54 所孔子学院和孔子课堂。孔子学院在当地采取中非高校合作办学的模式，中方提供孔子学院师资、教材和教学设施，有力促进了非洲国家当地教育机构的软硬件设施建设。

中国对非洲教育援助是在力所能及的情况下开展的，通过以上援助形式，较好地实现了其基本目标：学成回国的非洲留学生利用从中国学到的知识和经验，服务于本国的建设，成为推动本国经济发展的有用人才。派遣到非洲的教师和学者以及各种校际交流合作带动了非洲高校的能力建设和国际化水平。对非人力资源培训增进了非洲各界对中国各领域发展经验的了解，为非洲培养了建设所需的人力资源。在非洲援建的农村小学促进了当地社区的入学率和识字率，有利于非洲国家的扫盲和教育目标的实现。对非汉语推广增进了中非相互理解和认知，促进了中非文明的交往与对话。

第三节　中国教育援非面临的问题

虽然中国对非洲国家教育援助 60 多年来取得了一定的成绩，但是，目前中国对非教育援助还面临以下四个方面的问题。

一　中国教育援非缺乏统筹机制

对外援助往往涉及多个领域、多个部门。长期以来，中国并未成立专门机构统筹安排有关事务。在整个对外援助大局下，中国教

---

① 《中非教育合作与交流》编写组编著《中国与非洲国家教育合作与交流》，北京大学出版社，2005，第29 页。

育援助缺乏统筹机制，这主要表现在与国家发展计划相适应的教育援助体系和机制缺失，缺乏教育援助决策的顶层设计以及相应的研究机构，导致教育援助的战略地位不突出，援助方向和介入程度随意性大，项目公示、运行、评估和问责等机制多为临时起"炉灶"，可持续性差。

从历史上看，中非全方位、稳定的友好合作关系是与中非教育援助相互促进、共同发展的，现在更是紧密相关，缺一不可。中国早在1950年就开始接收来华留学生，2010年又颁布《留学中国计划》，提出到2020年全年在内地高校及中小学校就读的外国留学人员达到50万人次。21世纪以来，中国对非教育援助的承诺一直在不断增多，而且最终都超额兑现，得到非洲国家的肯定。比如第四届中非论坛部长级会议上，中国宣布到2012年将向非洲提供的奖学金名额增至每年5500名。实际上，中国政府在2010年已提前2年实现了这一承诺。中国对非洲国家教育援助的发展离不开国家层面的宏观指导，然而我们还比较缺乏总体的官方经费数据统计分析。

另外，中国的教育援助项目更多的是以援外培训项目的形式体现。援外培训项目是指中国政府在对外援助项目下，以商务部为主办单位，通过多边、双边渠道，与受援国开展人力资源开发合作，在中国境内外为受援国举办各种形式的研修项目、培训项目以及人员交流项目。但是教育援助很多不是独立项目，常与其他领域有交集，现有的组织架构较为松散，缺少相对独立运行的专业化"大部门"以及较高级别政府成员，援助信息和援助实现过程也难以回应国际社会合理质疑和国民关切。为了进一步推动中国对非教育援助，政府支持和基层参与必须有机结合起来。然而，国内尚无统筹协调中国教育援非工作的专门机构。从政府部门来讲，教育部是主管教育事务的部委，但中国教育援非的内容并不仅仅局限于教育领域。中国教育援非涉及的机构较多。比如人力资源培训是中国教育援非的重要工作内容，这项工作的开展涉及了外交部、商务部、人社部和教育部等多个国家部委，高等院校已经成为中非教育交流合作的主要执行者和体现者。但在实施过程中，难免会有部门间职责重叠或权责不清的地方，甚至是重复劳动造成人力、物力等资源的巨大浪费。例如现有 279 所中国大学承担政府互换奖学金项目学生的培养任务，中国教育部委托国家留学基金委负责政府互换奖学金项目学生的招生录取和管理等工作，其中 "2015 援外高级学历学位教育专项计划" 在 2015 年 9 月至 2018 年 7 月资助 270 名受援国政府互换奖学金项目学生来中国攻读硕士或博士学位，而这其实是国家留学基金委受商务部委托组织实施的。[①] 援非人力资源培训项目远不止一个，因此，统一协调机制的缺失不光影响现有项目的实施效果，还将有碍中国对非工作、中国教育援非工作的长期健康发展。鉴于此，专家们极力呼吁有关部门及时对中国援非工作进行专门研究，制定中国对非工作的长期战略，设立专门机构来指导和协调各部门对非研究、对非教育和培训以及对非贸易等工作全面而有序地开展。[②] 对此，肯尼斯·金教授在 2010 年前后对与中国教育援非有关的部门、人员和高校进行广泛访谈后深有同感：建立学校、学院或职业中心的任务由商务部牢牢把控。负责长期奖学金的机构是国家留学基金委。数千笔授予非洲和亚洲的短期奖学金则通过商务部及其海外办公室来管理。中国的核心教育资源掌握在教育部手中，它主要通过大学来负责非洲和亚洲人员的短期集中培训。日益增加的中国汉语奖学金主要由国家汉办提供。但青年志愿者项目

---

① 国家留学基金委：《2016 年商务部 MOFCOM 奖学金招生指南》，http://www.csc.edu.cn/laihua/scholarshipdetail.aspx？cid＝93&id＝4868。

② 李保平：《关于中非教育合作的几个问题》，http://www.cctr.ust.hk/materials/conference/china－africa/papers/Li，Baoping－Chin.pdf。

（Young Volunteers' Program） 似乎由商务部和驻非洲的商务参赞处（Commercial Councillor' Office） 操作。每一年，这些援助海外教育和培训的部门都会齐聚在一起开会，其中的主力军是大学，此外还包括教育部、汉办、留学基金委和商务部。[①] 从高等院校层面来讲，高等院校的合作与交流在一定程度上反映了中非教育交流合作的发展水平。国内应该设立相应的机制来广泛调动高等院校的积极性，鼓励其结合自身优势和发展需求提出援非计划，拓宽中国对非教育援助的民间渠道。同时，建立完善的评估指标体系，组织专家对教育援非项目进行及时的评估，也将有利于推动中国教育援非项目水平的不断提高。这是影响中国对非教育援助深入开展并取得有效成果的关键因素。

2018 年 4 月 18 日，中国政府出台了新的国务院机构改革方案。根据该方案，首次成立了国家国际发展合作署，将商务部对外援助工作有关职责、外交部对外援助协调等职责整合，作为国务院直属机构。对外援助的具体执行工作仍由有关部门按分工承担。笔者相信这一重大举措的实施将带给中国对非教育援助新的发展机遇，有助于加强国际合作，但这一全新框架的优化组合难以一步到位，上述问题也不可能在"靴子落地"后全部迎刃而解。

二 中国教育援非人员缺位

中国教育援非涉及的合作部门不仅管理分散，而且人员配备不足，主要表现在两个方面。

一是专职管理人员缺位。中国主要委托教育部派出主管教育事务

---

① 〔英〕肯尼斯·金：《中国对非洲的援助与软实力：以教育和培训为例》，刘爱生、彭利平译，浙江大学出版社，2015，第 134 页。

的官员负责援非教育工作的管理。然而在非洲，仅在驻南非和埃及的使馆里有教育部派出的负责教育事务的官员，其他与中国有外交关系的非洲国家都没有，这难免产生管理上的困难。在上述没有直接从教育部派出的负责教育事务官员的国家里，教育事务由文化参赞或其他人代管。那么管理的成效如何，很大程度上与外交官员的评价体系有关。① 事实上，一般情况下，中国驻外使馆的经商处负责对外援助项目的培训和协调，或者将教育援助项目交由文化部派出的文化官员代管，这难免产生内外衔接的问题，对于国家投入大量人力、物力来推动的中国对非教育援助是不太有利的，有可能对中非教育交流合作的效果产生影响。与之相应的是，美国国际发展署（USAID）有近万名具有专业知识技能的员工，由专业人员和一般事务人员组成，其中海外工作人员约占 70%。② 其领导层往往具有丰富的援助领域任职和长期外派工作的经历，从而保证了援助项目管理的规范和专业。

二是教育援非志愿者不足。中国的赴非志愿者派遣工作还处于起步阶段。中国官方派遣赴非志愿者是从 2004 年开始的，当年 10 月，中国首批汉语教师志愿者赴毛里求斯执教。③ 十多年过去了，中国派出的援外志愿者在数量和质量上都有了很大的提高。但是相比于西方发达国家，中国向海外派遣志愿者的历史还相当短，无论是在组织制度、经费支持、涉及领域，还是在人员规模、角色融入、服务质量等方面还存在较大差距。如美国肯尼迪政府在 20 世纪 60 年代的"新边

---

① 〔英〕肯尼斯·金：《中国对非洲的援助与软实力：以教育和培训为例》，刘爱生、彭利平译，浙江大学出版社，2015，第 170 页。

② USAID："Administrator，" http：//www. usaid. gov/who－we－are/organization/gayle－e－smith.

③ 汉语教师海外志愿者网站数据，http：//www. hanban. edu. cn/volunteers/node_9652. htm。

疆"（New Frontier）战略中，1961年首次向西非的加纳派遣援外志愿者（和平队，Peace Corps）。至2017年9月，包括中国在内，美国累计向141个国家派遣志愿者超过23万人，并形成一个高度互动和多元化的群体。当年志愿者和受训者人数7376人，平均年龄28岁，63%为女性；涉及的主要行业包括教育（41%）、卫生（20%）、环境（8%）、青年发展（11%）、社区经济发展（8%）、农业（8%）及其他（4%）；志愿者当中46%的人员在非洲服务。① 因此，和平队成为推行美国文化和价值观的有力工具，对改善美国的国际形象、加深对非洲的了解、提高其外交官的素质、提升在非洲的软实力等方面发挥着难以替代的作用，特别是在教育领域获誉甚多。对于个人而言，在两年的服务期内可以享受住房、医疗、休假、旅行等方面的福利，特别是可以获得深入的跨文化和语言教学等技术培训以及后续进修助学金等职业福利，使志愿者具备了较好的职业发展前景。

志愿者是加强人文交流的强有力的纽带，开展中国对非教育援助工作，离不开专业援外教育志愿者的积极参与。高质量的专业援外教师队伍是教育援非工作取得成功的重要保障。专业援外教师不仅带去知识和能力，协助非洲国家建设薄弱学科，培养了大批青年人才，还传递了中国人民对非洲人民的友谊，增强了中非人民的相互了解和信任。因此，不可忽视志愿者这支可为中国对非教育援助做出重要贡献的队伍的建设。国家需要进一步保障援非教师生活和工作条件，改善物质待遇和精神待遇，重点解决援非教师在国内的岗位和编制问题，以吸引更多业务能力强、外语水平高的优秀教师参与中国对非教育援助工作。

---

① "Peace Corps," http：//www.peacecorps.gov/about/fastfacts/.

三　中国教育援非影响力有限

中国教育援非影响力有限表现在四个方面。

一是从大部分非洲国家的教育现状来看，中非教育合作有较大的发展空间，同时也面临着严峻的挑战，非洲教育状况不容乐观。非洲是世界上国家数量最多的大洲，这些国家大多数分布在撒哈拉以南的非洲地区。2000 年在塞内加尔达喀尔举行的世界教育论坛上，164 个国家政府一致赞同《达喀尔行动纲领》，由此启动了一个雄心勃勃的议程，计划到 2015 年实现六项内容广泛的教育目标。然而，尽管全世界在教育领域已取得了巨大的进展，非洲却仍然没能实现既定目标。据联合国教科文组织 2014 年 6 月 11 日公布的数据显示，2010 年以来，国际社会对于低收入国家的教育援助经费减少了 10%。文件指出，受援助减少影响最严重的是那些距离到 2015 年实现全民教育目标相去甚远的国家。撒哈拉以南非洲的失学儿童占全球半数以上，但该地区获得的基础教育援助先是在 2010 年至 2011 年出现下降，后于 2011 年至 2012 年停滞不前。自 2010 年以来，12 个非洲国家获得的基础教育援助都减少了 1000 万美元甚至更多。[①] 过去 50 年来，中国教育援非的有关活动主要在双边领域开展，无论是招收留学生、派遣汉语和专业教师，还是加强大学校际合作，以及开展人力资源培训等，主要在项目涉及国进行，对项目涉及国的师资培训、人才培养和科研能力的提高确实起了实实在在的促进作用。但是从中国对非教育援助的大局来讲，在个别项目国家产生的影响还不足以带动整个非洲地区国家的教育可持续发展，以及凸显中国在非洲教育发展历程中所起的作用。

---

① 　联合国新闻，http：//www. un. org/chinese/News/story. asp？newsID = 22023。

二是某些教育援非项目尚未与非洲需求持续有效对接。《达喀尔纲领》强调，为实现全民教育，各国政府需要更好地提供和配置业务熟练而且有积极性的教师。世界各国都认识到了，投资教师队伍对于提高教育质量、推动教育全面发展至关重要。然而，截至 2012 年，在 161 个有数据可查的国家中，29 个国家初等教育中的师生比超过 1∶40，其中 24 个国家在撒哈拉以南非洲。1999 年至 2012 年，埃塞俄比亚、冈比亚、几内亚和马里等国家的师生比变化情况是：每增加 6 名学生才相应增加 1 名教师。因此，大多数国家急需培养训练有素并且有积极性的教师来提高教育质量。面临最大挑战的区域显然是撒哈拉以南非洲地区，需要的教师数量所需新增教师的 63%。许多国家聘用没有合适资质的人员担任教师，以增加教师数量。为非洲国家培养大批合格的师资是解决非洲国家教育发展难题的关键，而目前中国教育援非的重点尚未针对非洲教育发展合格师资缺乏的突出问题。从以往对中国教育援非工作的总结来看，比较关注留学生数量、教师数量、援建学校数量、建设实验室数量、捐赠书籍数量以及捐款数量等，但是这些数字背后的故事却没有在国际层面很好地讲出来。国际社会不太清楚中国到底在教育援非中做了哪些具体事情，产生了怎样的持续影响。

四　中国教育援非未能惠及自身

教育援助项目大多属于无偿援助类型，这是其公益性使然。不过，中国早期的教育援非是双向和平衡的。如 1955 年中国与埃及签订协议以后，中国派了 7 名留学生和 1 位语文教授到开罗去，同年埃及派了 4 位学者和 4 名留学生来华；"一五"计划时期，苏联对中国大规模地提供技术设备援助更使教育基础薄弱的新中国受惠匪浅。可是，随着中国教育援非的发展，特别是中国经济实力的增长，中国教育援非的不对称性日益突出。据统计，目前有近 3 万名非洲留学生在华学习，但中国到非洲国家的留学生数量很少，且大多集中在南非。习近平主席在与南非总统祖马会谈时提出了"推动中南联合办学，培养更多中南友好的接班人"。① 尽管中非合作办学刚刚起步，但"中非高校 20 + 20 合作计划"推动了中非高校建立"一对一"长期合作关系，合作开展研究课题，已为中非合作办学奠定了必要基础。中国一直坚持把国内和国外两个课堂有机地结合起来，除了增加中国政府奖学金名额，还选派优秀教师到非洲国家执教，协助提高非洲国家高等教育和科研水平。但是，中国在这项援助工作中，并没有考虑如何惠及中国的非洲研究，也没有让更多的中国学生去非洲留学，培养未来中国的非洲通；非洲的孔子学院的建设也没有从为中非关系的持续友好发展培养非洲的人才方面设计培养目标。从以下三个方面可以清楚看到中国教育援非未能惠及自身。

一是中国研究非洲的学者去非洲考察有限。非洲大陆历史悠久，在世界文明史上始终占据一席之地。随着中非关系的进一步发展，需要更多的人去了解非洲、研究非洲，也需要更多的人去非洲传播中华文化，增进友谊。② 如今，中国与非洲国家的关系愈加密切，可是真正了解非洲、研究非洲的国内学者并不多，特别是能实地研究非洲教育的学术考察活动十分罕见，相关著作更是屈指可数。无法与中非关系的深入发展相适应。

二是中国的学生少有去非洲学习交流的机会。研究非洲的中国学生要么自己没有足够的经费，要么没有获得教育部的批准，不能去非

---

① 《习近平同南非总统祖马举行会谈》，新华网，2013 年 3 月 26 日，http：// news. xinhuanet. com/world/2013 - 03/26/c_ 115168443. htm。

② 李保平：《关于中非教育合作的几个问题》，http：//www. cctr. ust. hk/materi- als/conference/china - africa/papers/Li，Baoping - Chin. pdf。

洲进行实地考察，获得第一手研究资料。这使得这些研究生的非洲研究常常陷入纸上谈兵的境地。特别是由于非洲国家本身的教育和研究水平不足，中国学生很难得到第一手的非洲国家自己的研究资料，大多数非洲研究资料来自欧美发达国家。这难免使中国硕士、博士研究生的非洲研究受到限制，同时，也在某种程度上影响了他们的研究取向。

三是中国在非洲的孔子学院的发展问题。尽管孔子学院和孔子课堂已经进入了不少非洲国家，但现在仅仅停留在教授汉语言的水平上。中国派往孔子学院的教师基本上是研究和教授汉语的教师，这不利于中国文化的传播。因此，进一步拓展孔子学院在学术研究和文化推广方面的功能，才能促进中非教育交流合作的深入发展，并在中国对非教育援助工作中发挥更大的作用。

第三章 新举措：中国－联合国教科文组织信托基金的设立

进入 21 世纪，在中非合作论坛的框架下，中国对非教育援助逐渐向更宽领域、更高层次、更深合作方向发展。结合非洲对教育援助的需求，中国政府在联合国教科文组织中设立了中国－联合国教科文组织信托基金，用于支持非洲国家的教师教育发展。对此，教科文组织官方评价说："这是教科文组织首次收到来自中国的、用于促进教师培训的大笔资助，这一计划标志着一个新的合作伙伴关系的开始。"① 该基金项目与中国传统的对非双边教育援助的模式运作方式和实际成效都有较大的不同，其实际效果对非洲未来的教育发展，以及中国对非教育援助体系的构建产生重要影响。

第一节 中国－联合国教科文组织信托基金设立的背景

中国－联合国教科文组织对非洲教育信托基金的设立有其独特的背景。从全球层面来看，国际政治经济局势发生了较大变化。二战后的两极格局被一超多强的国际政治格局所取代，多极化趋势越来越明显，新兴经济体群体性崛起不容忽视。② 伴随着信息技术的飞跃，经济

① 联合国教科文组织：《加强教师培训，缩小非洲教育质量差距》，http：//fr. unesco. org/node/179999。
② 刘青建：《发展中国家与国际制度》，中国人民大学出版社，2010，第 35 页。

全球化加速扩展，不同发展程度国家之间的利益更加紧密地联系在一起。非洲国家面临着经济发展困境，急需发展经济所需要的资金，更需经济持续发展所严重短缺的人才。然而，独立后几十年接受西方发达国家的发展援助，不仅未能使自己发展起来，反而陷入被动，受制于发达国家。因此，非洲国家尤其希望在接受发展援助时掌握主动，使援助满足自身发展需求并推动未来可持续的发展。中国作为新兴的援助国，需要深化中非合作的成果，通过参与全球治理加强自身实力建设，提升国际影响力。而促使与非洲国家之间的教育交流合作迈上新台阶有利于实现上述目标。但由于中国对非教育援助总体战略缺失，没有制度化的引导，多部门同时开展对非教育援助活动，造成了人力、物力、财力的极大分散，影响了项目实施效果，迫切需要设立可持续的规范化教育援助机制。

一　全球背景：国际政治经济与发展援助的变化

中国在联合国教科文组织中设立援非信托基金有其深刻的国际背景。在全球层面，随着国家经济实力对比的改变，国际政治经济局势发生了变化。尽管发达国家与发展中国家的力量悬殊依然存在，却在逐渐缩小。新兴经济体国家的综合实力正在日益增强。国际政治经济关系的改变，必将影响国际援助的发展方向。一方面，发展中国家要求发达国家积极兑现国际承诺，提供充足的援助资金；另一方面，发达国家认为有些新兴经济体国家经济发展迅速，也应为国际发展援助提供新的资金支持。

第一，当今国际政治局势的变化主要具有以下两个特点。

一是国际政治多极化发展趋势明显。美苏两极格局的终结标志着冷战的结束，国际政治局势进入新阶段。作为世界上唯一的超级大国，美国无法长期维持"一超多强"的国际局势。[①] 进入 21 世纪以

① 　魏雪梅：《冷战后中美对非洲援助比较研究》，中国社会科学出版社，2013，第 10 页。

来，西欧、日本、俄罗斯和中国的发展，对国际局势的发展起到了不可估量的作用。欧洲和日本在国际事务中仍然没有放弃与美国的结盟关系，俄罗斯则一直试图恢复全球主要政治大国的地位。印度、巴西和南非等发展中国家的综合国力也迅速增长。尽管以新兴经济体为首的发展中国家仍然面临着发展的诸多困难，但整体实力增强的趋势不容置疑。这必将进一步推动世界多极化进程。同时，区域化和集团化的发展趋势愈发明显，以金砖国家为代表的新兴经济体成为构建未来国际政治经济格局的重要力量。

二是国际政治多极化在曲折中发展。为了实现其称霸全球的战略目标，美国自第二次世界大战结束以来通过控制国际制海权，主导欧亚大陆的政治经济秩序。冷战结束后，美国在大西洋西侧，主要利用北约东扩和北约新战略，通过控制欧洲，防范俄罗斯。在太平洋东侧，不断加大对亚太地区的投入，利用日本防范和遏制中国的意图十分明显。围绕国家利益，各国依据不同的力量对比，对国内和国际政治战略不断进行调整。尽管世界各国在极力探索构筑新型伙伴关系，推动相互合作与共同发展，但中美、中日、俄美、俄日等国之间矛盾较多，危机四伏。以上因素均在一定程度上影响了世界政治局势多极化快速发展的进程。

第二，国际政治局势的发展变化与世界经济的发展变化紧密相关。

21世纪以来，世界各国都在极力发展自己的经济，增强自身的实力，以提高国际地位和增强国际话语权。尤其是新兴国家和广大发展中国家的经济快速发展，极大地影响了国际经济格局的构成。当今世界经济的发展变化主要具有以下两个特点。

一是经济全球化深入发展。科学技术的日新月异，自然资源的全球分布状况、生产过程的全球分工以及产品的全球流通，使得国家与国家之间经济联系日益紧密，都离不开全球大市场。这种紧密的经济联系使得各国之间的交流、合作与竞争也日趋频繁。虽然美国仍然执意实行霸权主义，但由于 2008 年经济危机的影响，美国霸权主义难以大行其道，加上新兴经济体积极推动共同发展，全球化和区域性合作在全球范围内掀起了高潮，有力地推动了经济全球化的发展。欧盟的发展促进了区域经济一体化的发展。在经济全球化背景下，新兴经济体尤其是新兴大国之间的一系列全球性合作机制已成雏形并逐步展现效力。例如，由中国、巴西、俄罗斯、印度和南非组成的"金砖国家"机制，加强了经济等诸多领域的南南合作，为世界经济格局的重组做出了杰出贡献。同时，由于世界经济全球化的发展，以联合国为主的全球性、区域性组织在国际社会的作用得到不断加强。

二是经济实力决定国际话语权。历史证明，国家经济实力决定了其在国际政治格局中的地位。冷战后，中国经济的快速发展令世人瞩目，成为世界经济复苏的重要引擎。同时，中国也越来越活跃地参与国际事务，在国际舞台上扮演着重要角色。具有标杆意义的"金砖国家"机制通过首脑峰会、外长会晤、安全事务高级代表和财长会议等对话协调渠道，使得新兴国家在国际金融体系改革、气候变化、能源生产等全球性议题上的话语权重不断增加。

第三，国际发展援助呈现新的发展趋势。

其一，技术援助份额增加。[①] 从国际发展援助的三个历史起源来看，人道主义救济援助主要在战争、冲突和自然灾害时实施，不属于长期援助项目。而对殖民地援助随着殖民地国家的逐渐独立也不再被称为殖民地援助了。只有技术援助在政治上较中立，对于经济发展有

---

① 张永蓬：《国际发展合作与非洲：中国与西方援助非洲比较研究》，社会科学文献出版社，2012，第 90 页。

极大的促进作用，尤其为发展中国家所需要。因而，技术援助在国际发展援助中的份额有增无减。在内容上，技术援助包含了基础设施建设、卫生医疗以及教育培训等内容，对于推动发展中国家的经济建设至关重要。二战后国际发展援助的框架是在商讨全球金融和货币管理体系的框架建设问题时产生的，国际发展援助自然从根本上与经济支持联系紧密。但是从国际发展援助的援助效果来看，以非洲大陆为例，半个多世纪以来，非洲一直是国际发展援助的重点，大量的资金流入这片热土，但大部分非洲国家的贫困状况并未得到改善，且债务状况更加恶化。因而，人们逐渐认识到国际发展援助只是不断地投入资金是不够的，技术的投入和人力资源的培养更有利于受援国家长期的发展。这样，国际发展援助的技术援助份额不断增加。

其二，从双边向多边发展。"马歇尔计划"和"第四点计划"是国际发展援助始于西方的两大计划。"马歇尔计划"即援助欧洲经济复兴方案。在该计划的实施中，美国利用其生产过剩的物资帮助了欧洲国家的战后重建。"第四点计划"主要是针对亚非拉不发达地区国家的经济技术援助，其目的是通过经济技术援助从政治上控制这些国家。① 上述援助计划的政治目的都非常明确。二战后建立的联合国和世界银行是国际发展援助实施的多边平台。美国、日本等发达国家也通过国际组织多边平台实施国际发展援助项目。多边援助项目弱化了双边援助项目的政治性，为援助国家在国际社会树立了良好的形象。对于接受援助的发展中国家而言，随着他们自身经济的不断发展和独立自主意识的增强，他们更希望得到国际组织的多边项目的援助。因而，通过国际组织多边平台开展的国际发

---

① 章昌裕主编《国际发展援助》，对外贸易教育出版社，1993，第 68 页。

展援助项目逐渐增多。这些国际组织有严格的人员入职遴选，专业能力非常强，其内部专家对援助计划的评估与执行有一套严谨而科学的规范。① 人们逐渐意识到，通过双边渠道开展的国际发展援助活动更多地表现了援助国与受援助国之间"给"与"得"的关系，而通过多边渠道开展的国际发展援助则在国际层面体现了平等合作。

其三，加强机制建设。首先，西方各援助国的机构设置完善。西方国家一般都设有负责国际发展援助的专门机构，由专门的或多个政府部门共同管理。如美国、英国、澳大利亚、加拿大等国均设立了专门的发展合作部或援助署来专门协调本国对外援助活动。② 其次，国际援助的原则、规范得以确立。国际多边援助机构的组织宗旨、区域性多边援助机构的国际协议和双边援助机构的国家援助法案等都明确规定了援助的原则、规则或运作程序。例如，1945 年签署的《联合国宪章》详细说明了联合国具体的经济和社会发展目标，后来成为国际发展援助的共同目标。在区域层面上，欧洲经济共同体/欧盟在《罗马条约》《雅温得协定》《洛美协定》《科托努协定》等一系列国际协议中都有对非加太国家发展援助的条款。就国家层面而言，英国政府早在 1929 年就通过《殖民地发展法案》对发展援助进行了立法。③ 最后，各种实施机制和规范已经构建。如多边援助组织方

① Thomas H. Stanton, "Assessing Institutional Development: the Legal Framework that Shapes Public Institutions," *Evaluation and Development*, *Proceedings of the 1994 World Bank Conference*, World Bank Operations Evaluation Department, pp. 90 – 91.

② 李小云、唐丽霞、武晋编著《国际发展援助概论》，社会科学文献出版社，2009，第 133 页。

③ 李小云、唐丽霞、武晋编著《国际发展援助概论》，社会科学文献出版社，2009，第 135 页。

面主要由联合国大会牵头，双边援助机构决策主要由援助国政府牵头。自 20 世纪 60 年代以来，联合国大会已经制定了四个《联合国十年发展计划》，一个《千年发展目标》以及最新通过的《全球可持续发展目标》，规定了每一阶段的援助重点和优先政策。随着国际发展援助在多边平台合作的加强，世界银行等国际机构对国际多边发展援助进行了系统研究和评估。按照国际机构和组织内部的工作程序，国家发展援助的实施办法也逐渐得到规范。实施机制和规范的构建极大地推动了国际发展援助在国际层面实施，并使之向规范化和制度化发展。

其四，新兴的援助力量崛起。由于发达国家给予发展中国家的发展援助未能充分考虑发展中国家的需求，一味将发达国家改造发展中国家的意愿强加给受援国，最终导致援助项目未能达到预期目标。21 世纪以来新兴经济体国家的综合实力正在日益增强，已经成为新兴的重要援助力量。除了西方发达国家，尤其是在经济合作与发展组织（OECD）发展援助委员会（DAC）成员之外，一些非经济合作与发展组织的成员也开始提供大量的国际发展援助资金。这主要是两类国家，一类是石油输出国组织成员，另一类是中国、巴西、俄罗斯、印度和南非等经济发展较快的发展中大国和新兴经济体。[1] 通常，新兴经济体提供的发展援助不附带政治条件，同时新兴经济体还可与广大发展中国家分享发展的经验教训。因而，新兴援助国逐渐成为国际发展援助体系的重要力量。对于提供援助的新兴国家而言，通过提供国际发展援助，可扩大其全球政治和经济利益，扩大其在世界政治经济体系中的发言权。

---

[1]　李小云、唐丽霞、武晋编著《国际发展援助概论》，社会科学文献出版社，2009，第 53 页。

二　非洲背景：发展困境和对人才的需求

中国－联合国教科文组织信托基金是针对非洲国家的发展困境和其对人才的大量需求而提出来的。

非洲是人类发源地之一，产生了最古老的文明。然而，非洲大陆悠久而辉煌的历史却被无情的奴隶贸易和殖民岁月所阻断。尽管非洲国家独立已经半个多世纪，但是非洲一直是全球发展援助的重点。国际社会看似对非洲国家发展给与了最大的援助和支持，但非洲并没能依靠发展援助走出贫困，实现经济腾飞和可持续发展，而是陷入了政局不稳、贫困问题突出、社会经济发展受限等困境。

政治发展的困境。非洲是世界上最贫穷的大陆，与该地区的政治不稳定有着密切的联系。主要表现为以下几个方面。一是政局不稳。非洲国家独立后原宗主国极力维护自身的既得利益，由此双方不断产生摩擦。西方国家对非洲独立意识的恐惧导致了一系列的谋杀，包括美国为首的西方势力支持对刚果（金）第一位独立选举的总统卢蒙巴的枪杀，使卢蒙巴领导的政权被军事政变推翻。近年来，非洲国家政局依然动荡。2008 年，毛里塔尼亚发生军事政变。2010 年 2 月，西非国家尼日尔由于修宪问题引发的政治动荡最终演变为军事政变。几乎同时，科特迪瓦因大选分歧爆发的游行导致无辜民众伤亡。二是民族关系复杂。非洲各国民族问题较为复杂，对政治发展产生重要影响。比如，尼日利亚的约鲁巴族（西部）、豪萨－富拉尼族（北部）和伊格博族（东部）等三个主体民族之间的矛盾以及它们与其他小民族的关系问题往往在政治权力的分配中爆发出来，从而导致了民族仇恨和民族冲突。从卢旺达的《胡图人宣言》也可看出族群认同在国家政治中的敏感程度。该宣言的立场虽然温和，但坚持在身份证上标明族群，并认定胡图人与图西人的冲突是卢旺达问题的核心。① 三是宗教冲突。在非洲，宗教的因素不容忽视。同时，宗教问题与民族问题紧密相连。由于宗教信仰而引发的民族矛盾导致了不少非洲国家的政局动荡。比如，在尼日利亚，因为宗教信仰的不同经常爆发较为激烈的冲突。在苏丹和埃塞俄比亚，宗教因素也极大地影响着民族一体化进程。四是恐怖主义。"海员援助组织"发布的最新统计显示，2010 年以来索马里海盗已扣押 20 余艘外国船只，扣留人质 400 余人，创下近年来索马里海盗劫持货轮、扣留人质数量的历史新高。21 世纪第二个十年到来之际，非洲萨赫勒地带的恐怖主义扩散加剧。非洲地区已经成为恐怖主义破坏的重灾区。恐怖主义活动加剧了非洲地区的不稳定因素，导致了更多的人为灾难，进一步影响了非洲国家的稳定发展。②

经济发展的困境。根据非盟《2063 年议程》确定的未来发展规划，非洲将实现地区一体化，实现和平繁荣，成为国际舞台上一支强有力的力量。然而 21 世纪以来，非洲经济在持续多年稳步发展的背景下，减贫目标远未完成。主要原因在以下方面。

一是经济结构单一。非洲国家由于长期遭受殖民统治和剥削，大部分国家形成了主要依靠生产和输出一种或几种矿产原料或农副产品来维持国民经济，重要工业品依赖进口、农业技术基础薄弱的局面。特别是单一的经济结构易受到天灾和人祸的影响，使粮食短缺成为非洲大陆面临的严峻问题。该地区的热带气候和土地沙漠化，使粮食减产甚至颗粒无收，不少国家甚至包括土地富饶、气候适宜的国家也以进口粮食为主。以津巴布韦为例，该国曾经号称"非洲粮仓"，但自

---

① 李安山等著《非洲梦：探索现代化之路》，江苏人民出版社，2013，第 217 页。
② 刘青建、方锦程：《非洲萨赫勒地带恐怖主义扩散问题探析》，《现代国际关系》2014 年 11 期，第 23～28 页。

2000 年起因穆加贝政府推行的激进的土地改革引发了内部的各种矛盾和西方国家的制裁，导致了严重的粮食危机。2013 年，联合国世界粮食计划署曾发出预警称，津巴布韦面临 4 年来最严重的粮食短缺危机，预计 2014 年第一季度有约 1/4 的农村人口需要依靠粮食救济度日。① 这种状况使发达国家掌握了非洲贫困国家的经济命脉，使之处于依附的不利地位，极大地阻碍了民族经济的发展。二是发展资金短缺。发展资金短缺严重影响了路桥等基础设施的修建、生产社会产品的工厂的修建、培养下一代建设者的学校的修建以及改善人民生活水平的医疗卫生设施的保障等方面。这些方面的资金短缺让社会发展停滞不前，陷入了恶性循环。三是科学技术落后。非洲国家的科技落后集中体现在两个方面：缺乏现代农业生产技术和没有完整的工业体系。

除了上述薄弱的政治、经济等基础以外，政治军事冲突不断、腐败泛滥、人才流失、外债沉重等诸多不利因素也限制了非洲各国的发展。② 非洲虽有丰富的人力资源，但有知识和技能的人才严重短缺。这成为制约非洲发展的最大瓶颈。非洲现有的 12 亿人口中，60% 的人口年龄在 24 岁以下。这意味着非洲也是最"年轻"的大陆，拥有人口年轻化的优势和巨大的市场潜力。而提升青年人的智力水平必须依靠教育。教育是非洲发展中国家振兴的动力，加快知识更新和技术发展是非洲走上自主发展和可持续发展之路的根本所在。

首先，政治稳定需要教育。大力发展教育有助于统一非洲国民对国家发展的认识，使民众从国家发展的大局出发维护国家的稳定，认清西方所谓民主化的蛊惑对非洲国家发展的负面作用，从而消除青年

---

① 《世界粮食计划署称津巴布韦面临严重粮食短缺危机》，新华网，http://news. xinhuanet. com/world/2013 – 09/04/c_ 117215580. htm。

② 李安山等著《非洲梦：探索现代化之路》，江苏人民出版社，2013，第 36 页。

人对西方民主政治的盲从，进而增强国家的凝聚力，实现国家和地区的政局稳定。教育是民族团结的融合剂，大力发展教育可以使不同民族的人民增进相互了解，化解仇恨和误解，加强交流和合作，减少非洲国家的民族矛盾和冲突。宗教矛盾也需要通过发展教育才能有效缓解。可以通过教育让民众充分认识恐怖分子的真面目，区分利用宗教煽动动乱和正当传教，自觉抵制这些破坏分子对国家稳定的不良影响。从索马里青年党的恐怖主义活动可以看到，青年人参与恐怖主义活动数量增多，与他们受到蛊惑有很大关系。因此，加强对他们的教育势在必行。非洲国家应对恐怖主义不仅需要政治、军事等打击手段，普及教育也是防止和打击恐怖主义的重要措施。

其次，经济发展需要教育。殖民统治对当今非洲国家的工农业发展有着深远的影响。殖民统治时期留下的单一经济结构成为许多非洲国家独立后的主要经济形式，工农业经济结构极不合理。同时，殖民统治也导致了非洲国家对宗主国经济的依附以及不平等经济关系。这使得非洲国家独立后一直难以摆脱这种不平等的经济状况，直接影响了非洲国家半个世纪的经济发展，也使非洲国家在世界经济体系中处于外围地位。二战以后前宗主国的官方发展援助一直打着帮助非洲经济发展的旗号。然而，半个多世纪过去了，非洲的经济发展不但没有实现，反而停滞了。而且非洲国家的国际债务不断增加，已然成为国际谈判的负面筹码，非洲大陆的贫困状况也不断加剧。数十年的外部援助在非洲形成了恶性循环。援助资金进入了不受监督和制约的政府官员的腰包，加剧了腐败的程度，加之法律法规的不健全和执法的不力，不仅毒化了社会经济环境，而且使外国投资者的投资减少。事实上，一些国际发展援助更像升级版的殖民统治手段，让非洲国家牢牢地依附于援助国，成为失去独立自主的外国援助者的附庸。非洲国家要想真正实现经济社会的发展，就必须摆脱这种状况。教育便是帮助人们了解历史、认识现实并实现自我觉醒的利器。非洲国家需要大力发展各层级的教育，尤其是中等后教育及职业技术教育，培养大批掌握现代科学文化知识和技术的人才，调整工农业产业结构，推动非洲国家的经济建设。真正的独立应该是非洲人民从根本上认识到非洲的发展只能依靠自己，不再盲目相信外部援助就能给非洲大陆发展带来福音，甚至是翻天覆地的改变。通过发展教育，从思想上让非洲民众觉醒，并切实地采取有效行动，促进自身的发展，而不是依赖外援，乞求施舍。这才是非洲发展的根本所在，也是非洲发展的动力所在。

再次，解决非洲社会发展问题也要依靠教育。人口发展趋势是人们对历史和现存的政治经济形势的一种理性反应。[1] 了解这一变化有助于理解人口问题对实现可持续发展目标带来的机遇和挑战，对制定教育援助发展的规划至关重要。大部分非洲国家面临严峻的人口形势，主要问题表现为出生率高、识字率低、过于低龄化等。一方面，非洲国家的人口基数大，出生率居高不下。根据联合国经济与社会事务部发布的《世界人口展望》（2015 修订版）报告，在 2015 年至 2050 年，非洲的人口增长比率最高，将占全球人口增长的一半以上，其中 28 个国家的人口将翻一番。预计在接下来的 35 年里，超过一半的人口增长将集中在以下 9 个国家：印度、尼日利亚、巴基斯坦、刚果（金）、埃塞俄比亚、坦桑尼亚、美国、印尼和乌干达。报告还预计，到 2050 年，尼日利亚将取代美国成为世界人口第三大国。对此，该部门人口司司长约翰·威尔莫斯（John Wilmoth）指出，人口增长集中于最贫穷国家将给这些国家带来更多挑战，让减贫、消除不平等、应对饥荒和营养不良，以及拓展教育和医疗系统等变得更加困难。另一方面，非洲国家整体文盲率高和儿童比例过大。多数非洲国

---

[1]　李安山等著《非洲梦：探索现代化之路》，江苏人民出版社，2013，第 112 页。

家的文盲率高达 80%，15 岁以下儿童约占非洲人口的一半，有的国家甚至远远超过 50%。

非洲国家面临的高文盲率的原因是多方面的，如种族结构和多语种等问题，这对于我们采取何种教育援助模式亦是不能回避的问题。例如尼日利亚是非洲最大的经济体和人口第一大国，拥有 1.9 亿人口，250 多个民族和 410 种语言。据联合国教科文组织的调查显示，该国 2009 年至 2015 年，至少有 611 名教师被故意杀害，19000 名被迫逃离。尽管该国教育总体水平有了显著的提高，但文盲率仍然高达 36%。最富裕地区儿童的入学率为 80% 以上，而最贫困地区儿童的入学率则不到 10%。[①]

人口暴增带来的是国民经济、健康状况、文化素质和教育水平总体长期偏低等一系列问题，直接影响了非洲国家经济社会的稳定和进步。对于非洲国家而言，提升人口基本素质，降低文盲率，提高民众的识字率和文化水平，是最为紧要的和必须施行的现实任务。为此，国际组织和机构先后设立了多项国际性扫盲奖，其中联合国教科文组织在 1965 年召开的第 14 届代表大会上，将每年的 9 月 8 日确定为国际扫盲日。设有两项国际扫盲奖用于鼓励为推动国际扫盲运动取得显著成绩、做出突出贡献的个人和机构。两个奖项每年同时评审和颁奖。其中，"世宗王扫盲奖" 于 1990 年设立，由韩国政府资助，主要奖励在推动母语扫盲教育和培训方面做出杰出贡献者；"孔子扫盲奖" 于 2005 年设立，由中国政府支持，重点奖励对农村地区和失学青年尤其是为女童和妇女的扫盲工作做出成绩的人士。

---

① UNESC, Global Education Monitoring Report 2017/2018, *Accountability in Education*: *Meeting Our Commitments*, https：//unesdoc. unesco. org/ark：/48223/pf000259338.

三 中国背景：深化中非合作，提高国际影响力的需要

中国在联合国教科文组织中设立援非教育信托基金是中国深化中非合作和参与全球治理，提高国际影响力的现实需要。

深化中非合作。作为人口大国，中国曾是世界文盲人口数量仅次于印度的国家。经过近 50 年的不懈努力，到 20 世纪末，文盲率由新中国成立初期的 80% 以上降至 2000 年的 6.72%，如期实现了政府"在本世纪末基本普及九年义务教育和基本扫除青壮年文盲"的战略目标。中国扫盲运动取得了令世界瞩目的成就，积累了丰富的经验。中国如果能够有效发挥好这方面的长处，将有利于打破发达国家对教育援助的垄断，提高对外教育援助的国际影响力。进入 21 世纪，中国秉持"义利相间，以义为先"的原则，全面推动对外合作与交流，致力于营造和平稳定的发展环境。中国和非洲国家的友好关系得到进一步发展，中国与非洲国家的教育交流合作得到全面提升。十多年来，中非合作成果丰硕，有力维护了中非和发展中国家的共同利益。因此，加强治国理政和发展经验交流，把双方可持续发展紧密结合起来，实现合作共赢、共同发展是当务之急。对于中国教育援非而言，只有针对非洲发展的现实需求，为非洲发展培养急需的专业人才，才能让非洲更好地理解和认可中国的发展模式以及中国在扫盲和减贫等方面所拥有的经验。根据教科文组织发布的《2015 年全民教育全球监测报告》，非洲国家在教育发展方面所面临的最大挑战是合格师资的大量缺乏。[①] 因此，中国－联合国教科文组织信托基金的设立使中国教育援助从物质援助（援建校舍、提供教学设施等）向关注人才培

---

① UNESC，"EFA Global Monitoring Report 2015," *Education for All 2000 – 2015: Achievements and Challenges*，UNESCO，2015.

养方向转变。这有利于提升中国对非援助的层次和水平。

推动全球治理。广义的全球化（Globalization）早已有之，从古代中国"丝绸之路"的开通，到欧洲新航路的开辟，再至近代工业和技术革命的爆发，无不形成当时的全球化态势，即便是两次世界大战与冷战也无法阻断它的发展进程。本书所指的全球化强调的是资本的全球扩张。严格地说是指经济全球化。1989 年 11 月柏林墙倒塌后，联邦德国前总理、1971 年诺贝尔和平奖获得者威利·勃兰特（Willy Brandt）提出了全球治理的概念并被联合国采纳。在其倡议下，1992 年联合国成立了全球治理委员会（Commission on Global Governance）。该委员会在 1995 年发表的《全球芳邻》（Our Global Neighborhood）报告中明确了全球治理的含义：治理在世界层次上一直被主要视为政府间的关系，如今则必须看到它与非政府组织、各种民间活动、跨国公司和世界资本市场有关。由此可见，早期的全球治理强调的是一种全球公民社会式的"非政府治理"模式。这自有其冷战后的时代意义，但随着经济全球化带来的矛盾日益突出，全球问题更加尖锐。人们发现"非政府"的治理未必比主权国家参与的治理更为有效。2001 年该机构停止运作后，全球治理的理念在联合国和国际社会不断发展。联合国经社理事会（UN Economic and Social Council）在 2006 年指出："所谓全球治理，是为了应对单个国家无力处理的全球问题而做出的集体努力。"① 即当代意义上的治理是由强大的民族国家政府提供的，更多地表现为"政府治理"的形式。此外，还存在各种政府间和非政府间的国际组织参与的"超国家治理"的形式，最典型的莫过于欧盟。因此，尽管全球治理这一概念的内涵存在许多争议，但

---

① 转引自陈健：《变革时代的联合国和全球治理的新架构》，2010/12/28，http// pdap. mfa. gov. cn/chn/ljwm/zjfc/t781941. htm.

其形式顺应了历史发展的内在要求，有利于在全球化时代确立新的国际政治经济秩序，越来越多地被提上国际组织和各国政府的议事日程。

在全球治理的进程中，中国必然不能缺席，这是一个参与互动和身份重塑的过程，需要明确提出全球治理体系变革的中国构想。2010年11月3日，联合国秘书长潘基文在北京中共中央党校发表《全球治理与和谐社会》的讲话，指出"在解决跨国界的众多问题中，我们需要建立更好的框架、规则和制度，在实施过程中加强彼此协调"，并强调"我们需要中国发挥领导作用"，以实现更加和谐的全球治理。[①] 2015年9月28日，中国国家主席习近平在纽约联合国总部出席第70届联合国大会时发表了《携手构建合作共赢新伙伴，同心打造人类命运共同体》的讲话，指出："中国将继续同广大发展中国家站在一起，坚定支持增加发展中国家特别是非洲国家在国际治理体系中的代表性和发言权。"并宣布，"中国决定设立为期10年、总额10亿美元的中国－联合国和平与发展基金，支持联合国工作，促进多边合作事业，为世界和平与发展作出新的贡献"。[②] 中国共产党在十八届五中全会之后，首次明确提出了"共商、共建、共享"的全球治理理念，开始深度参与全球治理。基于此，中国在联合国教科文组织中设立援外教育信托基金正是实现这一理念的现实行动。

---

① "Secretary General's Remarks at the Roundtable on Global Governance and Harmonious Society at CPC Central Porty School," 03 November 2010, https//www. UN. org/sg/en/content/sg/statement/2010 – 11 – 3/Secretary – generals – remarks – roundtable – global – governance – and.

② 习近平：《携手构建合作共赢新伙伴，同心打造人类命运共同体》，《习近平谈治国理政》（第二卷），外文出版社，2017，第526页。

第二节　设立中国－联合国教科文
组织信托基金的考量

中国设立中国－联合国教科文组织教育援非信托基金是有多方面考虑的，其中最主要的有：法律依据与实践的考量，对联合国教科文组织信誉与能力的考量以及对中国援非现实问题及解决方式的考量。

一　法律依据与实践的考量

中国在联合国教科文组织设立援非信托基金的法律依据是 2001 年 10 月 1 日起施行的《中华人民共和国信托法》。信托法是为调整信托关系、规范信托行为、保护信托当事人合法权益、促进信托事业健康发展而制定的一部法律。该法对信托的设立要求和事项、信托财产的定义与使用、信托当事人责任义务、信托变更与终止和公益信托五个方面都做了明确而具体的规定。其中专门有"公益信托"一章，在第六十条第四款中明确规定：以"发展教育、科技、文化、艺术、体育事业"等公共利益为目的而设立的信托属于公益信托，并指出"国家鼓励发展公益信托"。① 因此，中国－联合国教科文组织信托基金的实施有明确的法律依据和法律保障。

信托（Trust）在本质上是一种出于人类基本伦理的人与人之间相互信任的关系，带有朴素的原始契约精神，应让这种关系发挥更大的作用。② 一般认为，信托起源并确立于 13～17 世纪英国人创立的"尤斯"（Uses）制度。所谓"尤斯"制度，是指土地"代为使用"的制

---

① 《中华人民共和国信托法》第 2 条、第 60 条、第 61 条，2001 年 4 月 28 日。

② 蒲坚：《信托不止于金融》，《人民日报》2013 年 8 月 29 日，第 10 版。

度。而现代的信托业发展于 19 世纪末的美国。二战结束后，在日本也得到了蓬勃发展。中国最早的信托公司出现于 20 世纪 20 年代的上海。新中国成立后，由于高度的计划经济，信托业逐渐萎缩直至中断，改革开放后得以恢复。2001 年《信托法》施行后，信托资产规模持续高速增长，已经成为中国仅次于银行业的第二大金融产业。

从法律角度讲，信托是一种制度安排。在这种安排中，委托人、受托人和受益人是法律关系的三方。在他们之间，所有权和使用权分开，管理权又和受益权分开，相互制约，相互监督，是稳定的法理实践。在这种关系中，委托人虽然是财产的所有者，但管理权是有限的；受托人是财产的管理者，却要严格执行委托人的意愿。在一个信托公司里，不同受托人的财产是相互隔离的，就是说一个受托人的财产损失，并不会波及他人。

基金（Fund），在国内外都有许多先例和实践。常见的有社会公益基金、社会保障基金、证券投资基金、企业年金等。社会公益基金是指将收益用于社会公益事业的资金，例如福利基金、科技发展基金、教育发展基金。运作基金的组织有国际组织，如联合国儿童基金会，也有国家或地方政府，如运作财政专项基金的政府部门，也可以是公司法人，如设立了职工福利基金的公司；还有非营利机构或事业单位，如运作各种慈善基金的红十字会等。联合国教科文组织的世界遗产基金（World Heritage Fund）运作多年，积累了丰富的实际工作经验。该基金年度预算约为 400 万美元，负责审议来自缔约国用于保护和修复世界遗产名录中文物的申请。其收入大部分来源于各缔约国分担费用和自愿捐款以及来自私人的捐款，其他收入来源包括销售世界遗产出版物，或由某国用于特定用途的信托款项以及这些收入所获得的利润。

就信托基金（Trust Fund 或 Funds－in－Trust）而言，在联合国早

已有之，并为中国的发展作出过贡献。如联合国人类安全信托基金（UN Trust Fund for Human Security，UNTFHS），主要用于在全球开展的应对人类安全的事务。该信托基金曾于 2003 年 4 月至 2006 年 12 月以项目的形式对中国山西省闻喜县进行援助。该项目由联合国开发计划署（UNDP）作为执行机构，中国国际经济技术交流中心（商务部）、中国疾病预防控制中心性病艾滋病预防控制中心（卫生部）和山西省政府参与运作，将总额 82.4 万美元的基金用于山西省闻喜县，开展了以农村社区为基础的艾滋病感染者关怀、预防和减贫的项目（Community – based HIV/AIDS Care，Prevention and Poverty Reduction）。又如联合国教科文组织保护文化遗产日本信托基金。该基金项目建立于 1989 年，是开展世界遗产保护较早、援助国家较多和资金规模较大的基金。它主要针对选定国（如中国）进行文化遗产的保护与修复。还有 2004 年 4 月至 2008 年 9 月，分别在中国海南、吉林两省开展的意大利政府 – 联合国教科文组织"提高吉林、海南省基础教育质量"的信托基金项目等。

二　对联合国教科文组织信誉和能力的考量

联合国教科文组织是值得中国政府信赖的委托人（国际组织）。中国政府对此的考量集中在两方面。

首先，教科文组织是全球教育发展合作的领军者。联合国教科文组织系联合国的专门机构之一，也是规模最大、使命最多的专门机构。该组织于 1946 年 11 月 4 日成立，总部设在法国巴黎。该组织是世界上成员最为广泛的国际组织和联合国系统内最大的专门机构，拥有 195 个会员和 10 个准会员，其宗旨是促进教育、科学和文化方面的国际合作以利于各国人民之间的相互了解，维护世界和平。中国于 1972 年恢复在该组织的活动后，经历了观察学习、逐渐参与、深入参与和全面参与等各个发展阶段，中国与该组织有多年愉快且成功的合作历史。该组织在 20 世纪 80 年代中期开始重点在基础教育领域对中国开展教育援助与合作，相比当时发达国家的官方发展援助和世界银行等国际组织的援助，尽管其援助在资金上十分有限，但"在国际教育援助组织中，教科文组织的援助最切合中国的实际，在具体的实际工作中也最为专业化（这种专业化是指符合教育的发展和运行规律），能够和中国的教育发展同步进行"。① 中国政府通过该组织开展援助非洲的教育活动始于 2007 年，当时中方捐赠了 100 万美元用于资助教科文组织在埃塞俄比亚的非洲能力建设国际学院，以及在布基纳法索的女童和妇女教育国际中心。除了这种间接的方式，中国的对外教育援助一直采取的是双边形式，主要通过互派留学生、互换教师、合作搞科研、加强人力资源培养等具体项目开展。中国在联合国教科文组织设立信托基金表明中国对教育援助的实施效果有了更高的诉求，而在中国更多参与国际事务的情势下，面对西方社会甚至包括非洲受援国民众在内的种种质疑，借助联合国教科文组织是一个较优的选择。以下主要职能显示了该组织在教育领域的领导地位。

　　思想实验室。思想实验室一直是教科文组织的基本定位。教科文组织通过信息收集、研究讨论，提出新思想新理念，再通过实验性项目来传播和倡导新思想新理念。教科文组织还通过发布专题研究报告来预测未来发展趋势，尤其是为教育改革行动提供基本准则。借助一系列国际会议和政府间对话，教科文组织便可在世界范围内推广各种先进的教育发展政策和教育改革实践。例

---

① 靳希斌、安雪慧等：《国际教育援助研究：理论概述与实践分析》，福建教育出版社，2008，第 304 页。

如，教科文组织在 1972 年发布的《学会生存：教育世界的今天和明天》以及在 1997 年发布的《学习：财富蕴藏其中》这两份报告在全世界影响深远，倡导并树立起了终身学习的理念。终身学习的理念如今已经纳入了联合国通过的全球 2030 年可持续发展目标。教科文组织的新思想和新理念切合人类社会发展的实际，并且引领未来。

标准制定者。教科文组织通过制定国际公约和教育建议书等教育准则、规范和标准来推动世界教育的发展。例如，教科文组织于 1960 年通过的《反教育歧视公约》，强调教育是每个人的基本权利。在 1978 年通过的《保护世界文化遗产和自然遗产公约》，获得全世界的关注，该项目已经成为教科文组织的旗舰项目之一。当然，教科文组织通过的教育建议远远多于教育公约，比如中国积极参与的《关于教师地位的建议》《关于承认高等教育学历和资格的建议》《关于高等教育教学人员地位的建议》以及《关于技术和职业教育的建议书》等。①

信息交流中心。教科文组织一直致力于推动会员国以及国际社会的信息交流、平等对话和冲突解决。教科文组织专门于 1999 年成立了教科文组织统计研究所。该研究所主要负责教科文组织的数据和信息的汇集、分析和发布，同时也成为教科文组织建立数据和信息采纳标准、完善教育指标体系、研究分析统计方法以及预测教育发展趋势的研究中心。值得一提的是，作为指标体系设计牵头部门，教科文组织统计研究所在《教育 2030 年行动框架》的制定过程中发挥了极其重要的作用，较好地协调了会员国之间的分歧，有力地推动了全球教

① UNESCO，"UNESC Executive Board Document，197EX/20 PART Ⅰ，" http：// unesdoc. unesco. org/images/0023/002340/234055e. pdf. August 7，2015.

育指标体系的建立，影响了教育指标体系在未来15年的发展方向。

能力建设者。考虑到世界教育发展的不平衡性，教科文组织把帮助欠发达国家和地区加强能力建设以推动各项教育目标的实现作为自身的一项重要职能。教科文组织主要通过总部和地区代表处实施各类专门项目，介绍和推广先进的教育理念和思想，培训各国教育行政官员、专业人士和学校教师，以提升这些教育实践者的观念和能力。事实上，能力建设不仅仅局限于人力资源的培养和开发，更重要的是影响和调整组织结构，进一步完善和规范法律规章，以便逐渐形成地区性和国际性的共识，推动国家、地区和全球层面的可持续发展。

国际合作促进者。教科文组织一直致力于通过会议、论坛、交流、项目等各种形式，推动各国之间以及国际社会在教育、文化和科技领域的交流和合作，促进人类的相互理解、持久和平和共同发展。教科文组织在国际层面搭建了很好的交流互动平台，积极开展对话和探讨，促进所有参与者和利益攸关方包括政府、非政府组织、私营部门、教育机构、教师组织、家长、青年和社会的沟通，倡导教育决策和管理的民主性和有效性，鼓励各国教育管理者、研究者和工作者相互学习借鉴、分享研究成果、共商改革大计、落实教育实践活动。

其次，教科文组织在实施教育援助项目方面独具优势。其优势表现在以下几个方面。

其一，具有实施教育援助项目的成熟机制。作为联合国系统中的一个政府间金融合作与发展组织，世界银行承担着为各国教育提供资金支持的责任，也是各类援助项目的实施主体，对全球教育的发展起着举足轻重的作用。联合国教科文组织和世界银行虽同为联合国系统的国际组织，但作为专门机构，联合国教科文组织的职责更多的在于提供智力支持,① 其目标更长远。教科文组织在世界各国积极开展各种项目,提供教育、科学和文化领域的智力和技术支持,推动发展中国家的可持续发展。教科文组织在各类项目中的参与度有所区别,有的是从头盯到尾,有的是参与前期策划,有的是由地区代表处负责监督项目的实施,有的是侧重于项目评估以及研究报告。

其二,拥有实施教育援助项目的人力资源和智力资源。联合国教科文组织致力于增进世界人民相互了解和信任、推动不同文明交流互鉴、推动全球教育的变革发展,尤其是通过目前具有科技领先地位的信息通信技术(ICT)与教育的融合创新,实现包容、公平的优质教育和终身学习。作为 2030 年可持续发展议程教育议程的牵头协调机构,联合国教科文组织强调各国政策制定者需要理解 ICT 在提供平等的高质量的终身学习机会中所起的作用,教育和 ICT 行业也需要明确跨领域的策略以便将 ICT 较好地融入 2015 年后教育发展议程中。为了积极发挥 ICT 在落实 2015 后教育议程宗旨和目标中的优势,联合国教科文组织于 2015 年 5 月 23 日至 25 日在中国青岛召开了教育信息化与 2015 后教育国际大会,围绕 ICT 如何革新教育制度、ICT 如何保证学习质量、ICT 如何开辟终身学习的有效途径、ICT 如何促进知识创造以及如何监控测量 ICT 在 2015 后教育中的作用等主题展开讨论。

其三,有运作教育援助项目的丰富经验。由于教科文组织在世界教育领域的重要影响力以及该组织本身所拥有的丰富的智力资源,越来越多的国家将教育、科学和文化领域的专门援助项目交给教科文组织运作实施。这不仅给教科文组织带来更加充足的资金,有利于教科

---

① 谢喆平:《中国与联合国教科文组织的关系演进:关于国际组织对会员国影响的一项经验研究》,教育科学出版社,2010,第 155 页。

文组织在教育、科学和文化领域发挥作用，而且也使援助国的每一笔捐款用到实处，真正推动项目国家在有关领域的能力建设和长足发展。日本和韩国均在教科文组织中设立了信托基金。① 他们的信托基金没有明确指定用在某一特定领域，而是广泛用于教育、科学和文化的各个领域。尤其是在日本人松浦晃一郎担任联合国教科文组织前总干事的十年期间，日本通过信托基金为教科文组织提供了大量的财务资助。这不仅支持了松浦总干事的工作，而且通过借助教科文组织这个多边平台，开展了教育、科学和文化等多个领域的业务，增强了日本的国际影响力。

三 对中国教育援非问题和解决办法的考量

这一考量可以从两个角度来解析。一是从中国本身在教育援非方面存在的现实问题而短期内又难以解决这些问题的角度来考量，另一个角度是从借助联合国教科文组织施行教育援非给中国带来的收益来考量。

从解决中国教育援非现实问题的角度考量，设立中国－联合国教科文组织信托基金至少在以下四个方面有利于中国教育援非问题的暂时解决。

第一，对于解决中国对非教育援助统筹协调具有重要意义。如前所述，中国对非教育援助总体战略缺失，没有制度化的引导，多部门同时开展对非教育援助活动，造成了人力、物力、财力的极大分散，影响了项目实施效果。中国对非教育援助工作的覆盖领域较广，并不仅仅局限于教育领域，而是涉及人文交流的多个方面。中非教育信托

---

① UNESCO，"UNESCO Executive Board Document 197/4 Part Ⅱ，" 2015，http：// unesdoc. unesco. org/images/0023/002343/234357e. pdf.

基金的设立正好可以将中国对非教育援助资源整合使用，在外交部、教育部、财政部和人社部等部门之间开展跨部门合作，由教育部联系教科文组织进行统筹协调，对于目前面临的问题的解决有较好的针对性。

第二，能够暂时缓解中国对非教育援助人员缺位问题。如前所述，中国对非教育援助人员缺位问题包括两个方面，一是负责教育领域业务的驻外管理人员不能覆盖所有的非洲国家；[①] 二是中国派遣的援非志愿者整体数量和质量有待提高。针对以上问题，中国在教科文组织设立中国－联合国教科文组织信托基金，一方面可以依托教科文组织现有的组织管理机构，充分利用该组织从总部到地区办事处的管理系统和管理人员；另一方面也充分利用该组织的教育领域专家，确保项目实施的专业水平。因而，中国－联合国教科文组织信托基金的设立对于应对中国对非教育援助人员缺位问题是一个很好的尝试。

第三，对提高中国对非教育援助效率和影响力具有现实意义。从前面的分析来看，中国对非教育援助效率和影响力有限主要由于仅仅将中国教育援非活动局限于传统的双边合作领域，一方面所实施的教育援助针对性不够强，另一方面教育援助产生的影响力不够大。针对上述问题，中国－联合国教科文组织信托基金在教科文组织的设立可以将中国对非教育援助活动从双边领域拓展到多边领域，有针对性地加强有关项目国家的合格师资培训，充分利用国际组织的多边平台对该基金项目加以宣传，赢得国际社会更多的理解和支持，从而在提高中国对非教育援助效率和影响力方面发挥有效作用。

---

① 《中国驻外（非洲）使馆列表》，http：//www.fmprc.gov.cn/web/zwjg_ 674741/zwsg_ 674743/fz_ 674747/。

第四，是解决中国对非教育援助与非洲教育发展不对称问题的新途径。中国对非教育援助有校舍援建、教学物资捐赠、派遣留学生和教师等传统方式。这些方式在过去产生了积极的作用，但在新的发展环境下，还需要开拓新的援助方式。针对非洲国家合格教师严重缺失的问题，中国在教科文组织设立教育援非信托基金，强调通过信息及通信技术培训加强非洲国家的教师机构能力建设，推动当地合格师资的培养。① 该信托基金的设立正好把中国在非洲实施的教育援助与非洲教育发展的需求联系起来。同时，该项目还强调非洲项目国家对项目实施的所有权，正好可以发挥非洲国家自身的主动性，应对其面临的发展困境，满足其发展需求，加强中国对非教育援助的作用。

更重要的是通过联合国教科文组织可以给中国教育援非带来最直接最有效的两大收益。

第一，借助联合国教科文组织实施教育援助项目能够降低中国教育援非的成本。

教科文组织在管理信托基金方面的实践和经验证明教科文组织具备完整的、合理的运行体系来实施信托基金项目，并取得实际效果。因此，借助教科文组织这个教育领域的多边平台来实施对非教育援助可以充分利用教科文组织现有的知识储备、智力资源、管理体系为中国教育援非服务。同时，联合国教科文组织是一个更多考虑发展中国家国家利益的国际组织，在教科文组织中设立信托基金也可以将发展中国家之间的交流合作从双边拓展到多边，进一步推动南南合作。因

---

① UNESCO, "Project Proposal for 'Quality Teachers for EFA' UNESCO – Chinese Funds – in – Trust Project（CFIT）Enhancing Teacher Education for Bridging the Education Quality Gap in Africa," UNESCO, 2012.

此，当中国对非教育援助面临着诸多自身在短期内难以解决的问题时，在联合国教科文组织中设立援非信托基金，帮助非洲国家发展教育事业，实现共同发展是中国的明智抉择。

更重要的是由于中国与联合国教科文组织已经拥有富有成效的合作史，中国教育援非基金项目的开展将进一步推动中国与教科文组织的合作，并使中国得到相应的回报。其一，由于许多联合国成员强调提高非洲师资教育的重要性，中国在教科文组织中设立援非信托基金支持非洲师资建设将会在成员中产生积极影响，提高中国的国际形象。其二，中国教育援非将从联合国教科文组织在非洲的强健的组织机制和技术网络以及经验中受益，减少了中国教育援非的机会成本。因为联合国教科文组织在中国教育援非的目标国中已经建立了驻受援国办事处等工作机构，并已经形成了一套有效的运作机制。它可以帮助交付、跟踪并评估中国对非信托基金项目，从而减少中国在一无所有的情况下构建机制、安排人员、付诸实施、积累经验等所付出的成本，尽快取得成效。

第二，为深化中国与国际组织合作打下良好的基础。

中国参与国际组织活动是一个逐渐演变的过程。中国与联合国教科文组织关系的演变，正是这两者各自力量不断发生变化并相互作用的结果。"加入某个国际组织，对于任何国家来说，并非像发表一个声明或签订一份协议那样看似简单，而是要经过一个相对复杂和漫长的程序。只有这样，特定的国家才会真正在这种参与进程中进行互相建构。"①

中国是教科文组织的创始国之一。20 世纪 70 年代，中国在恢复

① 谢喆平：《中国与联合国教科文组织的关系演进：关于国际组织对会员国影响的一项经验研究》，教育科学出版社，2010，第 38 页。

教科文组织成员国资格之初，影响力极为有限。中国参与的活动也不多，主要集中在科技领域，总体上还只是旁观者。改革开放后的 80～90 年代，中国开始了对教科文组织的全面了解和对其规则、规范和决策程序的系统学习。1979 年，中国联合国教科文组织全国委员会成立，全面负责协调沟通中国与教科文组织在各领域的交流合作。1984年，教科文组织驻北京办事处成立。同年，中国第一个教科文组织二类中心——国际泥沙研究培训中心成立。1985 年，对中国籍教科文组织国际职员制度进行改革，中国派出一批优秀人才进入教科文组织作为国际职员参与工作。这一时期国内引入了全民教育、终身教育等国际先进理念，推动了国内教育发展，同时也接受了教科文组织提供的一些项目经费的支持，在教科文组织有了更多的中国身影和声音。2000 年以后，中国对教科文组织的参与更加深入和全面，并越来越多地承担起对该组织的责任和义务。在教育领域，中国举办了 2001 年第四届九个人口大国全民教育部长级会议和 2005 年第五届全民教育高层会议。在科学领域，教科文组织于 2003 年在北京成立了世界地质公园网络办公室。在文化领域，中国加入了《保护世界文化和自然遗产公约》等重要文化公约，积极参与世界文化和自然遗产申报工作，并于 2004 年在苏州举办了第 28 届世界遗产委员会会议。① 进入21 世纪第二个十年以来，中国承办了一系列教科文组织的重要会议，如 2012 年在上海举办的国际职业技术教育与培训大会、2013 年在杭州举办的国际文化大会、2013 年在北京举办的首届创意城市大会、2014 年在苏州举办的世界语言大会和 2015 年在青岛举办的国际教育信息化大会等。2014 年 3 月，习近平主席作为第一位访问联合国教科

---

① 谢喆平：《中国与联合国教科文组织的关系演进：关于国际组织对会员国影响的一项经验研究》，教育科学出版社，2010，第 38 页。

文组织的中国领导人在教科文组织总部发表演讲。这也是习近平首次出访联合国机构，从而将中国与联合国教科文组织的合作推向了新的高度。

中国在联合国教科文组织中的作用和影响力还体现在人才和财务两方面。一方面，尽管中国籍国际职员在教科文组织所占的份额还不高，甚至还未满足分配的名额，但是中国籍职员已经越来越多地活跃在教科文组织这个多边国际舞台上。自 1985 年改革中国籍教科文组织国际职员制度以来，中国已陆续向教科文组织派出数十位国际职员和借调专家，遍布教育、科学和文化等各领域，不少中国人已成为该组织的高级组织者。教育部前副部长章新胜先生于 2005 年高票当选教科文组织执行局主席，是中国参与教科文组织进程中的一次重大突破。唐虔先生于 2010 年获任教科文组织教育助理总干事。教育部副部长郝平于 2013 年担任教科文组织大会主席，成为联合国教科文组织成立 68 年来首次当选的中国"掌门人"。2018 年 3 月，中国驻比利时大使曲星被任命为教科文组织副总干事，达到迄今中国籍国际职员在教科文组织担任的最高职位。

中国对教科文组织缴纳的会费和资金投入也保持快速增长。就会费而言，中国在教科文组织缴纳的会费比例参照中国在联合国的会费比例缴纳。2016 年，联合国使用了新的预算分摊比例，美国保持了22% 的最大分摊比例，日本从 10.834% 降至 9.679%，目前仍居第二位，中国则从之前的 5.148% 大幅增加到 7.920%，超过了德国和法国，一跃成为联合国第三大会费支付国，在教科文组织也是如此。[①]在教科文组织，美国自 2011 年起拒缴教科文组织会费，并于 2017 年

---

① UNESCO，"UNESCO General Conference Document 38C/37，" 2015，http：//unesdoc. unesco. org/images/0023/002345/234540e. pdf.

10 月宣布将于 2018 年 12 月 31 日正式退出教科文组织。中国已然成为事实上的第二会费大国。随着联合国预算分摊比额的进一步调整，不排除中国在教科文组织的会费比额将继续提高。除此以外，对于在中国开展的各类教科文组织活动和举办的国际会议，中国各级政府都有为数不少的配套资金投入，另外还有相当多的私营部门的资金流入。

这些都表明中国在联合国教科文组织的地位已今非昔比。作为当今世界第二大经济体，理应在经济地位提升的同时提高自己在包括教育、科学、文化等在内的其他领域的国际地位和影响力。在联合国教科文组织中设立援非教育信托基金是中国政府在国际组织中拓展自己的地位和影响力的体现。

第三节　中国－联合国教科文组织信托基金的设立与意义

正是在国际政治经济局势和国际教育援助发展变化、非洲发展对人才的需求以及中国深化中非合作的背景下，基于解决中国教育援非问题和对联合国教科文组织优势的考量，中国政府决定在联合国教科文组织中设立中国－联合国教科文组织信托基金。

一　中国－联合国教科文组织信托基金的设立

中国－联合国教科文组织信托基金项目的总体框架由教科文组织的专家与中国政府协商并在考虑非洲国家意愿的基础上设计。项目实施时间暂定为期四年（2012～2016 年），中国政府每年提供 200 万美元，即在 4 年内向该基金共提供 800 万美元的资助。旨在提高撒哈拉以南非洲教师教育水平，缩小教育质量差距，通过教育信息化提升非洲项目国家重点教师教育与培训机构的能力，推动有质量的全民教育目标和与教育相关的千年发展目标（MDGs）的实现。① 在四年时间中共有科特迪瓦、纳米比亚、埃塞俄比亚、刚果（布）、利比里亚、刚果（金）、乌干达和坦桑尼亚8个国家直接受益。项目实施由四大部分组成：开发教育和培训课程与教材、培训教师培训者和教师、购置必要的信息与通信技术设备和实施项目的实时监测与评估。项目运作的主要形式包括召开项目制定实施研讨会，举办研讨班、培训班、学习考察等。实施主体为三方：捐助方（中国）、联合国教科文组织和项目国家政府。项目实施依照共同制订的项目文本，分批分阶段进行，在项目实施过程中不断总结经验和问题，随时调整和修正。首批项目对象国为埃塞俄比亚、科特迪瓦、纳米比亚三国，第二批为刚果（金）、刚果（布）、利比里亚、乌干达和坦桑尼亚五国。项目实施进程分为两个阶段：需求调查阶段和具体实施阶段。需求调查阶段主要是通过实地调研确定项目对象国重点教师教育（或培训）机构（TTIs）能力方面的优先领域、需要和挑战，形成需求评估报告。具体实施阶段通过 ICT 培训教师，提高教师使用该技术进行课堂教学的能力，进而增强主要教师教育或培训机构的能力，同时形成跨国家和区域网络，实现知识共享。

中非教育信托基金项目强调 ICT 对于教师教育发展的重要性。教师教育包括教师的职前培训和在职培训。在面向未来发展的教育改革中，教师作为教育实施要素的重要性日益凸显，教师教育在世界范围内获得了令人瞩目的发展。② 2014 年 11 月，国际教育成就评价协会

---

① UNESCO, "Project Proposal for 'Quality Teachers for EFA' UNESCO – Chinese Funds – in – Trust Project（CFIT）Enhancing Teacher Education for Bridging the Education Quality Gap in Africa," UNESCO, 2012.

② UNESCO, "EFA Global Monitoring Report 2015," *Education for All* 2000 – 2015: *Achievements and Challenges*, UNESCO, 2015.

（IEA）在比利时首都布鲁塞尔首次发布全球学生计算机与信息素养能力调查（ICILS）的结果显示，教师在信息通信技术（ICT）教学中普遍缺乏信心。因此，加强教师信息技术应用能力的培训至关重要且迫在眉睫。2015 年 5 月联合国教科文组织在中国青岛召开了教育信息化与 2015 后教育国际大会。在会议期间，中国与联合国教科文组织专门召开了题为"教师教育机构的转型——来自非洲的经验"的中非教育信托基金专题研讨会，总结了中国教育援非的经验，并就进一步利用 ICT 推动教师教育发展进行了深入探讨。

二　新举措的意义

如果说中非合作论坛为中非教育交流合作在多边领域的发展指明了方向，那么，中国政府在联合国教科文组织设立的援非教育信托基金就是中非教育交流合作在多边领域的首次实践。此举具有以下重要意义。

第一，中国－联合国教科文组织信托基金的设立有利于促进非洲教育事业的发展，弥补非洲发展人才不足的困境。2000 年以来的全民教育现状表明，教师素质对于提高教育质量至关重要。研究显示，如今全球教师的数量和质量及教师教育都面临着严峻的挑战。2012 ~ 2015 年，需要 400 万名教师才能普及初等教育：需要 260 万名教师替代退休、改行、死亡或因病离职者，需要 140 万名教师填补缺额，以应对入学不断增长的情况并使师生比保持在 1：40 以下。有些区域和国家所需的小学教师数量远多于其他国家。其中，面临最大挑战的就是撒哈拉以南非洲地区。[1]

---

[1]　UNESCO，"EFA Global Monitoring Report 2015，" *Education for All* 2000 – 2015： *Achievements and Challenges*，UNESCO，2015.

第二，中国－联合国教科文组织信托基金的设立有利于解决中国教育援非的现实问题，提高援助效率，促进中非合作的深入发展。中国－联合国教科文组织信托基金的设立在一定程度上规避了中国教育援非统筹机制欠缺、援非人员不足、效率和影响力有限以及未能惠及自身等一系列问题，借助联合国教科文组织实施教育援助项目的优势，将中国对非教育援助从双边推向多边，在应对面临的问题和挑战方面取得突破，从而有利于提高中国教育援非效率，突出中国对非教育援助对非洲教育、经济和社会发展所产生的积极作用。这必将促进中非合作的深入发展。

第三，中国－联合国教科文组织信托基金的设立有利于南南合作发展。中国－联合国教科文组织信托基金是南南合作的一个新形式。从国际政治经济局势的发展演变来看，发展中国家的相互支持在国际发展援助中扮演着日益重要的角色。中国在联合国教科文组织设立中非教育信托基金为加强南南合作提供了一个新的范例。

第四，中国－联合国教科文组织信托基金的设立将促进中非共同发展。21 世纪以来，中国和非洲国家面临着不同的发展需求。在2030 年可持续发展议程的框架下，中国和非洲国家需要进一步加强合作，推动共同发展。中非教育信托基金项目旨在重点提高撒哈拉以南非洲教师教育水平，缩小教育质量差距，推动全球教育目标的实现。中国利用联合国教科文组织这个多边智力平台来实施教育援非项目，表明自己的真诚和实现共同发展的意愿，更容易获得国际社会的理解和认可，提升国家软实力，促进中非共同发展。

第四章　中国－联合国教科文组织信托基金项目：机制与特点

自 2012 年中国－联合国教科文组织信托基金项目启动以来，从选定项目国家到项目国家进行需求调研，再到形成国家立项报告、具体实施项目计划以及进行项目中期评估，整个过程中，其良好的运行机制保证了援助工作的正常开展。

第一节　信托基金项目机制

本节通过对中国在联合国教科文组织的援非信托基金项目的组织和协调机制、项目目标和参与原则、运作流程和评估机制等的梳理和考察，探讨该项目运作的机制问题。

一　组织成员及职责与协调机制

本项目组织成员由三部分组成：联合国教科文组织各级实体、捐赠国中国和受援国国家项目工作组。①

联合国教科文组织各级实体包括总部机构、地区办事处和联合国教科文组织专业机构。联合国教科文组织总部机构主要负责项目运行

---

① UNESCO，"Project Proposal for 'Quality Teachers for EFA,'" UNESCO－Chinese Funds－in－Trust Project（CFIT）on：Enhancing Teacher Education for Bridging the Education Quality Gap in Africa，" UNESCO，2012.

的总体协调。联合国教科文组织驻受援目标国地区的办事处将促进项目的准备、执行以及定期对活动进行国家层面的审查，并负责向联合国教科文组织总部报告。达喀尔地区教育分局（BREDA）负责协调教科文组织在该地区的教育事务。该教育分局的具体职责以及非洲其他地区分局的职责，将按照撒哈拉以南非洲地区联合国教科文组织驻受援国办事处正在进行的改革措施予以确立。作为在撒哈拉以南非洲地区建立的能力建设专业机构，联合国教科文组织非洲能力建设国际研究所（IICBA）将向教师培训机构提供能力建设支持。其他联合国教科文组织教育机构，尤其是国际教育局（IBE）和国际教育规划研究所（IIEP）将视情况而定，受邀提供技术帮助、培训和应用研究。

捐赠国中国将对项目提供指导，尤其是通过联合国教科文组织的教师发展与高等教育司（ED/THE）的支持专家，使本项目在中非教师合作计划的框架下与其他进行中的活动保持一致。

受援国国家项目工作组。在每一个受援目标国，该国政府与联合国教科文组织在该国的驻地办公室经过磋商建立国家项目工作组。该项目工作组由该国负责师资培训的教育部官员、项目受援国参与管理机构的负责人和专家以及地方提供智力与物资资源的人士组成。受援国国家项目工作组的职责包括：收集元数据和信息；为加入磋商的利益相关方提供建议；评估现有教师培训机构、未来需求以及项目成效方面的工作；受援国项目活动计划、执行以及评估工作；宣传项目活动以及帮助提升项目成果。①

在联合国教科文组织总部，教科文组织的教师发展与高等教育司

---

① UNESCO, "Project Proposal for 'Quality Teachers for EFA', UNESCO – Chinese Funds – in – Trust Project（CFIT）on：Enhancing Teacher Education for Bridging the Education Quality Gap in Africa," UNESCO, 2012.

不仅具体负责项目设计与整体规划工作，而且负有协调各方的责任。其职责是：负责整个项目的启动、运转和验收，进行监控、评估与报告以及执行监督；确保不同国家内项目执行的整体协作与交流以及与捐赠国、国家工作组、相关联合国教科文组织各级实体以及其他主要的合作伙伴的协调工作，并寻求与全民教育能力建设计划（Cap EFA）项目互补；提供、调动并协调对受援目标国项目的技术支持；组织地区活动，促进不同目标国之间以及与其他国家之间的知识分享；与相关网络和合作伙伴建立协同合作，尤其是与全球教育合作组织、联合国儿童基金会（UNICEF）、国际劳工组织（ILO）、世界银行、法语国家国际组织（OIF）、英联邦秘书处、全民教育教师国际工作组、非洲联盟、非洲教育发展协会（ADEA）以及非洲开发银行等组织的协调与合作；基于项目活动实际情况，充当创造与分享知识的交换机构；向其他联合国教科文组织的机构与相关国际合作伙伴宣传本项目。驻受援国办事处将确保与其他机构在目标国所从事的类似活动保持协作，并寻求协调与合作。

　　在每一个相关的驻受援国办事处，国家项目的工作重心将指定专注于受援目标国所有项目活动的准备、组织以及协调（包括项目评估），与联合国教科文组织总部的教师发展与高等教育司进行磋商；监控计划项目活动的日常运行情况，并定期提交项目进展报告，包括分析实地情况并向联合国教科文组织做必要的反馈；在目标国项目工作组成员之间以及国家工作组与联合国教科文组织之间定期进行交流；宣传目标国的项目，确保对当地主要的利益相关方的适当透明度；收集第一手信息和最佳实践数据，为项目成果归档服务。为了履行上述任务，相关驻受援国办事处将受到额外资源的充分支持。管理准备将与业已就绪的其他预算外项目的管理相同（如 Cap EFA、GEMS 等）。项目专家将在联合国教科文组织教师发展与高等教育司指导与监督下进行工作，其职责包括制定项目规划与设计项目框架；参与相关的规划、执行、监控并报告工作；为项目执行活动的复审做准备；与中国当局就项目相关事宜进行联络。本着南南合作的精神，中国在师资培训方面的经验将用于进一步加强本项目的执行活动，包括中国在联合国教科文组织的教席和教师相关事宜的专用奖学金，以及其他的相关网络、资源和中国更多潜在赞助单位。①

二　项目目标与选择受援国的标准

中国援非信托基金项目的具体目标有四。一是通过提高所有受援国现有的主要教师教育/培训机构的能力，提供优质岗前教育计划，从而尤其是通过信息通信技术支持的远距离通信计划，提高合格教师的供应能力；二是通过加强主要教师教育/培训机构的能力，支持在职教师的职业持续发展，尤其是通过混合学习的模式与计划，在这些领域成功提升信息通信技术支持的创新；三是通过加强主要教师教育/培训机构的能力，为师资培训人员和教师提供使用信息通信技术的能力，从而提高教育与学习的质量；四是通过对主要教师教育/培训机构的网络提供支持，以实现政策制定者、机构领导以及其他利益相关方在战略和实践方面分享知识。

根据联合国教科文组织的经验，解决合格师资短缺问题需要采取多管齐下的方法，在师资培训、招募、社会地位、工作条件以及收入报酬等方面给予良好的政策。教师培训机构通过岗前培训和在职培训两种方式，在师资准备中发挥着重要作用。许多发展中国家亟须强化

---

① UNESCO, "Project Proposal for 'Quality Teachers for EFA', UNESCO – Chinese Funds – in – Trust Project（CFIT）on: Enhancing Teacher Education for Bridging the Education Quality Gap in Africa," UNESCO, 2012.

它们的师资政策。与此同时，它们的教师教育机构也常常缺乏培养合格规定数量教师的能力。大量研究表明，许多发展中国家的能力问题主要与制度和组织构架相关，而不是个人的问题。很多例子表明，尽管教师个人的资格和技能已经通过学习和海外培训得到了提高，但这对提高国家机构的效率与能力毫无作用。因此，中国－联合国教科文组织信托基金项目将通过相关机构、行业主管部门和主要教师教育/培训机构的组织结构、工作人员技巧与能力以及作为支持资源的能力（如知识库）等四个方面来应对能力发展问题。① 联合国教科文组织将通过各种措施（如 Cap EFA）以及与一些伙伴的合作（TE-FAS、GEMS 等），力图鼓励与支持各国政府制定恰当的师资政策。本项目将专注提高师资培训机构的能力，以提供数量充足的合格教师，从而实现全民教育的目标。

为保证项目目标的实现，中国援非教育信托基金项目对受援目标国的选择是有标准的。第一，对项目受援目标国的选择重点是考虑那些因师资短缺、教师能力低下和/或无力为教师提供支持而严重阻碍实现全民教育目标的国家，尤其重点考虑联合国教科文组织计划中的撒哈拉以南非洲国家以及与中国有发展合作关系的国家。第二，为了确保项目运作的成功，即取得实际效果，在选择受援对象国时，优先考虑那些已经采取行动解决教师培训与发展问题的国家。所执行的标准将依据这些国家现有的相关国家行动计划或项目以及有效管理和协调本项目的机构能力而定。

为了便于指导目标国的选择，依据上述标准，项目组首先对适用

---

① UNESCO，"Project Proposal for 'Quality Teachers for EFA'，UNESCO – Chinese Funds – in – Trust Project（CFIT）on：Enhancing Teacher Education for Bridging the Education Quality Gap in Africa，" UNESCO，2012.

性做出初步评估，提出一份 14 个优先国家的名单：乍得、科特迪瓦、刚果（金）、埃塞俄比亚、厄立特里亚、尼日利亚、南苏丹、赞比亚、布基纳法索、几内亚、马里、尼日尔、卢旺达和莫桑比克，然后与中国协商后再最终确定。

本项目的主要活动形式包括能力建设讲习班、训练及研讨会、考察团、地区会议和知识分享以及提供信息通信技术与服务。项目的主要受益方和直接受益方是目标国教师培训机构、有关政策制定者以及教育行政/管理人员，最终受益方是目标国的教师及学生。①

三 项目管理与评估机制

为了确保项目实施措施的效率，联合国教科文组织从类似项目中汲取经验教训，在整个项目实施中规定了大量管理原则，以对项目运作实施有效管理。

第一，为了确保国家的所有权，目标国的教育部门负责本项目的执行、指导和管理工作，并且从项目设计阶段开始在项目整个周期全程参与项目运作。联合国教科文组织支持参与国对它们的师资培训政策/战略进行有效的领导，协调相关计划，包括那些由外部合作伙伴提供资金的计划。

第二，专注于国家能力的构建。联合国教科文组织始终对目标国能力发展目标与战略提供支持，充分利用目标国的现有能力。与此同时，联合国教科文组织还利用成功的最佳实践并调动其自身的专门知识与网络，如联合国教科文组织教席，引入包括来自中国的国际经

---

① UNESCO, "Project Proposal for 'Quality Teachers for EFA', UNESCO – Chinese Funds – in – Trust Project (CFIT) on: Enhancing Teacher Education for Bridging the Education Quality Gap in Africa," UNESCO, 2012.

验，从而提供相关的技术支持。此外，考虑到提供世界级专业知识，联合国教科文组织创建了一个由师资教育领域以及信息通信技术、性别、课程和学习材料开发方面的相关专家构成的国际专家人才库。项目的不同阶段将调用专家库中最适合的专家参与工作。

第三，项目根据目标国家的教育系统的实际情况与需求而量身定制，尤其是与课程和计划相关的内容，从而确保计划开发与目标国实际需要的关联性。通过与受益政府的密切沟通，联合国教科文组织和捐赠国还努力调动其他合作方以加强本计划的影响与服务范围。

第四，在项目设计与执行上采取参与式方法，鼓励相关政府部门、教师工会、家长联盟、开发合作伙伴以及其他利益相关方参与。

第五，网站、电子时事通信以及社交媒体将用于推动交流（出于节约成本的目的），并提高本项目活动、获得的成绩和经验教训以及在国家和世界层面的透明度的影响。

项目结束时，教科文组织聘请外部评审员对中国教育信托基金项目实施进行总体评估。目标国家预期收获的项目成果应包括：①通过加强现有的或新制定的信息通信技术支持的远距离培训计划，提高现有主要教师教育/培训机构的能力；②建立起了完善的计划，通过混合学习的模式与计划支持，实现在职教师的职业持续发展；③提高了教师培训机构的能力，开发了面向岗前教师的信息通信技术项目，并且提高了教师培训人员通过教育信息通信技术执行培训的能力；④加强了机构领导、政策制定者以及其他利益相关方之间的知识分享和联络，改善了政策和/或实践，为教师教育/培训机构创造了适宜的运行环境。①

---

① UNESCO, "Project Proposal for 'Quality Teachers for EFA', UNESCO – Chinese Funds – in – Trust Project（CFIT）on：Enhancing Teacher Education for Bridging the Education Quality Gap in Africa," UNESCO, 2012.

第二节 信托基金项目的特点

中国对非教育信托基金项目的实施，与其他教育援助相比，表现出了推动中国教育援非本土化发展、推动中国教育援非机制化建设、满足非洲发展需求、加强非洲能力建设等四个方面的特点。

一 推动中国教育援非本土化发展

发达国家是最早对非洲提供教育援助的。二战后几十年来，其援助的资金非常可观，然而收效甚微。援助非但没有促进受援国的经济社会发展，相反地使受援国成为援助的奴隶，滋生了严重的政府官员的腐败，失去了独立自主和自由发展，援助的结果竟然是援助方比被援助方受益更多，不少非洲国家因此跌入了更加严重的贫困之中。[①]究其原因，最根本的就是援助方没有根据非洲受援国的需要来提供援助。尤其是冷战时期，发达国家对发展中国家实施发展援助的目的不是促进发展中国家的发展，而是通过援助影响受援国政治经济，甚至完全左右发展中国家的社会发展方向，以实现发达国家本国自身的利益，发展援助完全成为美苏拉拢友好国家的手段。[②]可见，实施发展援助的发达国家与接受援助的发展中国家对于援助实施的效果有不一样的期待。随着经济全球化的快速发展，发展中国家独立自主的发展意识更为强烈，对于发达国家提供的援助持有更加审慎的态度。

---

① 〔赞比亚〕丹比萨·莫约：《援助的死亡》，王涛、杨慧等译，刘鸿武审校，世界知识出版社，2010，第35~37页。

② 〔赞比亚〕丹比萨·莫约：《援助的死亡》，王涛、杨慧等译，刘鸿武审校，世界知识出版社，2010，第10~11页。

中国教育援助主要包括提供教学物资、修建教学楼、招收非洲国家奖学金学生、选派学科志愿教师、加强高校间的合作研究以及开办培训班促进非洲国家人力资源培养等方式。近年来，随着中国针对非洲国家职业教育培训、汉语教学以及其他培训项目日益增多，非洲来华留学生数量迅速增长，中国开始把教育援非的重点放在对非洲国家教育管理能力的提高和师资力量的培训上。如教育部与商务部于2008年设立了"发展中国家培养硕士人才项目"。截至2016年，该项目共接收了来自43个非洲国家的450名学员。又如教育部与外交部于2013年合作设立的"来华留学卓越奖学金项目"，由中国政府奖学金专项经费资助，2014~2015学年面向非洲国家政府部门司局级领导干部、教学科研机构或相关行业的高级管理者首次招生，首批共接收来自埃塞俄比亚、博茨瓦纳和坦桑尼亚等三国的9名学员。

为确保援助项目符合当地的实际需要和可持续性发展，中国-联合国教科文组织信托基金项目从始至终贯穿了本土化和自主性原则。第一批三个受援国的项目实施在接近尾声时，进行了中期评估。从评估情况来看，培训材料及课程模块的研发和使用能够结合非洲国家的本土实际，提高了本土培训人员对于ICT的独立运用能力，培训成效显著。项目国家一致认为有助于长期培训合格教师，提高教学质量，促进本国的经济社会可持续发展。有利于吸引本土有关机构和专业人士的全面参与，推动当地教师教育培训机构的能力建设。例如，科特迪瓦项目迄今已完成对93位ICT项目经理的能力培训，出台了10个培训模式，并进行了7次培训中心教师技术能力培训。[1] 埃塞俄比亚项目强调项目发展的可持续性，项目实施中，确保所提出的项目解

---

① UNESCO，"Final Report of Implementation Phase of Côte d'Ivoire，Ethiopia，Namibia（CFIT），" UNESCO，2016.

决方案使用埃塞俄比亚的当地资源，让埃塞俄比亚人参与项目的所有阶段，由当地团队实施项目并推动可持续发展。纳米比亚项目组则通过自下而上的调研，注重收集参与培训教师的反馈信息，经过数次研讨和调试，最终形成本土教师需求培训模型，将在下一步投入使用。

二　推动中国教育援非机制化建设

如何统筹协调教育援助的资源、强化各方人员的责任感、制定合理的教育援助管理和实施方案以及完善教育援助项目评估制度等，这些都是教育援助制度构建的重要内容。国际社会在实施教育援助方面已经积累了一些经验。对于中国来说，为了实施有效的教育援助，构建完善的教育援助制度势在必行。

中非合作论坛为中国教育援非的机制化建设构建了平台。

首先，建立了高层交流机制。自 2000 年中非合作论坛建立以来，在中非合作论坛的框架下，中国与非洲国家的教育交流合作基本围绕论坛来扩大规模、拓展领域和提高层次。有了高层领导的重视与推动，平时解决不了的难题，往往可以迎刃而解，从而在一定程度上对中国教育援非资源进行了整合和综合利用。

其次，推进了援助机构的建设。中国教育援非的内容丰富，领域较广，涉及了外交部、商务部、人社部和教育部等多个国家部委以及参与中非合作的相关企业等。由于中国教育援非机制建设尚未完成，难免出现程序繁杂、重复劳动，浪费人力和财力等问题。中非合作论坛等形式将中国教育援非从国家层面推向国际层面，借用国际社会的力量，推进对非合作，提高了中国的影响力。

中国－联合国教科文组织信托基金的设立对中国教育援非机制化发展起到了良好的示范作用。主要反映在以下三个方面。

首先，项目组织与协调机制化，有效整合了各方力量。该基金项目通过国际组织具体实施，中国政府各相关单位整合成了一个捐赠者，避免了权责的重叠。同时，该项目针对8个非洲项目国家，在资源使用上整合与分化相结合，避免了项目单个化的零散和低覆盖率。8个项目国家之间相互交流学习，形成有效的项目网络，扩大了影响面，辐射到周边。通过加强该项目的组织协调机制，各项目组相互联系又相对独立。

其次，项目管理与实施规范化，提高了管理效率。该基金项目在统一的协议框架下具体实施，项目管理较为规范。针对中国教育援非在项目管理和实施等方面的问题，该项目充分学习和借用教科文组织既有的项目管理和实施机制，在项目运作流程和协调机制等方面有了较大突破。根据项目实施有关规定，严格按照前期调研、形成国家项目文件、具体实施的流程开展项目。

再次，项目评估程序化，保障了实施的质量。鉴于参与该项目第一阶段的8个国家分两批加入，第一批3个国家在2015年底项目结束时进行该项目的中期评估，以给第二批的项目国家提供参考和借鉴。评估机制的建立有助于在项目实施过程中进行回顾和展望，保障了实施的效率和质量，促进了项目的可持续发展。

最后，资源的有效整合利用，扩大了项目的效果。该基金项目调动了相关部委、地方政府、研究机构、高校和私营部门等共同参与此项目的积极性。例如，该基金项目着重通过ICT项目推动非洲教师教育发展，项目国家受邀参加了2015年5月在中国青岛举办的国际教育信息化大会。会议期间，中国与联合国教科文组织专门召开了题为"教师教育机构转型：来自非洲的经验"的中非教育信托基金专题研讨会，总结了中国教育援非的经验，并就进一步利用ICT推动教师教育发展进行了深入讨论。为了增强项目国家之间的交流互动，信托基金项目国家之间开展了轮流组织学习考察活动。第三次活动于2015

年 9 月在北京举办，同时还参加了中国举办的国际妇女与女童教育论坛，加强相互交流学习。另外，中国政府长城奖学金也向该信托基金项目国家开放，专门为它们组织有关 ICT 在教学中的应用以及开设教师教育培训方面的课程。

三　满足非洲发展需求

发达国家对非洲国家的援助历史长，资金数量大，然而，半个多世纪的援助实践表明，单纯的经济援助未必能够达到帮助受援国发展本国经济、摆脱贫困、走上发展致富道路的目的。发展中国家的实践一再表明，国家的发展必须依靠自己的力量，依靠本国的人力、智力来规划国家的发展战略，制定发展政策，使发展援助资金为国家的发展战略和目标服务。因而，通过培训加强人才培养和提高技能水平逐渐成为国际发展援助的一个新举措和重要内容。教育援助可以推动发展援助向深层次发展，真正推动受援国自身的可持续发展。

首先，自 20 世纪 80 年代起，非洲国家就被欧美发达国家提供的有条件的援助所禁锢，就像当年"接受马歇尔计划的援助对象需要服从美国制定的一系列严格的条件"一样，要么接受条件得到援助，要么放弃接受援助的机会，[①] 他们没有其他选择。在教育领域，援助条件更多的是与国家体制建设有关，或者说是与国家治理有关。欧美发达国家给予非洲国家教育援助的同时要影响受援国的教育体制建设甚至教材的编制等。这些条件不但没能满足非洲国家自强自立，需要建立健康的教育体制的需求，反而干预了这些国家教育发展的正常秩

---

① 〔赞比亚〕丹比萨·莫约：《援助的死亡》，王涛、杨慧等译，刘鸿武审校，世界知识出版社，2010，第 27 页。

序。说到底，是这些发达国家借机输入自己的意识形态，通过教育文化等软实力来影响受援国的青年一代。

其次，欧美发达国家对非洲国家的援助更多的是满足自身的需求。从援助的历史来看，欧美发达国家对发展中国家实施援助就是为了进一步从政治、经济和教育文化上控制发展中国家，只是教育援助表现得比较温和隐蔽。欧美发达国家通过这种隐蔽的方式继续影响发展中国家的新一代。更为突出的是，在教育援助项目的实施过程中，欧美发达国家一方面不断输入自己的意识形态，全然不考虑非洲国家的发展需求；另一方面，欧美发达国家以非洲国家项目实施能力差为由，通过中间的咨询机构或公司来实施教育援助项目，而这些咨询机构或公司都是来自发达国家或受发达国家控制。据调查，欧美发达国家给予发展中国家的教育项目援助资金 90% 以上以各种形式回流到了援助国本身。所以，欧美发达国家对非洲国家的教育援助既没有在帮助非洲国家教育发展方面取得成绩，也没有将援助资金真正用在非洲国家发展教育事业上。事实上，欧美发达国家的教育援助资金只是从这些国家到非洲国家走了一圈，便从它们的一个口袋进入了另一个口袋而已。

某些国际组织实施的援助项目也未必满足了非洲国家发展的需求。在国际发展援助中，有一些援助项目是由国际组织操作实施的，但反映的是发达的援助国的利益。就世界银行而言，它本身是由发达国家主导的国际机构。通过它实施的涉及多领域的官方发展援助更多的仍是发达国家与发展中国家玩的一个游戏，大部分援助资金的使用与最初的援助计划是不相符合的。2015 年是千年发展目标结束之年，2015 年 9 月在纽约召开的联合国发展峰会上正式通过了 2030 年可持续发展议程。就援助而言，针对 2030 年可持续教育目标的实现，隶属于世界银行的全球教育合作伙伴关系（Global Partnership for Education，GPE）适时成

立，将进一步结合 2030 年目标实施官方发展援助计划。① 值得注意的
一点是，在教科文组织数次关于《教育 2030 年行动框架》计划的讨
论中，大部分会员国（尤其是发展中国家）反对将全球教育合作伙伴
关系纳入行动框架的指导小组中。但是 GPE 的代表却执意坚持要参
加指导小组会议，以了解《教育 2030 年行动框架》的实施情况并以
此作为实施官方发展援助的依据。

　　然而，同样作为发达国家和援助国的日本，在国际发展援助问题
上却较少引起争议。原因在于以下几点。

　　其一，"教育乃最廉价的国防"是日本战败后坚持的教育信条。在
开展国际发展援助方面，日本也充分注意到了教育的价值。日本认为本
国教育的百年历史经验可以与今天的发展中国家共享，为发展中国家所
用。因此，教育援助是日本开展国际合作与交流的重要形式之一，也是
其利用"软实力"开展全方位外交和实施国际援助的一个重要领域。②
日本在 1960 年便参加了在卡拉奇举行的基础教育国际援助会议。2002
年，日本在约翰内斯堡举行的"可持续发展世界峰会"上倡议制定《联
合国可持续发展教育十年计划（2005～2014 年）》（United Nations Decade
of Edmation for Sustainationable Development（2005～2014 年），UNESD），被
联合国安理会采纳，并于 2005 年 1 月由联合国宣布正式启动。为此，日本
积极地推动《联合国可持续发展教育十年计划（2005～2014 年）》的执
行，在联合国教科文组织建立了《联合国可持续发展教育十年计划
（2005～2014 年）》的信托基金，用于支持计划的实施。2003 年 10 月，
日本成立国际合作署（Japan International Cooperation Agency，JICA，亦

---

① UNESCO，*"Education 2030 Framework for Action： Towards Inclusive and Equitable
Quality Education and Lifelong Learning for All,"* UNESCO，2015.

② 沈雪霞：《日本国际教育援助的发展现状》，《世界教育信息》2009 年第 10
期，第 24 页。

称国际协力机构），是直属日本外务省的政府机构，专门从事面向海外的各种援助活动，现已成为世界最大的双边援助机构。日本国际合作署在150多个国家和地区开展工作，有大约100个海外事务所。在日本政府官方发展援助活动中，除向国际组织出资外，日本国际合作署承担着技术合作、日元贷款及无偿资金援助等两国间的援助工作（如图4－1所示）。对于2015后或全民教育以及千年发展目标之后，日本国际合作署侧重素质教育、教育机会以及小学以上程度的教育。

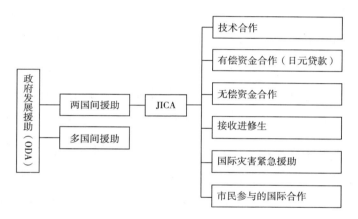

图4－1　JICA组织架构图
资料来源：日本国际合作署中华人民共和国事务所。

其二，日本将教育援助作为提升其国际声望的途径。从以上事实可知，日本对于援助非洲的教育不遗余力，并且取得了一定的国际声望。而欧美发达国家则广受非洲国家批评。因为美国明确指出其官方发展援助是为了国家利益，作为一种政治工具强势介入。北欧国家和加拿大强调人权的同时采取了更人性化的方式。法国更看重其文化的渗透以及前殖民地地区的经济保障。相比较而言，日本更重视与非洲国家关系的和谐，鼓励受援国自救，教育援助更多地被日本政府作为其联合国外交的工具——成为安理会常任理事国，非洲则是其实现目标的重要票箱。可见，日本的对非援助也是其实现自身利益的重要手段。在 20 世纪 80 年代，主要的捐助国推动了"声名狼藉"的结构调整，并试图让受援国将官方发展援助与人权和民主的发展挂钩。

　　然而，中国作为一个崛起的新的援助者，并没有以民主、人权、良治作为条件要挟非洲国家。这使受援国有了另一种选择，而使得传统援助大国处于两难的境地。例如，北欧国家和美国在对非教育援助中所设置的民主、良治等政治条件越来越不受欢迎。日本则在各援助国之间选择了相对中立的策略，以保证不偏离其援助初始的政治和外交方向。同时，日本将经济援助作为主要领域，而对基础教育缺乏经验和存在语言障碍等一些现实原因限制了日本基础教育发展援助。在参与国际合作中，中国是最大的新兴国家，其积极促进许多国际发展会议的召开，并在发展中国家以看起来更自然的姿态进行资源的开发，几十年来对非洲的经济和工业方面的援助，使中国在非洲的快速而大量的投资受到欢迎。与此相反的是，日本的援助在政府部门需要耗时的程序，却可能只得到有限的资金安排。官方发展援助在日本很少有全国性的讨论，因为缺乏讨论平台。在这一领域，公众参与有限，人们对支出更加敏感，媒体时常指责官方发展援助的不当使用，例如关于受援国政府官员及日本志愿者的丑闻。正因为如此，日本国际合作署不久前将"多元文化共荣社会"这一目标纳入官方发展援助之中。不过，由于提升日本国际化水平和全球影响力的意识在日本社会有着广泛的民众基础，日本政府能够继续在未来的国际合作中获得本国公众支持。主要基于两点考虑：一是日本社会正趋于全球化。另一点则是 2011 年 3 月发生的大地震和引发的海啸，得到了来自世界各地的大量支持和捐款，使人们产生了强烈的国际合作的意愿。①

---

　　①　Hideki Maruyama, "International Cooperation in Education by Japan," 2012, https://www.nier.go.jp/English/educationjapan/pdf/201209IEC.pdf.

　　从日本在联合国教科文组织设立的信托基金来看，首先日本信托基金是一揽子计划，涉及教育、社会科学、自然科学、文化和信息传播等各个领域。[①]　其次，日本信托基金项目主推日本本国强调的可持续发展理念，共同组织世界可持续发展教育大会、设立可持续发展教育大奖等，以促进广泛的公共和私营利益攸关方积极参与教科文组织领导的可持续发展教育全球框架。可以说这是与本国自身关切紧密联系的。再次，日本信托基金项目更多的是与教科文组织的相关项目结合起来实施的。比如日本信托基金出资共同宣传或进行可持续发展理念方面的知识灌输，利用教科文组织的专家力量和执行渠道来推进某一可持续发展项目，所以日本在教科文组织设立的信托基金也并非为了满足非洲国家的现实发展需求，更多的还是日本自身国际地位的发展需求。在 20 世纪 90 年代之前，日本的援助重点还只是在东南亚地区，这与日本自身的安全考虑和利益所在地有关。而进入 90 年代之后，日本与非洲国家的贸易额大幅上升，日本对非洲国家的贸易顺差引起了非洲国家的不满。于是日本开始对非洲国家实施援助项目，其中包括教育援助。但是有关数据表明，日本所援助的非洲国家大多集中于资源丰富的国家。所以，日本对非洲国家的援助更多的是考虑自身发展对于非洲地区资源的需要和非洲国家在国际社会对自己的支持。日本通过联合国教科文组织等国际组织实施教育等领域的援助项目，一方面是由于有本国人担任教科文组织总干事职位而大力推动了日本资金和员工的进入，另一方面是因为日本政府希望通过国际组织的多边平台弱化援助的意图，赢得国际社会的赞誉，提升日本的软实力。事实证明，日本信托基金在教科文组织的设立是成功的，潜移默化地影响着教科

---

① UNESCO，"UNESCO Executive Board Document 197/4 Part Ⅱ，" 2015，http：//unesdoc. unesco. org/images/0023/002343/234357e. pdf.

文组织在教育、科学和文化等领域计划的实施，凸显了日本的关注重点。

中国对非洲国家的教育援助与发达国家的出发点截然不同。由于中国与非洲国家同属发展中国家，有着相似的历史经历和现实的发展任务，有着广泛的共同利益，中非之间建立了长期稳定、真诚友好、全面合作和平等互利的伙伴关系。① 在教育领域的合作中，中国一直关注非洲国家教育发展需要，从接收留学生、派遣志愿者，到修建学校、提供教学物资以及加强高校共同研究和开设专业培训班等，基本上属于无偿援助范畴，尤其缺乏非洲国家自身的全面参与。在合作共赢、讲求实效的对外援助战略下，此类项目的设立过程，应在保持中国对非援助传统和初衷的同时，合理应用社会交换理论。

中国－联合国教科文组织信托基金设立的出发点就是为了加强非洲国家的能力建设，推动该地区的可持续发展。尽管非洲大陆一直是发展援助的重点资助地区，但是该地区贫困依旧，甚至有的国家发展形势每况愈下。这说明，单单依靠发展援助是无法使非洲国家真正走出贫困的。非洲国家的最终腾飞需要加强自身能力的建设。满足非洲国家的发展需求，在该信托基金项目的设计和实施中，得到了进一步的充分体现。例如，该信托基金项目在前期花了大量的时间、人力和物力在项目国家进行实地调研，以准确掌握各项目国家的国情、需求以及项目实施机构的具体情况，从满足项目国家发展需求的角度出发来设计项目和实施项目。在后来的访谈中，参与前期实地调研和项目文件起草的教科文组织教育部门的官员都由衷地感叹，跟其他项目相比，这个项目在前期花了很长时间做调研，后来发现这是非常重要的准备工作。正是因为前期工作的认真、仔细和全面，才得以出台准确

---

① 《中国对非洲政策文件》，《人民日报》2006年1月13日，第3版。

反映当地情况和期望的项目文件，并且在后期的项目实施中能够得到项目国家从上到下的大力支持，项目实施非常顺利。项目国家从一开始就全面参与了该项目的筹备工作，它们认可项目目标和实施手段，同时对项目成果充满期待。根据前期调研的具体情况，教科文组织项目专家和项目国家参与专家共同研讨，确定项目实施重点。

第一批三个项目国家很具有代表性。科特迪瓦确定了加强 ICT 项目经理培训为项目重点，埃塞俄比亚确定了以配合开放远程学习方案来完成培训课程的研发为项目重点，纳米比亚确定完成教师培训需求模型为项目重点。在科特迪瓦的项目实施中，围绕其项目重点召开了数次培训研讨会，聚集有关部委、地方当局、培训机构和 ICT 项目专家等，反复对项目实施内容进行讨论，以确保项目实施真正反映了项目国家和成果使用者的需求。在埃塞俄比亚的项目实施中，奔着埃塞俄比亚最终建立开放远程学习平台的目标，配合培训课程的研发，组织了多次研讨会，广泛收集教育部官员、地方教育局官员、教师教育培训机构老师、中小学教师及项目专家的意见和建议，以确保培训课程对于当地的实用性。在纳米比亚的项目实施中，为了确保教师培训需求模型的代表性，14 个地区的 28 所小学全程参与了该项目的实施，除了教育部门官员、大学教授、中小学及其他利益相关方多方参与的研讨会，项目组还将项目成果返回到参与项目的 28 所小学来进行验证和修订，① 以充分契合当地的环境和需求。

评估过程和资源整合利用体现了以满足非洲国家发展需求为出发点。在项目中期评估中，教科文组织聘请的外部评估专家还亲自赴项

---

① UNESCO, "Final Report of Implementation Phase of Côte d'Ivoire, Ethiopia, Namibia（CFIT），" UNESCO，2016.

目国家进行实地调研，其中该项目与项目国家实际需求的契合度将是评估重点之一。另外，为了进一步整合中国对非教育援助资源，使该信托基金项目的成效最大化，经中国国家留学基金管理委员会（CSC）和华东师范大学协商，中国政府长城奖学金于 2016 年开放给项目国家。长城奖学金计划为教师量身定制的高级培训课程的内容侧重于教育政策、规划和管理、教师发展，特别是信息和通信技术相关的知识和技能。在华学习时间为两个学期。

通过以上对比和分析不难发现，该信托基金项目从设立的初衷到具体实施，从前期调研到项目文件的拟定，从项目实施到项目评估，项目国家的实际需求贯穿始终。

四　双边与多边结合，加强非洲能力建设

中国在教科文组织设立的信托基金项目是中国教育援非从双边走向多边的开创性实践。实施的该基金项目与在双边实施的援非教育项目有以下几方面的区别。

第一，实施者不同。双边项目实施的主体是中国，接受项目实施的是非洲国家。而中国信托基金项目是在教科文组织多边平台实施，实施协调方是教科文组织，具体项目实施由各个项目国家的项目组来进行。项目组成员包括项目国家政府、项目国家教育机构、项目国家专家、教科文组织专家和中国专家等。在这个项目组里，中国专家只是参与者之一，并不主导项目的实施。教科文组织的专家也主要起协调沟通和指导的作用。该项目更加强调当地参与者对于项目实施的主导性和对项目发展的掌控权，以此来推动项目在当地的可持续发展。

第二，管理者不同。双边项目的管理者主要是项目实施者及中方人员，当然也有当地人的参与。但中国信托基金项目管理者的角色有

着不一样的分工。总体上，项目由项目小组负责管理，每个项目国家有专门的项目官员。分层来说，该项目在当地的实施有当地政府的支持，有教科文总部驻受援国办事处的协助，有中国驻外机构的帮助；在教科文总部层面，教科文总部机构对定期项目财务状况和项目具体实施进行监测管理，收集实地项目报告，召开专家研讨会，并把指导意见反馈到项目国家。

第三，实施机制不同。双边项目的实施机制主要直接依靠非洲国家的合作伙伴，比如与教育部开展的项目依托教育部，与高校开展的项目依托高校。而这个多边项目的实施机制注重协同一致，更加灵活和复杂。项目实施不但寻求与政府的计划和工作的协同一致性，还与当地的合作伙伴保持密切沟通，支持教师培训机构通过 ICT 加强能力建设。① 这是为了确保该项目与该国现有的类似的计划不重复，并且努力改进已有的计划。例如在埃塞俄比亚，中国信托基金项目是联合国发展援助框架行动计划（2012~2015 年）更广泛计划的一部分。

第四，评估机制不同。双边项目的评估机制一直有待进一步完善，因为双边项目由中方主导实施，最终还由中方来负责进行评估或总结，难以充分反映客观实际。但是这个信托基金项目在教科文组织平台实施，严格按照教科文组织的有关规定开展监测和评估活动。教科文组织有关部门聘请外部评估专家于 2015 年底主要针对第一批三个国家进行该项目的中期评估。这个评估结果得到了国际社会的更多认同，并能进一步推动该项目在项目国家的可持续发展。

---

① UNESCO, "Project Proposal for 'Quality Teachers for EFA' UNESCO - Chinese Funds - in - Trust Project (CFIT) on: Enhancing Teacher Education for Bridging the Education Quality Gap in Africa," UNESCO, 2012.

第五，资金运作不同。双边项目的资金由中方直接向非洲国家提供，资金运作和管理都是按照中方的既定方式进行的。而这个信托基金项目的资金运作主要在教科文组织平台上，按照教科文组织的财务规定严格进行预决算申报和审核等流程，教科文组织还定期对项目国家的项目经费使用情况进行监测，总体上是透明和规范的，确保项目经费真正用于项目实施。同时，该项目与中国在教科文组织的其他合作项目的资金也有较好的协同使用。例如，惠普资金协助用于支持 6 个项目国家的在线培训平台的建设，进一步整合利用了中国政府部门与私营部门的资源，扩大资源利用效益。

第六，智力支持不同。双边项目更多的是依靠中非双方以及与双方有合作关系的智力资源，而这个信托基金项目的实施获得了教科文组织强有力的智力支持。信息交流、知识生产和传播是联合国教科文组织的主要功能之一，这一优势也充分地在该信托基金项目中得以体现。例如，通过教科文组织和各国专家的共同努力，每个项目国家的教师培训材料都得以审查、改进和出台。这些材料在教师培训课程中得以制度化、数字化，并放到了网络培训平台上，使没能参加项目的教师教育者和教师也能够获益。

从发达国家对非洲等发展中国家实施发展援助的动机和现状来看，发达国家更多的是从自身关注的角度出发考虑对非教育问题，没有深入了解和关注非洲的切实需要，并未从根本上推动非洲国家的能力建设。因此，尽管发达国家对非洲国家提供了不菲的发展援助，但这些援助的结果是"援助取代了非洲人的自我管理，造成了外来者试图控制非洲命运并在非洲发号施令的局面"。[1] 对于大多数国家来说，

---

[1] 〔赞比亚〕丹比萨·莫约：《援助的死亡》，王涛、杨慧等译，刘鸿武审校，世界知识出版社，2010，第 46 页。

援助驱动的干预导致的一个直接后果是它们急剧跌入贫困。"在过去60年里，非洲虽然获得了超过1万亿美元的援助，但这些援助并没有显示出太多的好处。"①

　　中国在对非教育援助中，根据非洲的需要和要求，与非洲国家签署了一系列合作协议，以支持和推动非洲国家教育体制的建设，提升非洲国家的教育能力建设，并不断拓展中国和非洲国家之间交流合作和人才培养的合作空间。截至2016年，中非共签署近20份教育合作协议，中国与埃及、喀麦隆等国签署了4个学历学位互认协议。中国还积极推动与南非签署教育合作协议和学历学位互认协议。2010年6月，在教育部第八次对发展中国家教育援外工作会议上正式启动"中非高校20+20合作计划"。2011年10月，教育部与联合国教科文组织合作，共同举办教科文组织－中国－非洲大学校长研讨会，利用国际组织平台扩大了合作影响力。中国上海海事大学与中西非地区海事大学在加纳成功举办合作办学项目。另有坦桑尼亚、埃及等国提出拟邀请中国高校开展合作办学等请求。中国和非洲国家通过中非合作办学、境外办学等形式加强双方的教育合作与交流，有利于促进教育对外开放，同时，中非高校校际合作、师生交流等活动也进一步带动了非洲高校的能力建设和国际化水平。

　　中国－联合国教科文组织信托基金项目在非洲项目国家实施的成效证明了中国教育援非项目对非洲国家能力建设的推动作用。首先，该信托基金项目国家均表示，ICT在教育中的应用非常重要，这是时代发展的需要，如果现在不抓紧发展，今后将更加落后。他们认为，ICT在教育中的应用能够加强知识的流动，能够扩大受教育渠道，能

---

① 〔赞比亚〕丹比萨·莫约：《援助的死亡》王涛、杨慧等译，刘鸿武审校，世界知识出版社，2010，第33页。

够提高教师素质，能够提高教育质量。所以他们对于该信托基金项目强调 ICT 在教师教育培训中的作用是非常欢迎的。其次，对于项目的具体实施，项目国家认为这本身也是一种能力建设。因为该项目实施强调项目国家的全面参与，项目前期调研给项目国家的有关部委和地方机构提供了很好的机会来回顾和总结过去取得的经验教训以及面临的问题和将来的挑战，给整个教育体制做了一次系统的梳理；形成国家项目报告更是给项目国家的未来发展勾画了一幅蓝图，明确了项目的目标和途径；项目实施过程中有教科文组织、国际专家等提供的技术支持，对于参与项目的地方专家和教师培训者也进行了很好的专业培训；项目实施取得的成果，或是培训了 ICT 项目经理人，或是研发了教师培训材料，或是出台了教师培训需求模型，这些既是基于本国国情和切实需求，更是推动这些项目国家的教师教育培训机构能力建设的重要资源。因而，中国－联合国教科文组织信托基金项目与其他国家在教科文组织设立的信托基金项目不同的地方就是，这个项目加强了非洲项目实施国家的教育能力建设，特别是在多个层面上的能力建设，即从国家层面的领导力，到地方层面的项目实施力，再到教师教育培训机构的培训能力以及教师素质的提高和教育水平的提高。这样才能真正推动非洲国家教育的可持续发展。① 总之，针对中国对非教育援助发展瓶颈问题，中国教育信托基金项目从双边向多边扩展，以进一步支持非洲能力建设。

大力借助国际组织的智力支持是中国－联合国教科文组织信托基金项目与以往中国对非教育援助项目的一个重大区别。在该信托基金

---

① UNESCO, "Project Proposal for 'Quality Teachers for EFA' UNESCO – Chinese Funds – in – Trust Project（CFIT）on：Enhancing Teacher Education for Bridging the Education Quality Gap in Africa," UNESCO, 2012.

项目设立之前实施的中国对非教育援助项目基本是以双边项目实施为主，通过签署教育合作交流协议，重点加强高等教育或职业技术教育领域的交流和合作，增加学生交流和研究人员互动，合作办学等形式。这样的双边项目有其优势，一方面合作双方达成了明确共识，可以实实在在地开展一系列项目；另一方面，合作成果根据开展的项目易于量化统计和追踪。但是，这样的项目合作也容易流于形式，或落入之前的套路，协议有可能在签署后不能得到及时实施，或者实施过程缺乏创新，项目成果不显著。因而，在这个时候将中国对非教育援助推向多边平台发展是一个创新，也是一个突破。

通过国际组织开展教育援助项目对于中非是双赢的。对于中国来讲，通过在教科文组织开展教育项目实施对非教育援助，更加强调了援助的智力性和技术性。① 对于非洲国家来讲，通过教科文组织实施中国的教育项目，更加突出了项目的平等性和互惠性，有效避免了援助国与受援国两者之间可能产生的不和谐音符。以上因素也是发达国家选择国际组织来实施援助项目的重要考虑。另外，当今国际政治经济关系发生了巨大变化，发展中国家日益活跃于国际舞台。作为最大的发展中国家，国际社会更加期待中国的声音。

除了上述因素，该信托基金项目借助国际组织的智力支持还主要体现在以下几个方面。首先，这个项目设立于联合国教科文组织，在国际组织层面具体实施，项目宣传面向教科文组织的 195 个会员国和国际社会，国际反响强烈，比在双边实施的教育援非项目具有更强的影响力。其次，这个项目在教科文组织这个多边专业机构平台实施，可有利地借助教科文组织总部、总部驻受援国办事处及相关专业机构

---

① 李安山：《为中国正名：中国的非洲战略与国家形象》，《世界经济与政治》2008 年第 4 期，第 6 页。

的力量，包括项目组织管理架构、项目实施程序、教师培训和 ICT 教育等项目专家的全程参与、项目文件的形成以及项目评估等内容，比仅仅通过双边合作开展的项目涉及面更广、专业性更强、成效更显著。再次，教科文组织在联合国系统内有着广泛的专业联系，该信托基金项目在教科文组织的成功实施对于中国在其他国际组织开展各种援助项目有很好的借鉴和推广作用，有助于在国际组织系统内提升中国项目实施的声誉，进一步建立在国际社会中的多边网络联系，有利于国家资源的整合利用。

中国－联合国教科文组织信托基金在教科文组织的设立也是通过在国际组织实施多边援助来积极参与全球治理的一个有效途径。从国际大环境来讲，为了应对在 2015 年后发展议程背景下可持续发展的各种挑战，国际社会于 2015 年 7 月在亚的斯亚贝巴举行了第三次发展筹资问题国际会议，并且在 2015 年 9 月举行的可持续发展目标（SDGs）问题高级别峰会上做出多项决定，这些决定将对教科文组织以及所有其他联合国机构的资金筹措环境产生重大影响。首先，极端贫困和脆弱国家将作为海外发展援助的重点对象，而且将大规模地通过集合筹资机制（包括全球资金）提供海外发展援助。教科文组织在这方面所起的作用尚待明确，不过，教科文组织的其他一些优先领域不大可能通过全球资金获得支持。此外，必须填补资金缺口，给予最不发达国家（LLDCs）、内陆发展中国家和小岛屿发展中国家（SIDS）更大支持，以帮助它们实现 2030 年可持续发展目标。在筹备可持续发展目标峰会过程中，有人呼吁更多地动员国内和国际资金来源，包括公共和私营部门的资金以及慈善机构的资金，鼓励新捐助者提供海外发展援助和促进南南合作及三方合作。因此，实现未来的普遍可持续发展目标不仅需要全球眼光和整体方法，还需要为实现可持续发展目标而准备适当财力，动员公共和私营部门，国内和国际的一切利益攸关方参与其中并通力合作。在这方面，教科文组织将进一步推动资金筹措工作，以适应第三次发展筹资问题国际会议达成的各项成果和原则。

为了实现资金筹措的可持续性，教科文组织尽量使资金筹措方法适合有关国家的发展背景和需求。该组织认为，传统的经合组织援助发展委员会捐助者和通过多边体系提供的海外发展援助停滞不前，为了实现 2015 年后发展议程，必须大力推动公共—私营伙伴关系的发展，包括各类具有创新精神的融资机制。在这样的背景下，越来越多的发展中国家愿意调动国内各方资源提供捐助支持，同时希望借助教科文组织的国际专业知识来提高捐助的成效。项目国另外，教科文组织还可以在其专业知识领域，帮助这些国家加强它们与国际金融机构（IFI）、联合国系统以及其他捐助者的机构协调。通过推动参与式进程，尤其是通过联合国发展援助框架，教科文组织可以支持各国政府制订国家战略、计划和政策。在项目实施过程中，它可以为各国政府提供服务，提供稳妥实施项目资金的能力，可以支持伙伴国家参加与中等收入国家的南南合作及三方合作计划。在仍然需要变革的部门，教科文组织可以设计高质量的技术支持计划，例如通过高水平的技术出版物，设计开发地方（市、州、省等）的计划或帮助政府围绕国家优先事项与民间社会和私营部门建立新的伙伴关系等。2014 年 6 月以来，教科文组织有关部门专门为设在太子港、开罗、突尼斯和安曼等地的教科文组织总部驻受援国办事处组织了针对计划专家的关于项目设计和筹资的培训讲习班，并且在教科文组织贝鲁特办事处举办了一次地区培训，以增强设计、筹资和实施能力。①

---

①　UNESCO，"UNESCO Executive Board Document 197/4 Part Ⅱ，" September 14，2015，http：//unesdoc. unesco. org/images/0023/002343/234357e. pdf.

第五章　中国－联合国教科文组织
信托基金项目的成效

中国－联合国教科文组织信托基金项目（2012~2016 年）分两批实施。第一批（2012~2015 年）包括三个受援国：科特迪瓦、埃塞俄比亚和纳米比亚，第二批（2013~2016 年）包括五个受援国：刚果（布）、刚果（金）、利比里亚、乌干达和坦桑尼亚。第一批受援国于 2016 年初完成该项目的中期评估报告，为第二批国家的项目开展提供了先期经验。[①] 该项目按照既定计划顺利实施，取得了阶段性成果。2016 年底完成了该项目的外部评估，并在非洲国家和国际社会产生了很好的反响，更值得称赞的是非洲受援的项目国家从该信托基金项目的实施中获得了发展的收益。

第一节　中国－联合国教科文组织信托
基金项目的阶段性成果

世界正面临合格教师严重短缺的问题。现有数据显示，为实现全民教育目标，目前课堂上缺少超过 200 万名教师，其中超过一半（111.5万名）在撒哈拉以南非洲地区。[②] 设立中国－联合国教科文组织信托

---

① UNESCO，"Final Report of Implementation Phase of Côte d'Ivoire, Ethiopia, Namibia（CFIT），" UNESCO，2016.

② UNESCO，"EFA Global Monitoring Report 2015，" *Education for All* 2000 – 2015：*Achievements and Challenges*，UNESCO，2015.

基金正是为了应对这一挑战，旨在解决撒哈拉以南非洲国家教师短缺和能力不足的问题，并重点加强教师教育机构的能力建设。2013 年，在教科文组织总部及其驻受援国办事处、政府相关部门、利益相关方以及当地专家的充分参与下，对项目第一阶段前三个国家进行了需求评估。根据需求评估结果，项目组与政府教育部门和教师教育机构召开了数次有针对性的磋商会议，制定了项目文件。项目文件批准了捐助者中国在 2013 年 11 月将基金发放给有关教科文组织总部驻受援国办事处，并于 2014 年 2 月初开始实施。2013 年 10 月在巴黎举行的项目研讨会上，最终确定了各国的工作规划和实施措施，这次会议提供了让第一批启动的三个国家与第二批启动的五个国家学习交流与分享经验的机会。①

一 科特迪瓦：完成 ICT 项目经理培训

1999 年底至 2011 年 4 月，科特迪瓦国内发生了多次严重的军事和政治危机，致使本国经济与教育遭受重创。2012 年小学入学率为 60.8%，成人文盲率高达 43.8%，2006~2007 学年全国教师总数仅为 6.8 万，当前人口 2130 万（2015 年）。② 新一届议会和政府先后于 2012 年 3 月和 2012 年 11 月成立，近年来国民经济水平保持了平稳、快速增长，科政府希望在 2020 年之前使国民收入翻一番。对此，国际货币基金组织（IMF）总裁克里斯蒂娜·拉加德于 2013 年 1 月 7 日在阿比让国民议会（科特迪瓦）发表《迎接第二次科特迪瓦奇迹》的演讲，表示虽然人均收入是三十年前的一半，一半人口生活在贫困

---

① UNESCO, "Final Report of Implementation Phase of Côte d'Ivoire, Ethiopia, Namibia (CFIT)," UNESCO, 2016.

② 根据中华人民共和国外交部网站信息整理，包括其后两个国家：埃塞俄比亚与纳米比亚的相关数据。

线以下，但坚信该国在下一个十年内将成为新兴市场经济体。

在此背景下，2013 年 9 月，联合国教科文组织阿比让办事处组织了远程教育相关主题的培训研讨会，明确了加强 ICT 能力建设，确保教师持续培训的目标，并对推动和督导这一项目进行了说明，标志着中国－联合国教科文组织信托基金项目在该国的启动。

项目组首先于 2013 年 12 月 16~20 日在科特迪瓦国家数字化中心组织了 ICT 能力培训研讨会，共有 37 名参与者，包括 1 名教育部官员、17 名项目官员、7 名国家数字化中心专家、5 名教师教育机构培训教师、2 名当地中学教师、4 名 ICT 方案专家以及 1 名信托基金项目协调员。本次研讨会得到了广泛报道并获得积极的评价。[①] 科特迪瓦的 ICT 培训针对不同的主题有不同的培训模块。例如，针对法语语言的教学，有具体的教学计划、实施指南、训练技巧以及教学工具演示等；针对教育计划的实施，有开发计划表格和教学发展趋势等；针对培训评估，有简略评估和综合评估等。

2014 年 3 月 20 日至 22 日组织了项目程序手册及宣传计划研讨会，共有 18 名参与者，包括 2 名内阁技术顾问、11 名教育部官员、1 名地方官员、3 名教科文组织专家和 1 名信托基金项目协调员。项目组专门制作了项目手册。

2014 年 5 月 21 日至 23 日组织了 ICT 项目管理培训研讨会，共有 29 名参与者，包括教育部官员、地方教育局官员、教师培训者、ICT 专家及项目协调员。该研讨会让参与者通过 ICT 工具，更好地了解教师培训，以进一步推动信托基金项目的开展。

2014 年 6 月 16 日至 20 日组织了教学内容数字化培训研讨会，培

---

① UNESCO, "Final Report of Implementation Phase of Côte d'Ivoire, Ethiopia, Namibia (CFIT)," UNESCO, 2016.

训对象主要是各学科任课教师，共有 21 名参与者，包括 4 名协调专家、3 名语言教师、3 名数学教师、3 名科学教师、3 名基础学科教师、1 名通信专家和 4 名项目组专家。该培训研讨会使受训者进一步熟悉了 5 个培训模块和数字化教学工具的使用。

待 5 个培训模块准备就绪后，科特迪瓦项目组于 2015 年 1 月 30 日正式启动了网上教师培训活动。科特迪瓦教育部部长、中华人民共和国驻科特迪瓦大使和联合国教科文组织驻阿比让代表均参加了该培训项目的揭牌仪式。教科文组织驻科特迪瓦的代表强调，该项目是科特迪瓦、中国与教科文组织之间富有成效的合作，通过远程继续教育和 ICT 应用培训，截至 2016 年底已完成对 115 位 ICT 项目经理的能力培训，出台了 10 个培训模式，配备了 7 个多媒体教室，对培训中心教师的技术能力进行了 7 次培训，并将使上千名教师和教学主管的能力得以加强。项目组外部评估专家的评估，充分肯定这些丰富的合作成果。①

二　埃塞俄比亚：完成培训课程研发

自 1991 年埃塞俄比亚人民革命民主阵线（简称埃革阵）执政以来，埃塞俄比亚政局总体稳定，尤其近十年来经济保持 8% 以上高速增长，其目标是到 2025 年成为中等收入国家。但因经济基础薄弱，天灾频繁，艾滋病感染严重等一系列经济和社会发展问题，被联合国确定为最不发达国家之一。该国是非洲第二人口大国，适龄儿童入学率达 90%，教师约 21.6 万人，成年男性识字率为 50%，女性为 23%。为了实现在埃塞俄比亚培养更多教师的目标，埃塞俄比亚政府决定实施开放远程学习（ODL）方案，以支持初始教师培训与教师专

---

① UNESCO, "Final Report of Implementation Phase of Côte d' Ivoire, Ethiopia, Namibia (CFIT)," UNESCO, 2016.

业进修。该方案需要解决在大学教育学部和教师培训学院学习的教师们在他们所在的学校都能进行远程访问的问题。为解决埃塞俄比亚的问题，并为其他非洲国家实施类似项目提供参考，教科文组织非洲能力建设国际研究所（UNESOC International Institute for Capacity Building for Africa，IICBA）将埃塞俄比亚执行能力建设项目作为自己研究的一部分。[①]

为此，埃塞俄比亚于 2013 年 12 月组织了一次 5 天的研讨会。这是参加中国 – 联合国教科文组织信托基金项目的起步。此次会议的主要目标是设计并实施埃塞俄比亚教师教育网上远程教学平台。该解决方案将增强现有教师培训系统的能力，让更多的教师进行初始训练，并加强了方案的可持续、专业化发展。举行此次研讨会的关键是首次介绍应用程序和技术，这些是最终形成远程学习平台的重要组件。

埃塞俄比亚希望通过该信托基金项目取得的最终目标是让这个方案可以提供一个远程学习平台，在整个埃塞俄比亚广泛使用，特别是让教育学院和各高校的教育系统使用，用于远程的教师初级培训和持续专业发展。实施该项目的目的是既增加教师数量，又提高教师质量。需要重点关注的是目前提出的解决方案是建立一个可供几百至数万用户共同使用的平台。该平台需保障用户在各种情况下的使用，包括那些拥有不同带宽的宽带连接，基于陆地或卫星的连接以及使用计算机或手持设备。这个宏大的目标虽不能一蹴而就，但基金项目在埃塞俄比亚的实施可以为这个宏大目标提供一个基础，建立与培训需要吻合的平台设计，重点是培训课程的研发。该项目的最终实现需要设计巧妙的规划，并由经验丰富的专家团队来执行。考虑到项目发展的可持续性，项目组认为必须确保从埃塞俄比亚

---

① UNESCO，"CFIT Project Needs Assessment Report for Ethiopia，"UNESCO，2013.

内部选择适当人选参与讨论和相关决策过程。项目组强调，所提出的项目解决方案应当是埃塞俄比亚的资源，无论是作为战略决策者还是运营者，当地的埃塞俄比亚人都应该是不变的关键人物。他们对于项目所有阶段的参与至关重要，因为项目最终应该由当地的团队实施并推动进一步发展。埃塞俄比亚人应该承担成败的全部责任。①

埃塞俄比亚政府挑选了两所教师教育机构，即巴哈达尔大学和哈瓦萨大学教师教育学院。选定的教师教育机构既是为教师提供能力建设培训的项目实施者，又是该项目的受益者。自 2014 年 3 月教科文组织与埃塞俄比亚政府签署项目协议以来，该项目进入全面实施阶段。按照协议要求，以上两所教师教育培训机构均与教科文组织非洲能力建设国际研究所签订合同，参与了为开发培训模块所进行的第一期项目活动，即对培训和设备需求进行评估。教师教育培训机构向教科文组织非洲能力建设国际研究所提交了项目初始报告，其中涉及项目管理和实施细则。在此报告基础上，教科文组织非洲能力建设国际研究所于 2014 年 4 月 7 日至 9 日组织专家团队前往埃塞俄比亚进行实地考察。其主要目的一是与教师教育培训机构和项目地区协调小组讨论并商定项目管理和实施安排，二是与当地政府部门沟通，以协调调动当地资源。

埃塞俄比亚项目组于 2014 年 5 月 5 日至 7 日在巴哈达尔大学组织了研讨会，有 61 名参与者，包括 2 名教育部官员、4 名教科文组织非洲能力建设国际研究所专家、3 名哈瓦萨大学教师教育学院教师、46 名巴哈达尔大学教师、2 名地区教育局官员以及 4 名小学教师。研讨会进一步探讨了在教师教育培训模块中 ICT 的使用问题。②

---

① UNESCO，"Final Report of Implementation Phase of Côte d'Ivoire, Ethiopia, Namibia（CFIT），" UNESCO，2016.

② UNESCO，"Final Report of Implementation Phase of Côte d'Ivoire, Ethiopia, Namibia（CFIT），" UNESCO，2016.

　　信息与通信技术模块团队花了两个星期收集和分析数据。主要有三个发现。一是教师和学生在三个领域有许多共同的需求。评估显示分别有 73.5%、77.75% 和 73% 的学生认为他们在视窗、微软应用程序和互联网方面的知识都是不够的。同样有 52%、74% 和 70.62% 的受调查者反馈其在以上三方面所掌握的技能都没有达到所要求的水平。二是所有参加了本次评估的学生均已选择信息通信技术这门课程。此外，有的还参加了其他课程加强有关 ICT 的应用，如教学媒体和技术等。然而评估结果表明，这些学生还缺乏 ICT 领域的一些很基础的知识。三是对课程教学大纲的分析揭示，课程设计不能满足学生的学习需求。例如，理论和实践的组合并不平衡。有的课程设计专注于特定的主题，过分强调了理论元素。而实际操作时间不足以让学生真正掌握 ICT 的基本技能。此外，课程内容也不能很好地与教育领域使用信息通信技术相衔接。因此，需求评估表明，学生在日常教学活动中掌握的知识和技能以及对 ICT 的使用水平与教学目的之间有着较大的差距，现有课程设计在理论和实践的合理搭配上有误区。

　　具体而言，如何合理使用 ICT 来支持教学是一个非常突出的问题。埃塞俄比亚项目组于 2014 年 7 月 31 日至 8 月 1 日在哈瓦萨大学教师教育学院组织了该项目的模块验证讨论会，有 57 名参与者，包括 2 名教育部官员、29 名哈瓦萨大学教师教育学院教师、14 名当地教育官员和小学教师、4 名教科文组织非洲能力建设国际研究所专家、4 名 ICT 机构专家、2 名地区教育局官员以及 2 名中国驻埃塞俄比亚大使馆官员。此次研讨会进一步明确了所要开发的培训模块的重点内容。

　　2014 年 11 月 13 日至 16 日，哈瓦萨大学教师教育学院为 149 名教师教育机构培训者组织了专题培训，提供 ICT 技术方面的互动学习和技术支持。培训参与者以 99% 的出勤率充分利用了训练时间，取得了较好成绩，完成了既定目标。培训课程的精心规划、教师教育学院的全力配合为培训的成功完成做出了重要贡献。特别是关于 ICT 应用方面的培训，必须是连续的并使用精心准备的模块，方能产生持续的效力。

2014 年 12 月 5 日至 7 日，埃塞俄比亚项目组在巴哈达尔大学组织了更新的培训课程，一方面回顾和总结了上一次培训课程及取得的效果，另一方面又开发了新的培训课程，共有 71 名参与者，包括 21 名教师教育培训机构的培训教师和 50 名当地中学教师。此次更新的培训课程主要是为仍在大学就读的未来教师提供在教学中使用 ICT 的教学方法的专业培训。培训效果较好，激发了学生和教师的学习兴趣，并鼓励他们继续加强在教学中使用 ICT 技术的训练。

2015 年 8 月 14 日至 15 日，埃塞俄比亚项目组在巴哈达尔大学组织了 ICT 实验室手册验证研讨会。在此次研讨会上，四本 ICT 实验室手册得到充分讨论和验证。这些手册旨在将 ICT 教学法整合到物理、化学、生物和数学学科中。26 名专业人士，包括中学教师、课程导师、模块设计者和评估专家参加了研讨会。[①] 这四本手册由教科文组织非洲能力建设国际研究所确定最终版本，并将在指定的教师培训机构里对职前和在职中学教师的培训中使用。

作为项目成果展示，也作为院长论坛和高等教育机构培训管理及在线学习平台的组成部分，埃塞俄比亚项目组于 2015 年 11 月 9 日至 13 日在埃塞俄比亚阿达玛镇的行政酒店组织了电子学习培训。[②] 该培

---

① UNESCO，"Final Report of Implementation Phase of Côte d'Ivoire, Ethiopia, Namibia（CFIT），" UNESCO，2016.

② UNESCO，"Final Report of Implementation Phase of Côte d'Ivoire, Ethiopia, Namibia（CFIT），" UNESCO，2016.

训将该信托基金项目成果与埃塞俄比亚政府建立远程学习平台的目标有机结合起来。埃塞俄比亚是该信托基金项目第一阶段第一批三个项目受援国之一。2016 年教科文组织聘请的荷兰专家对该国项目进行了外部评估。评估报告显示埃塞俄比亚项目基本完成既定目标，成为该国利用 ICT 推动教师培训的有力支撑。

三　纳米比亚：完成教师培训需求模型

纳米比亚自 1990 年完全脱离南非的委任统治宣布独立后，政局和经济形势一直保持稳定。2015 年人均国内生产总值（GDP）达到 1 万美元，经济社会的整体发展水平属于中等发展中国家。2004 年，纳米比亚通过了"2030 年远景规划"，明确提出了国家的发展计划和战略，将教育、科学和技术作为实现其"八大愿景目标"的首要驱动力。随后提出了电子政府的设想，并将服务目标定位为实现以知识经济为基础的技术驱动型的工业国家，从而成为非洲 ICT 教育的标杆和领跑者。如纳米比亚政府在第四个国家发展计划（Fourth National Development Plan：NDP4，2012/2013 – 2016/2017）中，确定 ICT 技术作为实现"改善公共服务"领域的重要手段。然而，现实情况是该国社会收入和教育资源分配严重不均，是全球贫富差距较大的国家之一。据 2012 年联合国粮农组织报告显示，纳米比亚是撒哈拉以南非洲 10 个国家中饥饿状况最严重的国家，约 34% 的人口长期处于饥饿状态，远高于非洲 22.9% 的平均水平。2014 年约 240 万人口中，成人文盲率高达 60%。

纳米比亚在实施该基金项目的过程中，有较高层次的学术目标追求。其教育部、纳米比亚大学（UNAM）与联合国教科文组织于 2014 年 2 月 20 日共同正式启动《全民教育全球监测报告》（Education for All Global Monitoring Report）"教学与学习实现高质量全民教育"和

"加强撒哈拉以南非洲地区教师教育 缩小教育差距"项目。该项目将整个教育界工作者纳入其中，并汇集了多领域、多学科的众多研究者，旨在提高小学教育质量，缩小教师教育差距，加速实现优质全民教育和教育有关的千年发展目标，汇聚各利益相关者的专长，为本国建立一个更强大、更统一的基础教育体系。

为此，纳米比亚首先在 2014 年 2 月 23 日至 25 日完成了针对 90 名教师运用 ICT 增强研究能力的培训。31 名纳米比亚大学的教师、10 名小学校长、22 名低年级小学教师、7 名地方官员、7 名教育部官员、6 名指导委员会成员以及 7 名教科文组织工作人员从中受益。随后，项目组在纳米比亚开展了实践研究和数据分析。实践研究要求在实地调研至少 10 天，以确保研究质量。① 关于数据收集，具体安排是从学校层面到地区层面，再到国家层面。在学校层面进行数据统计分析时，项目组安排了一名顾问在每个学校工作一天。所有参与学校的报告于 8 月 19 日前提交，然后分地区进行分析。所有地区层面的数据信息于 9 月 8 日前提交，并在 9 月 8 日至 12 日召开的纳米比亚大学教育大会上陈述。之后，9 月 19 日至 20 日，不同学校的协调员和顾问、起草小组成员聚在一起准备国家报告。10 月底发布国家报告。

项目实施的第二步，是塑造能力建设培训模型。考虑到基于最初研究成果的资料开发可能比最初设计更加注重方法，因此在能力建设中加入干预性主题研讨会，以进一步明确培训模型的重点所在。能力建设培训还包括针对在线使用培训教材而进行使用 ICT 的培训。在培训设备提供上，培训的主要媒介是平板电脑，硬件设备准备较为充足。实际面临的挑战是网络连接问题。由于客观环境的影响，卫星方

---

① UNESCO，"Final Report of Implementation Phase of Côte d'Ivoire，Ethiopia，Namibia（CFIT），" 2016.

案并不能使用，只能通过宽带连接来解决网络问题。但是在没有通电的学校，这个问题也无法解决。同时，关于宣传材料开发的能力建设研讨会也在同步开展。据统计，72%的参与者每天在线学习，主要通过平板电脑，通过收发邮件与其他人进行信息交流和沟通。每个地区还加强了指导老师对学习参与者的线上指导。2012~2014年，纳米比亚有28所小学参与到该研究项目中，得到所在学校教师的全力支持。

第三步是形成最初的干预战略设计。基于2014年的初步研究成果，确定了纳米比亚学前班和小学低年级教师教育的核心内容和挑战，开发了干预工具并随后在2015年予以实施。干预战略通过协助教师针对提高教师教学质量的长期目标改变他们的做法来加强教师和讲师的自我反思。通过教学干预的联系，整个教育界参与其中，推动以研究为基础的解决问题方法标准化，勾画出了一个强大而令人印象深刻的动态职业发展蓝图。

基于2014年6月和7月针对28所学校的案例所进行的实践研究成果，最终合成了14个地区报告，项目组于2014年10月2日至3日召开了项目专题研讨会。① 会议的目的一方面是明确儿童早期识字和算术教育面临的主要挑战，另一方面是明确各机构迎接相应挑战所需要的能力建设。最终确定了以下需要解决的主要问题：研究活动缺乏互动，研究能力有限，研究活动不在教师的日常工作范围之内，没有通过研究指导工作的文化氛围，没有从事研究相对固定的时间，缺少研究兴趣和动力，时间的缺乏影响了研究质量，没有从事研究的机会，机构不能提供常规研究需要的环境，理论和实践之

---

① UNESCO, "Final Report of Implementation Phase of Côte d'Ivoire, Ethiopia, Namibia (CFIT)," UNESCO, 2016.

间存在着差距，缺乏研究经费支持，获得出版物有限，分析和写报告能力有限，没有研究同伴相互咨询，需要寻找和提炼研究主题等。根据以上主要问题，会议还讨论了建立干预战略工具包。2014年12月，纳米比亚国家报告正式出台，指出了教师教育面临的诸多挑战，并明确指出该项目的实施给该国教师教育机构提供了很好的进行反思的机会，并促使老师们进一步加强改革实践。纳米比亚大学将根据研究成果研发教师培训模型。

在其干预阶段的第二阶段中，项目组成员回到自己的学校进行一周的课堂教学研究，帮助教师解决课堂上的挑战。在此背景下，70个研究人员参与了这一项目，来自纳米比亚大学教育学院的讲师、教育部和地方官员以及其他利益相关者，由纳米比亚大学的教育教学团队进行关于信息通信技术素养和整合教学的培训。在接受同一个模型的训练之后，所有学员成为主要培训师。作为研究的一部分，28所学校将各获得一台笔记本电脑，以促进有效的课堂实践。为了使这些笔记本电脑在课堂得到有效运用，研究小组要具备ICT技能，并将技能传授给非在校的教师们。2015年2月26日至27日，召开了培训材料研讨会。最终的干预工具包于2015年3月15日确定。教科文巴黎总部于2015年3月进行了实地监测考察。在研究人员返回学校之前，项目组又对参与者进行了实践研究培训。2015年4月，项目组将最终确定的干预战略工具包运用于28所参与项目的小学。2015年6月，项目组再次返回学校与教师们进行访谈，开展后续研究。①

2015年7月6日至15日，纳米比亚项目组在纳米比亚大学组织

---

① UNESCO, "Final Report of Implementation Phase of Côte d'Ivoire, Ethiopia, Namibia（CFIT），" UNESCO, 2016.

了报告写作研讨会，纳米比亚大学五个校区的 32 名教师教育培训者和两名教育部官员参加研讨会。通过讨论，研究团队一起分享经验，超越学校个案研究，从更广阔的角度出发，确定了纳入国家报告的关键要素，同时进一步加强了研究团体的力量。2015 年 7 月，形成了最终的实践研究报告。接下来进一步将项目成果机构化，强调有关教师教育机构在该项目中的持续参与，并最终确定教师需求培训模型。至此，中国－联合国教科文组织信托基金在纳米比亚的项目顺利开展。在项目即将结束时，2015 年 11 月，教科文组织对外公开招标，最终确定由一家荷兰公司承担该项目的外部评估工作。根据工作计划，外部评估小组于 2016 年 1 月中旬前往纳米比亚进行了实地调研，并于 2016 年 4 月公布了评估结果，该项目的实施较好地回应了纳米比亚本国的发展需求。

四　刚果（布）、刚果（金）、利比里亚、坦桑尼亚和乌干达初步完成项目实施

作为中国－联合国教科文组织信托基金项目第一阶段第二批五个项目国家，刚果（布）、刚果（金）、利比里亚、坦桑尼亚和乌干达于 2014 年 12 月加入该项目，原定项目结束时间为 2016 年 12 月。后考虑到项目实施中的一些延误因素，中国政府批准上述五个项目国家适当延长了项目结项时间，其中刚果（布）、刚果（金）、坦桑尼亚和乌干达为 2017 年 3 月底，利比里亚为 2017 年 6 月底。

在项目准备阶段，上述五个国家的项目文件出台，根据需求评估制定了项目实施计划。待捐赠方批准项目文件后，项目资金从教科文总部分配到各地区办事处具体执行。各项目国招聘了国家项目官员。经过约两年半的项目实施，上述五个国家基本达到项目预期目标。刚果（布）的项目活动旨在通过加强教师培训机构和岗前及在岗教师的

能力建设来提高教育质量，共有四所机构受益。刚果（金）的项目活动旨在通过使用信息通信技术加强教师培训的国家能力，以提高教育质量，共有四所机构受益。利比里亚的项目活动旨在通过在教师教育计划和重点教师培训能力发展中有效使用信息通信技术来提高教师能力和教学质量，共有四所机构受益。坦桑尼亚的项目活动旨在通过使用信息通信技术创新教学方法，强化两所重点教师培训学院的能力，以提高教师教学质量，缩小教学质量差距，该项目覆盖了十所教师培训学院。乌干达的项目活动旨在通过提供有效的岗前培训和在岗培训提升重点教师培训机构的能力，以提高教师教学质量，缩小教学质量差距，共有三所机构受益。在项目实施阶段，上述五个项目国家共开发了上百个教师培训模块，接近 3000 人接受了关于 ICT 的直接培训，启用了超过 1200 个设备，建立了 4 个在线平台，共 57 名代表参加了 3 次考察学习。①

各国项目小组在项目协调、监管以及向教师培训机构提供支持等方面发挥了重要作用。通过教科文各地区办事处，地方层面和国际层面的专家力量得到有效使用，同时与教科文总部、教科文二类机构、有关国家教育部、全委会和教师培训机构紧密配合，该项目也为项目国家之间相互学习和提高提供了很多机会。

第二节　中国－联合国教科文组织信托基金项目的初步成效

从总体上来说，中国－联合国教科文组织信托基金在非洲项目受

---

① UNESCO，"Final Report of Implementation Phase of Congo，DR Congo，Liberia，Tanzania，Uganda（CFIT），" UNESCO，2017.

援国的实施达到了预期设想，取得了初步成效。主要包括 ICT 的有效应用，提高项目受援国教师使用 ICT 的水平和知识传播力度，促进项目受援国教师的专业发展和终身学习，并与 2015 年后可持续发展教育需求相呼应。同时，该信托基金项目的实施使项目国家收获了丰富的经验，通过合理地进行团队分工加强了相关部门在项目中的领导作用。此外，该项目的实施还突出了南南合作的独特性和可持续性，赢得了国际社会的赞誉。

一 ICT 得到有效应用

加强 ICT 在教师教育培训中的作用是中国－联合国教科文组织信托基金致力于推动非洲国家教师教育发展的主要着力点。其有效应用表现在以下几方面。

首先，ICT 在该信托基金项目的有效应用可以提高项目国家教师使用 ICT 的水平，从而推动非洲国家教师教育的发展，促进教育公平。专家认为，教师是教育的核心要素，教育公平的真正实现必须以教师分布和教师素质均衡为前提条件。随着科学技术的日新月异，知识和技术的更新频率加快。依靠 ICT 的广泛使用，身处偏远地区的学生也有机会通过广播、视频以及网上学习软件等聆听大城市里高级别教师的授课，极大地开阔了眼界，增长了学识。同样，对于教师教育发展而言，ICT 的应用进一步拓宽了教师教育的渠道，丰富了教师教育的内容，提升了教师教育的水平。根据《2015 年全民教育全球监测报告》，纳米比亚多项与教师质量有关的指标取得了积极进展。从 1999 年到 2011 年，小学教师数量增加了 7.6%，训练有素的小学教师占教师队伍的 96%。小学教育的学生/教师比例持续提高，师生比从 1999 年的 1∶32 提高到了 2011年的 1∶30。辍学学生自 1999 年以来几乎减少了一半。在教育的公开支出方面，纳米比亚在非洲继续名列前茅。其国民生产总值的 8.4% 分配给了教育领域，占国家整体支出的 22.4%。[①]

在该信托基金项目的实施过程中，项目组针对不同国家的教育需求，与各国教育主管部门紧密合作，借助联合国教科文组织总部和地区办事处的智力支持，在项目国家的教师培训机构中开展针对教师的 ICT 培训。在利比里亚，该信托基金项目的实施开启了该国教育专家利用信息通信技术进行学生管理的先河。项目国家均认为，ICT 是教师培训项目的重要介质，对于教师教育的发展至关重要。因而，ICT 在中非教育信托基金项目中的有效应用必将推动非洲国家的教师教育发展，进一步推动教育公平。

其次，ICT 在该信托基金项目的有效应用加大了项目国家的知识传播力度，从而推动了非洲教师教育发展，提高了教学质量。进入数字化时代以后，仅仅掌握传统的既有知识已经不足以真正了解、认识和融入现实社会。ICT 的产生，一方面成为传统知识的良好媒介，学生有了更多的方式来学习和掌握既有知识；另一方面，ICT 还成为创造网络新知识的工具，开拓了新的知识领域，拓展了教师培训和教学中的知识传播途径，加快了知识的更新速度，创新了教学手段。依托非洲能力建设中心，在该信托基金项目框架下，埃塞俄比亚充分利用 ICT 技术，搭建信息交流平台，在促进知识传播和教学的同时，推动了教师的专业水平发展。2015 年，项目国家共计 60 人参加了项目框架内组织的 3 次学习考察活动。[②] 项目国家均认为，在高度发展的信息时代，掌握 ICT 是必需的，即便现在不做这件事，以后也得补上。项目国家充分认识到 ICT 在中非教育信托基金项目实施中的重要作

---

① UNESCO，"EFA Global Monitoring Report 2015，*Education for All* 2000 – 2015: *Achievements and Challenges*，" UNESCO，2015.

② UNESCO，"Final Report of Implementation Phase of Côte d'Ivoire，Ethiopia，Namibia（CFIT），" UNESCO，2016.

用。刚果（布）已将 ICT 发展纳入国家教育战略。坦桑尼亚政府也强调将 ICT 整合到科学和数学教学过程中的重要性。因而，ICT 在中国－联合国教科文组织信托基金项目中的有效应用必将推动非洲国家的教师教育发展，进一步提高教育质量。

再次，ICT 在该信托基金项目的有效应用促进了教师的专业水平提高和终身学习，从而推动非洲教师教育发展，有助于教育的可持续发展。教育的具体实施包括教与学的双向过程。不论是以教师为主的教学还是以学生为主的教学，教师的素质、水平和能力对于教学过程的影响都是至关重要的。在知识传播方面，教师的专业水平的提高和终身学习为教学过程的有效进行注入了新的生命力。而 ICT 的应用，为教师的专业水平的提高和终身学习创造了条件，提供了多样化的信息来源和获取手段。ICT 的应用突破了时空的限制，汇聚了海量的知识资源，使教师们可以足不出户地学习、充电、更新知识储备，可以在各种学科网络中学习经验，吸取教训，交流心得体会，还可以加强与学生们的联系和沟通。在该信托基金项目的实施过程中，项目组专家特意关注项目国家教师培训的发展方向及学科需求，注重借助 ICT 的力量，提高项目国家的教育供给能力，尤其是在促进学科教师的知识更新和长远发展方面，同时为教师的专业发展开辟对外交流沟通的渠道。纳米比亚在 2014 年 2 月完成了针对 90 名教师运用 ICT 增强研究能力的培训，31 名纳米比亚大学的讲师、10 名小学校长、22 名低年级小学教师、7 名地方官员、7 名教育部官员、6 名指导委员会成员以及 7 名教科文组织工作人员从中受益。两年中，28 所小学参与到该研究项目中，得到所在学校教师的全力支持。在乌干达，越来越多的教育工作者使用 ICT，将其作为支持教学、创新知识和分享实践经验的教学工具。另外，经与中国国家留学基金管理委员会和华东师范大学协商，中国政府长城奖学金将开放给基金项目国家，为项目国家推荐的教师量身定制高级培训课程，培训内容侧重教育政策、规划管理、教师发展等，特别是与 ICT 相关的知识和技能。项目国家都对该信托基金项目的实施及 ICT 对于促进教师成长所起的作用充满了期待。因而，ICT 在中国－教科文组织信托基金项目中的有效应用必将推动非洲国家的教师教育发展，进而有助于非洲国家教育的可持续发展。

最后，ICT 培训项目撬动 2030 年可持续发展教育议程。2015 年 5 月在韩国仁川召开的世界教育论坛上通过了《仁川宣言》，倡导世界各国提供包容、平等和优质的教育以及为全民提供终身学习机会。① 鉴于 ICT 在推进教育公平、提高教育质量和促进教师专业发展及终身学习方面的重要性，ICT 在实现 2030 年可持续发展教育议程目标中的重要作用不可忽视。该信托基金项目国家均认为，世界已处于数字化时代，如果现在不努力加强数字化建设，那么以后需要付出的成本会更高。通过实施该信托基金项目，将 ICT 应用纳入国家教育体系，推广远程教育模式；注重教育专家的重要性，加强对教师及教育工作者的培训；加强南南合作，分享创新做法，共同取得进步。在 2015 年青岛国际 ICT 大会上，来自 8 个信托基金项目国家的专家们分享了项目实施经验。项目国家均认为，中国－教科文组织信托基金项目进一步推动了南南合作，让更多的非洲国家参与其中，让参与国家之间有更深入的合作、更多的分享。同时，项目国家均对该信托基金项目寄予厚望，希望中国政府跟踪这个项目的进展，继续给予支持，希望更多的非洲国家能够参与其中，以进一步加强南南合作。乌干达认为，通过该项目的可持续发展，可邀请更多的国家参与其中，搭建南南合作的更大的平台，在 2030 年可持续发展教育议程的框架下推动世界教育的发展。

---

① UNESCO，*Incheon Declaration Education 2030*，UNESCO，2015.

二　项目运作规范有序

根据项目国家各自经济社会发展状况和援助需求的不同，项目组与各国代表进行了充分的沟通，形成了有针对性的培训方案。在第一阶段项目国家的方案中，相对而言，埃塞俄比亚看重教师培训内容，科特迪瓦关心师资管理与人才引进水平的提升，纳米比亚更在意师范教育体系的建设，刚果（布）强调加强教师培训机构的能力建设，刚果（金）重视通过使用 ICT 加强教师培训的国家能力，利比里亚希望有效使用 ICT 提高教师教育水平，坦桑尼亚着重强化两所重点教师培训学院的能力，乌干达则旨在推动有效的教师岗前和在岗培训。在考虑非洲当地发展的实际需要的同时，在项目实施过程中，项目组坚持定期回顾总结，以便能够及时调整方案。项目国家对该项目在当地的实施反应积极，评价较高。按照项目计划，在第一批项目国家中共召开教学专题或交流会议以及举办研习班 16 次，近 700 人参加；提供 500 多套新技术设备。2015 年组织了三次信托基金项目涉及领域的考察团，接近 60 名各国代表参加，促进了项目实施经验的国际交流。其中，首个考察团于 2015 年 5 月在科特迪瓦考察了研发数字化培训材料、建立在线培训平台等方面所取得的成就。第二个考察团于 2015 年 6 月在埃塞俄比亚分享了开发当地教师培训教材、修正项目设计内容、增强项目自主性和可持续发展等方面的经验。第三个考察团于 2015 年 9 月在中国北京分享了 ICT 融合的教师教育和培训中的经验（如混合式学习、开放教育资源的开发和使用、在线平台、培训项目等）。① 值得一提的是，在该项目活动

---

① UNESCO，"Project Proposal for 'Quality Teachers for EFA' UNESCO – Chinese Funds – in – Trust Project（CFIT）Enhancing Teacher Education for Bridging the Education Quality Gap in Africa，" UNESCO，2012.

中，中国的知名私营企业也被广泛动员起来为项目受援国教师教育培训机构的设备需求提供有针对性的支持。项目运作规范有序的经验如下。

首先，非洲国家教育部门在项目实施中具有领导作用。中国－教科文组织信托基金项目在项目国家的实施加强了非洲项目受援国教育部的领导作用，针对师资缺乏问题，通过 ICT 培训项目努力降低有关项目受援国的师生比。研究表明，尽管科特迪瓦、埃塞俄比亚和纳米比亚同在撒哈拉以南 46 个非洲国家之列，但从国家收入水平来划分，埃塞俄比亚在 37 个低收入国家之列，科特迪瓦在 47 个中低收入国家之列，纳米比亚则在 58 个中高收入国家之列。联合国教科文组织的全球统计数据显示，科特迪瓦 2012 年初等教育的师生比为 1∶42，埃塞俄比亚 2012 年初等教育的师生比为 1∶95，纳米比亚 2012 年初等教育的师生比为 1∶42。可见国家国民生产总值与教育投入和教育质量的关系密切。① 《达喀尔纲领》强调，为实现全民教育，各国政府需要更好地提供和配置业务熟练而且有积极性的教师。全世界都认识到，投资教师队伍对于提高教育质量、推动教育全面发展至关重要。然而，截至 2012 年，在 161 个有数据可查的国家中，29 个国家初等教育中的师生比超过 1∶40，其中 24 个国家在撒哈拉以南非洲。大多数国家亟须培养训练有素并且有积极性的教师来提高教育质量。面临最大挑战的区域显然是撒哈拉以南非洲，需要教师数量占非洲所需新增教师总数的 63%。有些国家通过聘用没有教育资质的人员而使教师数量大幅增长，这难以提高这些国家的教育质量。因此，为非洲国家培养大批合格的教师是解决非洲国家教育发展难

---

① UNESCO，"EFA Global Monitoring Report 2015，" *Education for All* 2000 – 2015： *Achievements and Challenges*，UNESCO，2015.

题的关键。

纳米比亚已完成120人的实践研究能力培训，在推动教师教育以及培养幼儿教师、提高学前教育师生比方面取得了一定的成效。配合项目受援国教育部提出了终身学习的发展战略，中国－教科文组织信托基金项目在科特迪瓦、埃塞俄比亚和纳米比亚等首批三个项目受援国已完成覆盖语言、数学、心理学、继续职业发展、信息交流技术和研究技能等学科领域的培训，并开发了一批培训课件，购置了近千件设备，有力地推动了初等教育和中等教育师资紧缺问题的解决。[①] 同时，该信托基金项目的实施可以满足非洲国家全民教育发展对合格教师的迫切需求，通过ICT的应用加强可持续发展的教师培训，推动项目受援国教育部发展教师培训制度。利比里亚教育部充分利用ICT进行教师培训，将培训过程制度化，以确保项目的可持续性，使项目落地生根，以便受过培训的教师以后可以再去培训其他教师。同时，项目国家对该信托基金项目也有促进作用，坦桑尼亚政府为教师培训机构提供了更多设备以支持信托基金项目的培训。

其次，项目团队具有良好的分工与合作。该信托基金项目实施的特点之一就是依托联合国教科文组织多边平台，有效利用国际组织实施国际项目的既有经验和程序。教科文组织在国际层面搭建了很好的交流互动平台，积极开展对话和探讨，促进所有利益攸关方包括政府、非政府组织、私营部门、教育机构、教师组织、家长、青年和社会的沟通，倡导教育决策和管理的民主化和有效性，鼓励各国教育管理者、研究者和工作者相互学习借鉴、分享研究成果、共商改革大

---

① UNESCO，"Final Report of Implementation Phase of Côte d' Ivoire，Ethiopia，Namibia（CFIT），" UNESCO，2016.

计、落实教育实践活动。该信托基金项目建立了合理的实施机制。该项目的执行结构包括三个主要方面，即项目国家、联合国教科文组织各级实体以及捐赠国中华人民共和国。在每一个项目受援国，该国国家机关与相关的联合国教科文组织总部驻受援国办事处经过磋商而建立国家项目工作组。项目工作组由负责师资培训的教育部官员、教师培训机构负责人和专家以及当地有关人士组成。项目实施同时依靠联合国教科文组织的各级实体，包括驻受援国办事处、专业机构和总部机构等。① 这些实体为项目实施提供技术和专业支持。另外，捐赠国中国还对项目实施进行适度的监管和建议。这样的项目实施机制确保了项目受援国、国际组织和捐赠国三方的意愿均得到适当的体现，同时积极借鉴国际组织既有的经验和教训，及时沟通项目实施中遇到的问题并给予有效的解决。因而，尽管 8 个项目受援国各自需要解决的问题重点不同，但通过项目组在各国之间进行有效的沟通和协调，保证了项目实施在国际层面、国家层面和地方层面的合理分工、良好沟通及有序进行，从而实现项目效果的最大化。纳米比亚认为，非洲经验在该信托基金项目实施中体现得最为重要的一点就是团队的分工和合作。在该项目的实施过程中，相关项目受援国可以相互学习，相互借鉴，分享专家经验和最佳的实践，取得共同进步。

再次，相关国家收获了项目实施经验。根据有关反馈情况，项目受援国在中国－教科文组织信托基金项目实施过程中收获了以下三点项目实施的经验。

其一，通过项目实施加强了当地落实 ICT 政策的能力。坦桑尼亚

---

① UNESCO，"Project Proposal for 'Quality Teachers for EFA' UNESCO－Chinese Funds－in－Trust Project（CFIT）Enhancing Teacher Education for Bridging the Education Quality Gap in Africa，" UNESCO，2012.

代表认为，通过实施中国－教科文组织信托基金项目，坦桑尼亚政府进一步关注教师能力的评估、教学资源的开发和 ICT 在教育中的应用。这将有利于让 ICT 政策在坦桑尼亚落地发展并推动当地的教育变革。

其二，通过项目实施发挥了项目国家教育部的主导作用。刚果（金）认为，以前实施的项目的合作伙伴很分散，造成了信息沟通不畅、资源利用不合理以及着眼于短期效益等问题，直接影响了项目实施的最终成效。而在中非教育信托基金这个项目中，项目国家教育部起到了主导作用，从而可以在全国范围内产生辐射效应并推动项目的可持续发展。

其三，通过项目实施借鉴了其他项目受援国良好的实践方法。乌干达认为，通过实施中国－教科文组织信托基金项目，乌干达可以与其他项目受援国进行比较，了解和学习其他国家的良好的实践方法。这个项目更加紧密地加强了非洲国家之间的联系，推动了南南合作的实质性发展。

三　针对性解决 ICT 运用中的问题

根据上文的内容，中国－联合国教科文组织信托基金项目实施已经取得了初步的成效和经验，但在项目实施中也发现 ICT 在非洲教师教育发展运用中还存在一些问题。因此，项目采取了以下应对措施。

首先，针对教师的抵触情绪，培养教师使用 ICT 的兴趣。

ICT 在项目受援国教师教育发展中的挑战之一是教师对于 ICT 的抵触。项目受援国普遍反映，由于受传统教学模式及日常习惯的影响，教师在一开始接触 ICT 应用时对于使用 ICT 或多或少有些抵触情绪，需要有人帮助他们认识使用 ICT 的重要意义，逐渐从过去单一的面对面教学转变到在教学中习惯使用 ICT。通常教师对使用 ICT 产生抵触主要是由于对 ICT 不了解、不熟悉而产生陌生感，初步接触 ICT 觉得烦琐而产生厌烦感，没有看到 ICT 在教学实践中取得的实际效果而产生疑惑。为了打消教师的上述顾虑，需要有针对性地解决这些问题，让教师真正了解 ICT 的好处，愿意主动学习和掌握相关技能，并能积极地将 ICT 运用到教学实践中去，使广大的学生受益，同时促进教师自身的全面发展。

在项目具体实施过程中，该信托基金项目派出的专家团队有针对性地在当地开展的培训取得了良好的效果。首先根据各项目受援国的前期调研需求确定了教师培训的优先结构和重点；其次加强与有关公司的合作，对初等教育、中等教育和高等教育教师进行分类的专门培训，帮助其掌握 ICT 基本技能和教学新技术。[1] 针对初等教育、中等教育和高等教育教师的不同需求，ICT 的培训从基础内容开始，从培养教师使用 ICT 的兴趣入手，在消除教师对 ICT 的抵触情绪的同时极大地提高了当地教师使用 ICT 的水平。中国教育部前副部长刘利民在中国－教科文组织信托基金项目专题研讨会的经验交流中特别指出，加强教师教育要充分运用 ICT。他强调，设备不使用就是废铜烂铁，宁可用坏，也不可放坏。中国采取的"一师一优课"评选活动对教师的激励成效显著。在 ICT 使用过程中，一定要注意教师的心态，不要让教师觉得被边缘化，教师不是多余的，必须要让教师有主动性，保持教师与学生之间心灵上的沟通。可以说，中国－教科文组织信托基金项目在项目受援国的实施对于解决教师对 ICT 的抵触这个基本问题是很有成效的。

---

[1]　UNESCO，"Project Proposal for 'Quality Teachers for EFA' UNESCO – Chinese Funds – in – Trust Project（CFIT）Enhancing Teacher Education for Bridging the Education Quality Gap in Africa，" UNESCO，2012.

其次，针对教师 ICT 教育制度的缺失，推动教师 ICT 教育制度化发展。

ICT 在项目受援国教师教育发展中的挑战之二是教师 ICT 教育制度的缺失。项目受援国均反映，由于缺少足够的人力和资金，以往类似的 ICT 培训能出短期成果，但无法长期巩固。他们希望将此类培训制度化，将 ICT 的使用融合在教师培训内容中，逐渐设计相应的培训模块，制定详细的教学大纲，以后可以进一步通过网络分享有关教学资源，以便真正加强教师对于 ICT 的实际运用能力。教师 ICT 教育制度的缺失严重影响了项目受援国教师 ICT 培训项目的常态化进行，一方面是不能将培训内容和模式统一化，另一方面是不能持续地进行教师 ICT 能力培训的普及工作，这将不利于教师教育的稳定发展和教师质量的显著提高。

该信托基金项目的实施加强了项目受援国提高教师使用 ICT 能力的培训，推动了教师 ICT 培训项目的网络互联性发展。例如，项目受援国乌干达的国家科技委员会投入了巨额资金，强化乌干达中学和大学的科技教学。[①] 一方面，通过该信托基金项目的实施来培训教师使用 ICT 的能力；另一方面，通过强化学校科技教学对于 ICT 的需求，进一步推动针对教师的 ICT 培训，形成良性循环和教学相长，有利于教师 ICT 教育制度的长期发展。刚果（金）则借助该信托基金项目的实施，制定了一项强化教师持续性培训的政策，同时还建立了培训联盟及网络，极大地推动了本国教师教育制度化发展。纳米比亚政府也强调要将教师 ICT 培训纳入国家的教师教育整体计划中，同时还将制定有关政策以保证教师教育计划的具体实施。捐赠国中国强调，把对

---

① UNESCO, "Final Report of Implementation Phase of Côte d'Ivoire, Ethiopia, Namibia (CFIT)," UNESCO, 2016.

教师的各类培训项目纳入国家教育发展规划是非常重要的举措，可以有效解决教师教育的可持续发展问题。

再次，针对 ICT 培训项目的短期性，注重 ICT 培训项目的可持续发展。

ICT 在项目受援国教师教育发展中的挑战之三是教师 ICT 培训项目的周期较短。项目受援国认为，以前实施的教师 ICT 培训项目成效不显著的另一个原因是项目缺乏长期规划和投入，尤其是项目实施非本土化，不能真正促进教师 ICT 培训项目落地、生根和发芽。项目实施是否本土化是项目今后能否可持续发展的关键因素。我们看到，很多捐赠项目均由捐赠方完全提供资金和人力支持。当捐赠方的资金和人力支持稳定时，项目实施是有效果的；一旦捐赠方的资金或人力支持减少，受援国没有持续推动项目进行的资金和人力，项目实施效果必然受到重大影响。因而，教师 ICT 培训项目在当地的可持续发展是保证教师教育稳步发展的关键。

中国－教科文组织信托基金项目注重满足项目受援国自身的发展需要，具体表现在项目实施前的需求评估，项目实施过程的本土化操作，以及保持与项目受援国的良好沟通和相互学习的态度。该信托基金项目在联合国教科文组织内部和广大成员国中间都产生了非常积极的影响。项目受援国认为，互联网提供了无限的可能性，中国－教科文组织信托基金项目可以扩大到其他国家，扩大培训对象并放大培训效果。他们认为，该项目为种子项目，可以给其他发展中国家的教育发展提供一个学习交流的平台，同时也希望进一步扩大该项目的影响。因此，中国－教科文组织信托基金项目计划延期两年，让更多的发展中国家参与并受益，同时给其他国家和地区提供借鉴和参考。

最后，针对教育援助的短缺，继续关注教育援助且确保弱势群体受益。

　　ICT 在项目受援国教师教育发展中的挑战之四是全世界范围内教育援助的短缺。联合国教科文组织数据表明，教育援助在 2002 年之后开始增加，到 2010 年达到顶峰，此后开始减少：2010～2011年，提供给各个教育阶段的援助总额减少了 7%。据各国预算统计，2010～2011 年，21 个双边及多边捐助方减少了基础教育援助。按数额计算，加拿大、欧盟、法国、日本、荷兰、西班牙和美国的削减幅度最大，共计占到基础教育援助降幅的 90%。① 教育援助资金的减少已经严重危及全民教育目标的实现，甚或 2015 年后教育目标的实现。

　　目前还没有任何迹象表明，教育援助总额在 2015 年（国际社会提出在 2015 年实现全民教育目标）之后停止下滑的趋势。而在受援国家，教育援助受益群体也没有完全面对弱势群体。在一些国家教育援助反而流向富裕家庭的孩子。因此，各国决策者应给教师提供一切机会，提高他们的专业知识和教学能力，发挥他们的积极性和工作活力，让更多的学生受益，改变他们的生活，这对弱势群体至关重要。中国政府在联合国教科文组织设立的中国－教科文组织信托基金适时地为疲软的国际教育援助注入了新的血液和活力。该阶段（2012～2016 年，后延续至2016～2017 年）三批次 10 个项目国家②均为非洲国家，项目实施推动了这些非洲国家的教师教育的发展。该项目借助国际组织的平台具体实施，开创了南南合作的新模式。我们希望，中国－教科文组织信托基金的设立和项目实施能为中国对外援助，尤其是对外教育援助，开辟新

---

① UNESCO, "EFA Global Monitoring Report," *Aid Brief 2009: Recent Trends in Aid to Education*, UNESCO, 2009.

② 第一批（2012～2015 年）三国是科特迪瓦、纳米比亚和埃塞俄比亚，第二批（2013～2016 年）五国是刚果（布）、利比里亚、刚果（金）、乌干达和坦桑尼亚，第三批（2016～2017 年）两国是赞比亚和多哥，共 10 个国家。

的天地，为世界教育援助发展做出应有的贡献，与项目受援国一道推动世界教育事业的发展，实现全世界共同的和平、稳定和繁荣。

四　南南合作得到加强

为了进一步推动南南合作，该信托基金项目定期组织实地参观考察，促进各国学习彼此的经验。在 2015 年已组织了三个考察团，接近 60 名代表参加。第一个考察团是 2015 年 5 月在科特迪瓦组成的，考察团代表们参观了科特迪瓦在该信托基金的框架下在建立在线培训平台、研发数字化培训材料方面所取得的成就。第二个考察团是 2015 年 6 月在埃塞俄比亚组成的，埃塞俄比亚项目组与参观者分享了他们在开发教师培训教材、扩大项目干预措施，以及加强国家和利益相关者对项目的所有权和推动项目可持续发展方面的经验。第三个考察团是 2015 年 9 月在中国北京组成的。考察团成员参加了国际女童和妇女教育研讨会。中国与参加活动的项目受援国分享了 ICT 融入教师教育和培训中的经验（如混合式学习、开放教育资源的开发和使用、在线平台、培训项目等）。① 值得提及的是，在该项目的活动开展中，中国的知名私营企业也被广泛动员起来为项目受援国教师教育培训机构的设备需求提供有针对性的支持。

新兴市场经济国家的经济增长保持良好的发展势头，有助于非洲的发展。特别是非洲国家与非传统贸易伙伴的贸易额占撒哈拉以南非洲出口的一半和进口的 60%，而中国是该地区最大的贸易伙伴。② 作为发展中国家，中国与项目国家无论对于减贫还是对于教育，都有许

---

① UNESCO，"Final Report of Implementation Phase of Côte d'Ivoire，Ethiopia，Namibia（CFIT），" UNESCO，2016.

② Christine Lagarde，"Toward a Second Ivoirien Miracle，" IMF，2013，http：// www. imf. org/external/np/speeches/2013/010713. htm.

多共同语言，能够平等相待，更易互受启发和交换意见。而借助联合国教科文组织，该信托基金项目提高了教育援助的针对性、有效性和规范化，特别是对于促进区域一体化，实现该地区教育资源的共享，提供了更多可能性。在教科文组织等多边场合或其他双边场合（如各类国际 ICT 会议、教师教育会议、职业技术教育论坛或南南合作研讨会等），中国－联合国教科文组织信托基金均得到广泛正面的评价，成为南南合作中经常被提及的重要案例。

第六章 中国－联合国教科文组织信托基金项目：启示与建议

2017 年 3 月，中国政府宣布增加 400 万美元的额外资金将中国－联合国教科文组织信托基金项目延长两年。这启动了该项目的第二阶段实施进程，使受益国增至 10 个非洲国家。

中国－联合国教科文组织信托基金项目的实施与中国此前的教育援非相比较，表明中国教育援非已由双边合作发展成多边协调，从较为单一的项目发展为多个关联项目并进，从仅仅提供教育资源或提供人力资源培训向加强教师培训者所在机构的能力建设转变，这给非洲项目国家带来了全新的受援体验和收益。与发达国家的教育援非项目相比较，该项目的设立和实施以非洲国家的发展需求为出发点和归宿，注重加强非洲国家本土的教师教育培训机构的建设和教师培训者、教育部门官员以及专业技术人员等的能力培养，致力于推动非洲国家的能力建设和可持续发展。[①] 2018 年 9 月在北京召开的中非合作论坛北京峰会暨第七届部长级会议上，与会非洲国家高度赞扬说："中方在联合国教科文组织成功设立的援非教育信托基金项目实施顺利，成效显著"，并在此次峰会通过的《中非合作论坛—北京行动计划（2019～2021 年）》中指出：

[①] UNESCO, "Project Proposal for 'Quality Teachers for EFA' UNESCO – Chinese Funds – in – Trust Project (CFIT) Enhancing Teacher Education for Bridging the Education Quality Gap in Africa, " UNESCO, 2012.

"双方支持该项目实施并延长 4 年（2018～2021 年）。"① 可见，该项目对中国教育援非是一个具有开拓性的创举。其特点突出，优势明显，对中国教育援非工作的进一步开展有着极好的借鉴意义。本章将结合中国教育援非的问题，从机制建设、本土化和参与全球治理等三个方面探讨该项目实施对中国教育援非的启示，并提出相应的政策建议。

第一节　加快中国教育援非机制建设

从前述章节对中国教育援非发展历程的梳理，对中国教育援非实践的总结，以及对中国教育援非面临的挑战的分析可知，机制建设是中国教育援非发展的主要瓶颈。中国－联合国教科文组织信托基金在教科文组织的设立和项目实施表明该信托基金项目在机制建设方面对中国教育援非有着重要启示作用。

一　机制建设：中国教育援非取得成效的保障

长期以来，在中国的对外援助决策与执行机构中，除商务部外，发改委、财政部、外交部、教育部、科技部等部门，乃至各地方政府都参与其中，存在政出多门、职责重叠的现象，各部门之间的利益取向非常明显，协调难度较大。作为对外援助管理机构的商务部对外援助司，在监管力度上权限不足，难以管控其他与商务部平行的机构，也难以协调中央与地方的关系。因此，教育领域援非项目的统筹协调一直是中国援非工作中的难点之一。如教育部国际司有专人负责管理援非项目并牵头协调有关院校来具体实施。与此同时，商务部对外援助司也可以依托有

---

① 《中非合作论坛—北京行动计划（2019～2021 年）》，https：//focacsum-mit. mfa. gov. cn/chn/hyqk/t1592247. htm。

关培训机构实施一些技术培训项目。从国务院的职责分工来看，人力资源和社会保障部也负责部分人力资源培训的项目等。

在东亚国家中，在对外援助统筹方面也存在类似的问题，如日本在教育援助项目实施中，也曾出现过外务省和文部省之间的沟通协调问题。由于谋求联合国安理会常任理事国是冷战后日本外交的重点，因而在解决内部的援助机制协调问题时，各方易于达成一致。自20世纪90年代起，日本就将包括联合国教科文组织在内的国际组织作为实施对外援助项目的重要平台，以在全球性问题中发挥更大的作用。进入21世纪，日本政府在教科文组织设立了一个较大的信托基金，其项目范围涵盖了教科文组织的教育、自然科学、社会科学、文化和信息传播等领域，面向教科文组织会员国，依托教科文组织计划项目实施，积极参与了国际组织在世界范围内的活动，树立了较好的国际形象。① 继日本之后，韩国也在教科文组织设立了类似的信托基金，在教科文组织平台实施了针对非洲的信息与通信技术（ICT）等项目。

上述国家的援助机制有可借鉴之处，但中非教育信托基金项目与其他国家项目基金的区别首先在于中国提出并实施的信托基金项目仅在教育领域，不像日、韩的信托基金项目覆盖了教育、科学、文化和信息传播等多个领域。所以作为首次尝试，相对来说，中国的信托基金项目更便于管理，单一领域的项目实施更具有可操作性。其次，在资金流动方面，中国信托基金项目资金来自财政部，是国家统一的对外援助经费。在这一点上，中国比韩国更集中，但不像日本有一个专门的机构来负责。再次，在项目实施方面，日本和韩国更多地依靠各自领域的双边机构来实施，中国的项目却是依靠教科文组织总部、总部驻受援国办事

---

① UNESCO，"UNESCO Executive Board Document 197/4 Part Ⅱ，" 2015，http：// unesdoc. unesco. org/images/0023/002343/234357e. pdf.

处、相关专业机构和项目国家当地的政府官员及专家力量来实施。① 中国的有关部门和机构虽全程参与项目运作过程，但不是作为主导力量，更多地是给予支持。这是一个突出特点。中国－联合国教科文组织信托基金对非教育援助在机制建设上值得借鉴的经验如下。

第一，有效统筹确保了各项资源的整合利用。

首先，项目资金的统筹安排。在该信托基金项目中，资金从国家的对外援助经费里支出，由财政部按照申请和审批统一划拨，资金从中国政府账户转到教科文组织的该信托基金专门账户中。该账户依据教科文组织对于专门账户的管理办法进行管理。教科文组织的教育部门按照项目实施计划向教科文组织财务部门申请具体经费。所以从项目资金的出口和入口来讲，该信托基金做到了统一，在经费管理上是统筹进行的。

其次，项目管理的统筹规划。在项目实施上，教科文组织教育部门负责教师教育的科室有专人负责该项目，中国政府派驻一名高级别借调专家，专门与教科文组织就项目实施具体问题进行沟通。因此，该信托基金项目在实施管理上也实现了统筹管理。同时，项目实施依托教科文总部、总部驻受援国办事处及相关专业机构依次深入项目国家实地，每个项目国家都有一个由教科文组织专家、本地专家、本国教育部官员和当地教育局官员等组成的项目小组，项目小组定期召开研讨会，讨论项目实施进程、遇到的问题以及解决问题的办法。

再次，项目计划的统筹协调。该信托基金项目国家第一阶段共有8个（后延续两年增加到10个），为了更好地逐步推进该项目的实施，选了科特迪瓦、埃塞俄比亚和纳米比亚3个前期准备较充分的国家作为第

---

① UNESCO, "Project Proposal for 'Quality Teachers for EFA' UNESCO - Chinese Funds - in - Trust Project（CFIT）Enhancing Teacher Education for Bridging the Education Quality Gap in Africa," UNESCO, 2012.

一批项目国家先行实施项目。在第一批项目实施过半时，第二批 5 个项目国家再加入其中，并在第一批项目国家的经验教训的基础上展开项目运作。在 2015 年第一批项目国家项目结束的时候对整个项目进行中期评估，使第二批项目国家受益于中期评估报告的结果和相关建议。项目实施过程中，8 个项目国家之间还开展各种交流学习活动，比如考察学习，相互交流项目实施心得体会，分享经验和教训，研讨面临的挑战和存在的问题，共同推进项目的全面统筹实施。①

最后，项目有关资源的统筹利用。与该信托基金项目相关的各类资源的统筹利用是该项目的重点。例如，ICT 是该信托基金项目实施的一个基点。中国于 2015 年 5 月在青岛与教科文组织合作举办的国际教育信息化大会上专门组织了一场信托基金的研讨会，邀请项目国家参加国际教育信息化大会，交流学习 ICT 在教育中的应用方面的最佳做法及面对的挑战等。项目国家代表表示很受益，有助于推动该信托基金项目向纵深发展，效果更佳。再如，中国于 2015 年 9 月在北京与教科文组织合作举办了国际女童和妇女教育研讨会，信托基金项目国家借此机会到北京进行实地考察，并且参加了上述研讨会，重点探讨了 ICT 教师培训中的性别平等问题。另外，通过该信托基金项目借调专家的努力，中国政府长城奖学金专门面对该信托基金项目国家招生，为其量身定做有关 ICT 教育和教师培训的课程，进一步巩固了该信托基金项目的成效。在这些相关资源的统筹利用中，政府部门与私营部门的密切合作也为该信托基金项目的全面开展提供了强大的动力。②

---

① UNESCO, "Final Report of Implementation Phase of Côte d'Ivoire, Ethiopia, Namibia (CFIT)," UNESCO, 2016.

② UNESCO, "Project Proposal for 'Quality Teachers for EFA' UNESCO – Chinese Funds – in – Trust Project (CFIT) Enhancing Teacher Education for Bridging the Education Quality Gap in Africa," UNESCO, 2012.

第二，评估机制确保了项目作用最大化。

国际组织主导着援助评估机制的发展。尽管发达国家对于非洲存在"援助疲劳"意识，使 20 世纪末非洲经历了一场边缘化的过程，但不可否认，发展援助是发达国家最先开始实施的，国际组织也是发达国家推动建立的，发达国家通过国际组织实施的项目逐渐建立起一系列的运作和评估程序。中国作为发展中国家要想更好地在国际平台上提升影响力，就需要建立一套科学有效的项目评估机制。在这一点上，尽管日本是发达国家，由于战后日美形成的战略同盟关系，其在国际援助上依然是西方世界的跟随者，但日本一直试图改变欧美主导的传统援助方式。受援国对于援助效果的追求也在逐渐增长，使得援助者认识到仅仅实现项目的良好运作是远远不够的。因而，联合国开发计划署（UNDP）决定加强对项目结果的关注。为了实现这一战略计划，联合国开发计划署开发了一个促进学习和绩效测量的监测和评估框架。自 1999 年，联合国开发计划署致力于一项改革计划，以证明该机构有助于推动减贫。① 这个计划主要依赖结果管理（RBM），对发展目标和成果的表现水平进行系统测量和改进，将资源进行战略性管理并予以最佳利用，以提高该组织的发展成效。联合国开发计划署的评估办公室于 2002 年发布了一本评估手册，强调监测和评估可以在过去、现在和将来的干预和结果之间建立明确联系，以加强开发计划署援助的有效性。监测和评估可以帮助国际组织从过去的和正在进行的活动中提取相关信息，随后可以用来作为基础方案微调的基础。没有监测和评估，将无法判断工作是否朝着正确的方向前进，是否取得进步和成功，以及

---

① "Sustainable Development," http：//www.undp.org/content/undp/en/home/our-work/sustainable - development/overview.html.

今后如何努力才能得到改善。① 开发计划署的干预措施包括项目、计划、合作伙伴关系和"软"的援助。对成果的监督有一个独特的转变，即从过去监测项目直接产出的收益到衡量项目对发展的贡献，从而显示开发署干预的成功。同时，监测和评估的对象及目的也是有所区别的。监测更多地是直接指向项目实施本身，看是否按照既定计划执行了。而评估则更偏重衡量项目产出的实际效果，以及项目实施带来的影响和成就。

中国－联合国教科文组织信托基金从设立之日起，中国政府就坚持中国相关领域专家全程参与该项目的实地考察、项目文件的拟定、项目的实施以及项目的评估。一方面是为了确保项目按照既定的方针进行，真正反映和满足非洲国家的发展需求；另一方面是为了积极贡献中国的经验和智慧，同时也虚心向非洲国家学习好的做法。但是，由于该项目在教科文组织的平台实施，需要严格按照教科文组织对于国际项目的管理规则来进行。根据教科文组织程序，外部评估有着严格的项目实施和评估程序，需专门发布公告招聘外部专家，经过严格审核后与外部评估公司签署合同予以实施，并且参与过项目过程的专家均不能参加项目评估环节。也就是说，项目评估一向是聘请外部专家来做的。而中国认为，评估的确应该聘请外部专家来做，以凸显评估的客观性和准确性。但是，随着援助形式的不断变化，对于援助项目的评估有了新的发展趋势——强调"参与性评估"②，即倡导交流与沟通式评估。以前的评估人员都来自外界，即将项目有关人员完全排除在评估过程之外，但是实践证明这样做存有弊端。因为项目以外

①　UNDP Evaluation Office, *Handbook on Monitoring and Evaluation for Results*, New York, 2002.

②　UNDP Evaluation Office, *Handbook on Monitoring and Evaluation for Results*, New York, 2002.

的人士对项目的一些核心问题理解不足，做出的项目评估往往与实际情况脱节，甚至存在理想化的情况。而且，评估的真正意义是为了促进项目的发展，并不是所谓的"一考定终身"式的评判。因此，没有正确与否的评估，只有是否真实、符合实际和准确的评估。此外，中国希望准确掌握项目实施的情况和取得的效果，而不愿使项目评估流于形式，因而提出项目评估应有中方专家全程参与。中国认为，项目评估没有必要避开中方的项目专家，因为这不是一场简单的对与错、好与坏或优与劣的判决，而是理性分析和批评—完善—提高的过程。中国项目专家的参与更能够为外部评估专家提供内部的视角，帮助外部评估专家快速掌握情况，对项目成就做出准确的判断。然而，中国在参与项目评估阶段却遇到了阻碍。但这可以成为以后完善国际援助评估机制的一种方式。

在对援助效果进行评估方面，中国曾经进入了一个误区，就是对自己在哪些领域、向哪些国家、提供了多少资助进行量化统计。比如给了多少钱，建了多少房，捐了多少书，派了多少志愿者，招了多少留学生，等等。这些量化的统计固然较好地总结了一个阶段的工作和成绩，然而彼时中国并没有意识到非洲国家对于发展的深层次需求。随着中非友好关系的不断发展，中国更加了解非洲国家的发展需求，开始不断回顾走过的对非援助之路，总结在这条道路上的种种经历和得失。尤其是在 21 世纪建立中非合作论坛机制以来，中国和非洲国家在各领域的合作全面开展，需要建立一个完善的评估机制，引导中国对非教育援助朝着作用最大化的方向发展。

第三，双边实施机制能够确保项目国家的自主发展。

双边合作交流一直是中国教育援非的传统方法，通过技术合作、人力资源开发合作以及选派援外志愿者等方式，重点帮助非洲受援国改善教育。不管是提供政府奖学金名额、推动学生的双向交流，还是加强双方教育代表团的互访以及中国向非洲国家派遣从事汉语和基础教育的数、理、化各科任课教师，或是促进双方大学间的校际交流与科研合作，以及后来形成的中国与非洲国家教育领域的高层磋商机制，这些教育交流合作活动无一例外都是在双边领域进行的。① 双边的教育援非活动所取得的巨大成就为中非友好关系的发展打下了坚实基础，这使得中非教育信托基金项目避免了传统援助国给非洲受援国带来的"殖民援助"阴影。因此这一项目依然要强调项目国家的自主权。

该项目的实施流程包括前期的实地调研、出台项目文件、与当地项目小组共同实施项目、反馈项目成果以及进行项目评估等内容，每一步都有当地项目小组成员的参与，充分考虑当地实际情况和需求。同时，该项目还强调项目在当地的可持续发展，帮助当地参与项目机构将项目内容结构化，采用可随时学习的网络公开学习材料，配备必要的学习设备，提供全方位技术支持。因此，尽管该信托基金项目总协调在教科文组织总部，但具体实施立足于受援国当地。教科文组织驻受援国办事处只给予日常技术指导，项目实施以项目受援国国家为主导。这充分调动了项目国家的政府部门、教研机构以及专家的积极性和深度参与，从而实现项目成效的可持续影响。

第四，多边协调机制有利于提高项目的影响力。

教科文组织具有多边协调的优势。联合国教科文组织《组织法》强调，"要通过鼓励所有知识领域的合作交流，包括教育、科技和文化领域的人员交流……维护、增进和传播知识"。② 教科文组织是联

---

① 《中非教育合作与交流》编写组编著《中国与非洲国家教育合作与交流》，北京大学出版社，2005年，第8~42页。

② 联合国教科文组织：《联合国教科文组织基本文件》，教科文组织出版社，2010，第8页。

合国系统内最大的专门机构，有充足的相关领域专家和智力支持，是实施国际合作项目的优质多边平台，也是会员国协调双边与多边合作的强有力的第三方。会员国通过教科文组织来协调双边和多边合作的主要方式就是将资金放到多边平台上，由国际组织代为管理项目计划，在项目具体实施方面还是主要通过会员中的援助国政府与受援国家或地区的双边交流合作来进行。这样做的好处在于，充分利用国际组织多边平台领域广的特点，便于实施跨领域项目，同时避免了任何国家政府的各部门之间都可能出现的不和谐现象。实际上就是把跨领域协调的任务交给了教科文组织，会员国政府负责提供资金，并负责监管某些项目的实施。教科文组织总部和总部驻受援国办事处在协调项目利益攸关方的同时，提供专业技术支持，当然也提取项目管理费用。

一些国家充分利用教科文等国际组织实施对外援助项目的经验值得借鉴。在欧洲，法国、英国、荷兰、挪威、瑞典等国家在支持教科文组织的援助项目方面较为积极。亚太地区经济实力较强和参与时间较长的是日本和韩国。前面章节提到，日本政府和韩国政府在通过教科文组织协调双边和多边合作方面略有区别。就信托基金项目而言，日本政府的信托基金项目在其国内由日本国际合作署整体对外负责，日本政府的信托基金资金由该机构转到教科文组织专门账户。该机构把握日本对外援助的整体情况，与教科文组织合作推动日本政府在教科文组织相关领域的活动。[1] 项目实施还是主要由文部省等具体负责教育、科技和文化领域的部委来具体操作。从这一点来说，日本政府的文部省负责教育、科学、文化和体育等相关业务，在跨领域协调合

---

① UNESCO，"UNESCO Executive Board Document 197/4 Part Ⅱ，" 2015，http：// unesdoc. unesco. org/images/0023/002343/234357e. pdf.

作上比跨部委的合作似乎更加容易一些。韩国政府的信托基金项目没有专门的信托基金机构来负责。韩国政府设立于教科文组织的信托基金项目资金来自各个不同领域的部委，比如教育项目来自教育部，文化项目来自文化部，科技项目来自科技部，性别平等综合项目来自外交部等。为了避免各个部委之间的不协调问题以及更好地利用国际组织资源，韩国政府将各领域的资金集中到教科文组织的平台上，利用教科文组织的专业力量，帮助其实施各领域的具体项目。韩国外交部起的作用主要是代表韩国政府与教科文组织沟通协调，签署框架性协议。在韩国政府的项目实施中，仍由各部委负责各自领域的项目，但是有教科文组织总部的监管和教科文组织驻受援国办事处的支持。通过以上比较，不难看出，日本政府在对外援助的设计和实施上整体性更强，内外衔接较为紧密；韩国政府对外援助的内部机构独立性较强，整体性相对松散。

日、韩在教科文组织实施相关领域业务项目就是将双边项目放到多边平台来实施的很好的案例。这样做，一是体现了对外援助的整体性，强化了统一部署，加强了整体效果；二是可以减少或协调国内有关单位和机构之间的矛盾，提高了项目效率；三是便于利用国际组织资源，提升本国项目管理和实施能力，取得成效。

二　加强中国教育援非机制建设的建议

从中国－联合国教科文援非信托基金项目取得的成效来看，完善的教育援非制度是项目顺利运作和实施的保证。而中国以往的教育援非正是缺少完备的协调、管理、运作、评估、推广等机制，难以保证对非教育援助资金获得理想的结果。因此，中国政府在国内、双边和多边三个层面上构建中国教育援非机制建设迫在眉睫。为此，提出以下建议。

第一，加强中国教育援非项目的协调、管理、实施和评估方面的机制建设。从中国－联合国教科文组织信托基金项目所取得的成效来看，该项目借助教科文组织既有的项目实施框架，在统筹协调、项目评估、双边实施和多边协调方面的机制发展为项目的顺利开展和取得显著的成效打下了良好的基础。为了推动中国教育援非的长足发展，建议进一步加强教育援非项目在项目统筹协调、项目管理、项目实施和项目评估方面的机制建设。

第二，在中国教育援非中构建双边合作机制，凸显非洲国家的主观能动性。中国的信托基金项目更强调受援国对项目的自主权，受援国自身的能力建设，以及把它们从该项目中获得的收益持续下去。这一点深得非洲国家赞誉。这与中国一直倡导的平等合作、不干涉内政的原则是完全一致的。如何在教育援非中进一步体现这一原则，中国对非信托基金项目做出了示范，有效地实现了平等、合作、非洲主导的思想理念。因此，中国应该在未来的教育援非中，以此为典范，通过与受援的非洲国家建立双边合作机制，增强非洲国家的自主性与能动性。在此机制中，中国提供援助资金，与非洲国家协调选项，对实施过程进行评估、监督和检查，非洲国家则参与项目选项、评估和检查，通过发挥其主观能动性，全面主导实施进程。

第三，进一步加强与教科文组织等多边机构的合作，在双边和多边两个层次上建立协调机制。中国－联合国教科文组织信托基金项目为中国教育援非工作双边和多边协调机制的发展提供了一个很好的案例，双边为多边项目实施提供资源和支持，真正做到双边与多边的有机结合、相互促进和协调发展。当今的国际社会，国与国之间，无论是发展中国家还是发达国家，在经济全球化的背景下日益紧密地联系起来，相互之间有了更多的交流和合作。中国对非洲国家的援助不再仅仅是一对一的关系，中国与非洲国家之间需要发展一个合作网络，不断拓展合作空间。在全球化的发展背景下，中国对非教育援助也已经被推向了多边舞台，中国和非洲国家之间的教育交流合作不仅关系着中非双方利益与关切，而且还涉及其他有关国家的利益和关切。所以，中国对非教育援助有必要更进一步加强与多边机构的合作。

第二节　促进中国教育援非本土化深入发展

中国在联合国教科文组织设立的援非教育信托基金取得成效的一个重要原因是中国在教育援非中根据非洲国家的实际提供教育援助，并在实施中尊重非洲受援国的主权，由非洲受援国的教育部门主导实施，培训的是非洲受援国本土的教师。特别值得注意的是，在培训的内容上，该项目选择了全球教育的前沿领域——信息通信技术的运用，从而使非洲未来的教育发展能够跟上全球教育发展的步伐。

一　中国教育援非本土化：取得成效、提升影响力的有效途径

在教育援助中，西方国家主要关注教育制度及理念的渗透，经常附带政治条件。非洲在长期被西方殖民、统治和利用的过程中，对于欧美教育模式和外部援助也产生了极强的依附性，严重脱离了非洲国家的实际，造成了大量高端人才的流失，丧失了独立发展的动力和空间。

当前，非洲国家面临着新的发展机遇，迫切需要本土的专业化人才。中国对非教育援助历史悠久，在与非洲国家人力资源合作方面积累了大量的经验。虽然在援助初期，中国接收非洲留学生的规模并不大，但这些留学生毕业后，积极参与本国建设，致力推动中非友好合作关系的发展，为中国教育援非本土化奠定了良好的基础。如埃塞俄比亚总统穆拉图·特肖梅·沃图，以及非洲多国驻华大使和外交官等都曾来华研修。随着中非教育交流合作的不断加深，教育援助项目逐

渐向多边和综合性大项目发展。要防止这些援助项目出现"水土不服",坚持教育援非本土化的方向,是援助取得良效的长久之道。据中国职业技术教育援外培训基地(宁波)对参加培训的 12 个非洲国家的 254 名学员的教育援助途径和效果的调研数据结果显示,75.1%的学员认为,援助国基础教育硬件的投入短期内对改变非洲教育现状作用有限,多数学生由于短时间内看不到因教育带来的现实收益,选择放弃学业。而职业教育因具有学制灵活、实用性强、受益快等特点,成为目前非洲人民愿意接受的教育形式。[①]

　　因此,一方面要充分调动高校、企业、社会组织、研究机构和地方政府共同参与的积极性,提高教育援助的质量和针对性。特别是在中非高等教育合作与交流的一些重大项目框架下,中国高校应通过开展中非学术研讨、科研合作、学科共建、人才培养、专项培训等多种形式,增加实地调研、获取第一手资料的机会,深入了解非洲国家教育管理体制和运行机制,在非洲研究、对非人力资源培训、对非汉语推广、企校共赢合作等方面进一步开展有针对性的合作与交流,促进非洲国家教育管理技能的迅速提升。以"中非大学 20 + 20 合作计划"为例,如中国浙江师范大学在与喀麦隆雅温德第一大学开展项目合作时,了解到合作方多年以来一直期望能开设"电子商务"、"网络安全"和"电子政务"等相关硕士专业课程,便利用中国政府奖学金的名额,为喀方高校培养一批高水平的电子信息类专业师资队伍,使其信息学科的建设获得了难得的发展机遇。此外,该项目与以往开展的项目已经有了很多的不同之处。首先,不再只是点对点的教育援助,而是建立了合作交流的网络和平台,项目范围更广。其次,该项

---

① 王义、任君庆:《中国职教援非:应为与可为》,《职业技术教育》2014 年第
6 期,第 57～59 页。

目包括了以往的专项留学生计划、教师交流计划、合作研究以及办理培训班等形式，项目内容、层次更丰富。再次，不再仅仅依靠高校的力量，而是促成了高校、研究机构、社会力量以及政府部门的全面参与，整合了可利用的教育资源，项目实施主体更多。最后，项目资金由中央政府和地方高校按1∶1的比例共同负担，既体现了政府的支持，又调动了高校自身的积极性，是一种鼓励性的筹资方式。同时，该项目通过开展广泛的国际宣传，更为透明地接受社会监督，已经成为国内外广受关注的大型教育援助方式。

另一方面，中国大量政府奖学金的投入和有针对性的培训班的开设，为非洲国家的发展培养了大批急需的技术和管理人才，并为非洲国家的未来发展储备了人力资源。但是，不论是派遣留学生还是开设培训班，中国通过这种方式培养的非洲人才依然十分有限，难以满足非洲国家迫切的发展需要。因此，非洲国家的长足发展和人力资源培养还依赖于自身教育体系的不断完善，以及本土教师质量的提高。而中国－联合国教科文组织信托基金项目在充分的前期调研和严格的项目实施与评估中，建立了符合本土化需要的运行机制，调动了项目参与者的积极性，使该项目落地生根，赢得项目参与者的一致好评，进一步提升了中国对非教育援助的成效和影响力。

二　促进中国教育援非本土化深入的思考和建议

中国与非洲同属发展中国家，人口众多。非洲国家贫困和失学问题突出，然而在文教传统与经济基础等方面中非存在着巨大差异，中国的成功经验并不能简单在非洲复制。在经济全球化迅速推进和新兴经济体群体性崛起的背景下，非洲发展中国家的援助需求日益多样化，如何在保持中国传统援助理念和援助形式的基础上，实现现代援助与非洲本土化需求的共鸣，对此有以下思考和建议。

一是准确把握非洲本土重点领域不断变化的需求，促进援助的可持续发展。中国－联合国教科文组织信托基金项目在实施前充分调查了解了当地实际情况和发展需求，将调研所了解到的受援国家的实际情况和迫切需求纳入项目规划中，有针对性地提供教育援助，帮助当地加强能力建设，着眼于真正促进受援国长期的、可持续性经济社会发展，从而确定了加强教师培训、缩小非洲教育质量差距的总体目标。

二是促进中非全方位伙伴关系的发展，调动地方政府、大学、非政府组织和其他志愿方的资源，汇集经验、技术。中国教育援非项目在今后的实施过程中，需进一步调动当地各项教育资源，鼓励其参与项目实践。

三是加强研究和知识分享，构建本土区域性的网络社区，注重成果迅速有效地推广。

第三节　借助多边机制，参与全球治理

中国－联合国教科文组织信托基金的设立是中国自身发展和身份重塑的需要，因此应明确提出全球治理体系变革的中国构想。一是借助该信托基金项目进一步推动中国教育援非项目从双边向多边的发展，提升中国开展多边领域教育援非项目的信心；二是通过该信托基金项目进一步深入了解和参与教科文组织在教育等主要领域的活动计划以及改革进程，提升中国参与国际组织能力建设的水平；三是以在教科文组织设立该信托基金为突破口，弥补中国教育援非资源的不足，进一步加强与发展中国家的紧密联系，提升中国参与全球治理进程的能力。

一　中国－联合国教科文组织信托基金对全球治理进程的积极影响

　　国际组织在当今全球治理中发挥着越来越重要的作用。"国际组织的基础在古代就已经形成，但是国际组织本身直到 19 世纪，即在作为民族国家的政治结构出现之后才出现。"① 然而，民族国家之间最初的国际交往并不是通过国际组织，而是通过国际会议进行的。威斯特伐利亚会议是国际关系史上的一次重要国际会议，它提供了解决国际争端和冲突的新方式——国际会议。但是国际会议终究规模不够大、范围不够广、结构上较松散，还不足以长期解决国际纷争。于是，随着民族国家之间交往的频繁，国际组织在 19 世纪后期逐渐成长起来。第一次世界大战以后，美国总统威尔逊提出了建立"国际联盟"的主张。国际组织逐渐在国际舞台上显示出重要作用。联合国是第二次世界大战的产物，是在世界反法西斯联盟的基础上建立的，其目的是维护国际和平与安全。联合国教科文组织是联合国体系内的专门机构之一。从建立的初衷来讲，国际组织就是为了协调解决国际纷争。在经济全球化时代，国际组织促进了会员国之间的协调沟通，从而对全球问题的解决起着重要作用。因而，中国积极参与国际组织的各种活动和议程便是参与全球治理进程，发挥自身作用的有效途径。

　　从美国对联合国及其系统内有关国际机构的影响来看，各国对国际组织的财务影响是不可忽视的重要因素。就教科文组织而言，2014 年为教科文组织提供预算外财源的 25 个最大捐助者包括 7 个

---

① A. Bennett, *International Organizations：Principles and Issues*（3ʳᵈ Edition），N. J.：Prentice–Hall Inc.，1984，p. 28.

国际机构和 18 个会员国。会员国包括意大利、瑞典、荷兰、挪威、韩国、日本、瑞士、芬兰、法国、澳大利亚、加拿大、英国、德国、比利时等传统捐助国；还有石油输出国组织的捐助国之一沙特阿拉伯，另外有三个发展中国家：巴西、秘鲁和中国。巴西的捐助资金在 25 个最大捐助者中排名第 2 位，中国的捐助资金排名第 23 位。①列举以上捐助者及其排名是要说明以下问题：一是各国通过捐助资金来获取发言权是国际社会不言而喻的事实，在各类投票选举中也有着这样或那样的交换协议；二是传统捐助国虽然捐助份额有所下降，但是他们还不愿放弃过去占据的位置；三是新兴捐助国日益增多，发展中国家在国际组织内的发言权在增强，对于国际事务的参与在增多；四是中国对于教科文组织等国际组织的资金投入还有增长的空间。同时，统计资料显示，确实有越来越多的发展中国家捐助资金给教科文组织，除了前文提到的巴西和秘鲁，还有布隆迪、喀麦隆、印度、马达加斯加和泰国等。但是这些发展中国家捐助的资金主要属于自利型资金，意为这些资金主要用于捐助国本国的活动计划。只有中国的捐助资金不是为了用于自身，而是提供给非洲、东南亚以及拉丁美洲等地区的发展中国家。

当前教科文组织面临严峻的财政危机。联合国教科文组织在二战后成立，旨在通过教育、科学和文化促进各国之间的合作，为和平与安全做出贡献。教科文组织是为数不多的不是由美国而是由欧洲国家联合主导建立的国际机构。但是基于各国的经济实力对比，参照联合国会费比额，美国依然是教科文组织缴纳会费最多的国家。因此，美国希望有足够的话语权。但是，教科文组织的前身——国际联盟时期

---

① UNESCO，"UNESCO Executive Board Document 197/4 Part Ⅱ，" 2015，http：// unesdoc. unesco. org/images/0023/002343/234357e. pdf.

的国际智力合作研究所——成立之初就聚集了一批具有自由思想的知识分子。教科文这个平台崇尚表达自由，发展中国家在这个平台上有较多的话语权。[①] 也因为此，美国一直指责发展中国家将教科文组织政治化。在 2009 年教科文组织接纳巴勒斯坦为会员国以后，美国便停止向教科文组织缴纳比额为 22% 的会费，使教科文组织陷入严重的财务危机。教科文组织不得不大量削减项目预算，减少活动计划，甚至裁员。危机之下，该组织开展了一系列开源节流的改革行动，包括向社会租借会场、办公室，筹集资金等。对此，人们褒贬不一。有人认为，改革恰逢时日，并且卓有成效；有人认为，改革纯属无奈，并且没有取得实际效果。教科文组织缩减预算，一些计划和项目无法实施，教科文组织在教育、科学和文化等主要业务领域的全球领导力受到削弱。2017 年，在教科文组织第 39 届大会教科文总干事换届选举期间，美国和以色列相继宣布于 2018 年底退出教科文组织，更令财务状况雪上加霜。

中国对教科文组织的参与适时加强。正如新当选的总干事阿祖莱女士所强调的：危机时刻，教科文组织从未如此重要。从 2012 年到 2015 年，中国承办了一系列教科文组织的重要国际会议，包括国际职业技术教育大会、文化促进可持续发展大会、创意城市网络大会、国际语言大会和国际教育信息化大会等。同时，中国政府及私营部门还主动出资与教科文组织合作推动有关领域的活动计划。例如，中国政府于 2012 年在教科文组织设立的援非信托基金项目、中国海南航空公司于 2014 年在教科文组织设立的女童和妇女教育信托基金以及深圳市政府于 2015 年在教科文

---

① 谢喆平：《中国与联合国教科文组织的关系演进：关于国际组织对会员国影响的一项经验研究》，教育科学出版社，2010，第 17 页。

组织设立的高等教育基金等。① 这些举措极大地帮助了处于财务困境的教科文组织推动有关领域的活动计划，提升其可视度，保证其在世界范围内的专业影响力。可以说，教科文组织现在越来越依赖中国等发展中国家的支持。中国现在对教科文组织的参与与以往的情况已经全然不同了。

　　中国教育信托基金项目在教科文组织的实施更是为中国提升参与教科文等国际组织的能力提供了范本。在前文讲述中国为何要在教科文组织设立和实施该信托基金项目时，本书强调了教科文组织的优势和教科文组织可以给予的帮助和支持。在当今的国际环境下，尤其在具体的项目实施过程中，中国对于这个项目的贡献和中国对于教科文组织能力建设的推动日益凸显。教科文组织内部确实有很多专业水平高的专家，但是教科文组织也是一个庞大的官僚机构，不仅程序烦琐，还往往人浮于事，总部尤其如此。特别是当前在联合国教科文组织面临财务危机之时，中国－联合国教科文组织信托基金项目的实施对教科文组织自身起到了积极变革作用。首先这是发展中国家设在教育领域援助非洲教育发展的首个信托基金项目，引起了国际社会的关注和兴趣。其次，中国缺乏在多边领域实施教育援助项目的经验，而教科文组织有着丰富的经验。再次，中国强调要充分利用教科文组织内部的专业支持，以体现中国与教科文组织的合作以及该项目在教科文组织平台实施的特点，于是教科文组织的专家们被推到了第一线。否则，按照惯例，该组织常选择使用项目经费去聘请外部的专家来具体实施，而自己只在一旁监督。在项目起始阶段，教科文组织有关部门也提出了使用项目经费聘请外部专家的要求，但是中国借调专家表

---

① UNESCO, "UNESCO Executive Board Document 197/Decisions," 2015, http://unesdoc. unesco. org/images/0023/002351/235180e. pdf.

示，首先需要充分利用教科文组织自己的专家力量，如果在教科文组织平台仅仅花钱聘请外部专家来实施的话，中国自己也可以进行。教科文组织的专家对项目有着充分的了解，具有丰富的非洲事务和教育援助的组织经验，不但使该项目得以顺利开展，同时也促进了教科文组织内部的能力建设。通过参与该信托基金项目的运作，教科文组织的专家们对这个项目充满信心。他们纷纷表示，这个项目很特别，项目国家对项目有完全的所有权，能通过信息通信技术推动项目国家教师培训机构的能力建设。因此，期望项目能够持续开展下去。这是中国通过该信托基金项目积极参与国际组织变革的重要案例，因为人的变革才是变革的核心，以此来推动事的变革、机构的变革和国际社会的变革。因此，中国在教科文组织实施的信托基金项目对于教科文组织等国际组织的变革有着重要的推动作用，也对提升中国参与国际组织变革的能力有着很好的启发和借鉴意义。

中国－联合国教科文组织信托基金项目通过多边平台实施，各方反响积极。中国－联合国教科文组织信托基金项目在教科文组织平台实施，经费用于非洲项目国家，通过提供设备，加强信息通信技术的技术培训，提高项目国家的教师质量和教育质量。① 这样的利他项目在教科文组织反响很好，也得到非洲国家的支持。2017 年当得知该项目将延续两年时，所有项目实施国家均表示希望继续实施该项目。因为项目成效明显，能够推动当地教育的可持续发展。很多现在没有进入该项目的非洲国家纷纷表达加入该项目的意愿。可见中国信托基金项目在教科文组织的设立和实施提升了中国在非洲的影

① UNESCO, "Project Proposal for 'Quality Teachers for EFA' UNESCO – Chinese Funds – in – Trust Project（CFIT）Enhancing Teacher Education for Bridging the Education Quality Gap in Africa," UNESCO, 2012.

响力。这一项目的成功表明，通过给予国际组织资金支持，派遣专业人员，结合国内发展需求和国际组织的力量优势，在国际组织框架内合作开展国际项目，是中国提升在全球治理领域的话语权的可行方式。中国－联合国教科文信托基金项目的实施所取得的成效是中国参与教育领域的全球治理的良好开端，为巩固这一成果和更深入地在参与全球治理中发挥中国的智慧和影响力，至少还有以下工作需要跟进：一是升级项目实施平台，二是提高项目实施水平，三是培养本国国际组织人才，四是参与核心领域的重要活动计划的制定，五是参与国际组织的改革进程，六是赢得有关会员国的支持，七是提升本国的软实力，扩大国际影响。如果能全面做到以上七点，那么项目的实施必将更有成效，也必定会推动中国深入参与全球治理进程和扩大国际影响力。

二 借助多边，规避自身不足

从中国－联合国教科文组织信托基金项目所取得的成效来看，通过多边平台实施中国对非教育援助项目，既可借力于国际组织，扩大影响，又可通过参与国际组织实践提升中国教育援非的人力资源水平。因此，从借助多边力量，规避自身不足的角度，提出如下建议。

第一，借助多边力量，参与全球治理。从中国在联合国教科文组织设立中国－联合国教科文组织信托基金来看，中国充分考虑了教科文组织作为联合国系统内最大的智力合作机构，在国际教育援助项目实施方面经验丰富，具有专业、系统的项目管理和运作机制等有利因素。事实证明，通过教科文组织多边平台实施中国对非教育援助，从项目设计、项目管理、项目实施、项目评估乃至项目宣传等方面得到了有效运作和切实实施，加强了调动国际专业知识来提高援助的成效的能力，取得了较为积极的成果。因而，借助多边力量，重视加强与国际组织和其他捐助机构的伙伴关系，是深入参与全球治理的有效途径。

第二，规避自身不足，提升参与全球治理的水平。援助规模并非有效援助的唯一评判标准，从历史和现实情况来看，在教育援助中专业知识的传播，极大地依赖语言和本土能力。从中国－联合国教科文组织信托基金项目的实施来看，利用教科文组织既有的专业体系和人力资源，有效规避了中国在这方面的缺失，同时通过项目实施锻炼和培养了中国在教育援非领域的专业人才。因此，从培养更多中国自己的国际人才的角度，中国政府有必要继续加强与国际组织的合作，继续在多边平台实施教育援非项目，在规避自身力量不足的同时，积极发挥中国的作用和影响力。

比较典型的例子是日本人绪方贞子，她在 1990～2000 年出任联合国难民署高级专员，任期内逐步成为国际上广受赞誉的日本女外交官。绪方贞子于 2003 年 10 月～2012 年 3 月出任日本国际合作署理事长①。在其任内，绪方贞子推动了日本国际援助机构改革，使其成为世界上规模最大的援助机构，并改革了日本国际合作署的援助方式，从技术援助为主转变为综合性援助为主。这显著提高了日本对外援助效率。日本另一位著名的外交官是松浦晃一郎，他曾担任教科文组织世界遗产委员会主席。1999 年 11 月松浦晃一郎被任命为联合国教科文组织总干事，任期 6 年。在 2005 年 10 月的选举中，非盟投票一致支持其连任。日本取得的这些外交成就与派员本人丰富的国际组织任职经历以及非洲国家的鼎力相助是分不开的。因此，大力推荐中国籍中高级国际组织干部、培养和储备国际型青年骨干人才，对于加强中国在国际组织中的人事布局，提升参与全球治理的水平至关重要。

---

① http：//www. jica. go. jp/english/about/president/archive/archives_ ogata/index. html.

结　论

"中非从来都是命运共同体"。考古材料证明，非洲有过灿烂的远古文明，虽与中国远隔重洋，但双方的友好交往源远流长。21世纪之前的数百年间，非洲经历了漫长的欧洲殖民统治、西方列强分治、争取民族独立和解放的艰苦卓绝的斗争，独立后的民族和国家冲突以及内外战争的动荡，迟滞了非洲的发展与现代化进程。但是非洲与中国有着共同的历史遭遇、现实的发展任务和诸多的共同利益，奠定了双方相互支持、彼此合作、互利共赢的坚实基础。在21世纪，人类思想的解放程度、生产力发展的水平和适应与改造自然界的能力已与20世纪不同。非洲——特别是撒哈拉以南非洲国家逐步走出内战、饥贫和疾病的阴影，努力发展民族经济，提高全民教育水平。中非交流与合作的广度与深度空前发展。这不仅体现在中国已经成为非洲第一大贸易伙伴和中非高频度的高级别互访中，也表现为更广泛的交流合作和更有效的援助形式正在非洲国家发挥积极作用。其中，中国对非洲的教育援助是提高中国的文化自信、促进人类文明交融的重要手段。中国－联合国教科文组织信托基金之所以在六年时间里（2012~2018年）就取得了令人瞩目的成效，并得到非洲项目国家的广泛认可和由衷好评，充分说明了中国在对非洲教育援助中找到了适合双方发展的互利共赢之路。对此，本书做以下总结。

第一，中国－联合国教科文组织信托基金标志着中非新型教育合作关系的开端，"教育第一"是其理论定位。2012年9月，联合国启动了"教育第一"全球倡议行动（2012~2016年），将教育作为全球的最优先事项，并指定教科文组织作为"教育第一"全球倡议秘书处提供全面支持。教科文组织前总干事伊琳娜·博科娃为此指出："我们必须不断推动教育投入——因为教育投入是消除贫困、推动增长、促进社会更加包容、和平的最佳方式。除此之外别无选择，该倡议的核心就在于此。"① 中国－联合国教科文组织信托基金于当年 11 月发起，是中国执行联合国"千年发展目标"，响应"教育第一"全球倡议的积极行动，对于教科文组织帮助会员国加快实现"全民教育"，提高中国教育援非项目规范化水平有着良好的示范作用。

据联合国教科文组织公布的《全民教育全球监测报告》的最新政策研究显示，2015～2016 年全球教育援助增长 15 亿美元，增长额度为 13%，总额达 134 亿美元，在教育援助总额连续六年下降的情况下，创造了自 2002 年开展该类统计以来的最高水平。对此，教科文组织新任总干事阿祖莱认为："教育援助资金增长是一个积极信号"，这表明教育作为发展基石的作用越来越得到捐助方的认可。

第二，中国教育援助不能囿于国际组织制定的框架规则，要不断创新，成为新规则的主要参与者，并"用好"教育援助资金的每一分钱。尊师重教是中国自古以来的优秀传统，如何在教育援助领域与重要国际组织保持良好的战略合作关系，更好地承担大国责任，从而成长为教育援助强国，是亟待研究和解决的问题。例如，经济合作与发展组织开展了两项大型国际教育研究项目——国际学生评估项目（Program for International Student Assessment，PISA）和教与学国际调查（Teaching and Learning International Survey，TALIS）。在 2009 年和 2012 年举行了两次国际学生评估项目的测试，来自全球 65 个国家和地区的约 50 万名 15～16 岁之间的学生参加测试，中国上海的学生两

---

① "Global Education First Initiative," http：//www. globaleducationfirst. org.

度取得所有科目（数学、科学和阅读）全球领先的优异成绩，引起了世界各国对中国基础教育的极大关注。为此，英国自2014年起持续全额资助中英数学教师交流项目，并积极引入上海小学数学教材。2016年2月，经济合作与发展组织还公布了"教与学国际调查"的结果，这项历时三年基于大样本调查的教师研究项目结果显示，上海初中教师与校长的各项专业发展活动优势显著，教师年轻化、专业化水平等多项指标位居首位或远超国际平均值。2016年7月，英国宣布在未来4年投入4100万英镑，在8000所小学推广采用上海数学教学模式。2017年11月，联合国教科文组织批准在中国上海设立"教师教育中心"。以上事实表明，中国优质的教育经验已在深刻地影响着包括发达国家和国际组织在内的全球教师教育，因此中国在教育援助实践中也应突破既有模式和框架，争取成为标准和规则制定过程的主要参与者。

随着非经合组织发展援助委员会成员援助规模的不断扩大，2015年9月26日，中国政府在联合国可持续发展峰会上宣布设立"南南合作援助基金"，并承诺提供20亿美元的首期基金，此基金主要用于改善受援国人民生活水平，并鼓励更多国内援助提供者以提交方案的方式参与对外援助活动；力争对最不发达国家的援助2030年达到120亿美元；免除最不发达国家2015年的到期债务。同年12月，在约翰内斯堡中非合作论坛峰会上，中国还宣布将在未来三年内向非洲提供600亿美元的资金支持，同时将中非新型战略伙伴关系提升为全面战略合作伙伴关系。对此，要消除外界对中国"支票簿"式援助的质疑，把好事办好，必须进行更为深入的田野调查和案例分析，提出更为系统、更为具体、更切合非洲国家发展实际的教育援助主张，形成更为有力的理论依据，使中国与受援国真正成为命运共同体。

第三，多边与双边应有效结合，"设评估"与"交钥匙"需并行并重。在经济全球化和信息技术快速发展的今天，可预见的是非洲愈加重视区域一体化和教育自强，援助行为主体将会更加多元。特别是更为公开的项目评估信息吸引着优质民间资本加入进来，将成为今后发展的趋势之一。中国的援助评估在多年发展过程中，基于现有的援助方式，对于项目质量的评估积累了一定的经验，但评估实施较为分散，对援助评估的重视程度仍有待提高。应逐步加强对援助政策和管理的评估，开展项目和方案援助评估，开展针对不同受援国家和地区、不同援助领域的专项评估，特别是应加强后评估。另外，联合评估有助于各方的有效参与，但同时花费更高，协调与组织也更为复杂，甚至会因为专家的个人价值标准影响援助进程。而双边援助中"交钥匙"这一中间环节少、部署快、执行成本低的模式有时更符合当地的实情和中国的国情。例如非洲第 54 个国家——南苏丹是目前世界上最"年轻"的国家，有着强烈的教育需求。2016 年底，由中国商务部为主导，文化出版企业作为实施主体的中国援助南苏丹教育技术合作项目成功启动。来自联合国教科文组织、中国教育机构和南苏丹本国的专家学者参加了启动仪式。该项目是中国首个综合性教育援外项目——结合南苏丹国情特点和教育现状，从顶层教育规划、教材开发、教师培训、信息通信技术教师培训中心建设、教材印刷 5 个模块切入，旨在全面改善南苏丹教育环境，帮助其建成整套现代教育综合发展体系，实现南苏丹"新国家、新教育"的发展目标，从而成为分享中国经验、传播中国理念、贡献中国智慧的教育援助直通车。

第四，教育援助并非万能解药，需践行"知行合一"。在一些接近最不发达国家标准的非洲国家中，长期以来的小学入学率、成人识字率等教育水平指标名列前茅，却并不能反映出几近崩溃的经济形势和屡创新高的失业率。因此教育援助的有效性和可持续性，离不开对受援国国内外环境稳定性的研判。中国已经成长为新兴的国际发展援助大国，但整体的援助规模尚不具备重塑国际援助格局的能力，中国的对外教育援助在很大程度上更是处于摸索实践、持续学习以及对先进模型的复制阶段。中国－联合国教科文组织信托基金项目所提供的经验亦不能够解决中国教育援非中的所有问题，因涉及诸多部门的切身利益使之难以搬用国际组织的现成方法去实施运行，只有既做思想者也做行动者，通过更为严谨的布局和不断的复盘，才能下好中国教育援非这盘大棋。

2018 年在中国北京召开了中非合作论坛峰会暨第七届部长级会议。中国作为负责任的发展中大国，提供更多高质量的全球性公共产品的任务已经提上了议事日程。中非关系处在历史的新起点上，中国对非教育援助将面临更多的机遇、挑战和不确定性。借助多边机制，中国－联合国教科文组织信托基金项目的经验尤其值得借鉴。

参考文献

（一）中文著作

靳希斌、安雪慧等：《国际教育援助研究：理论概述与实践分析》，福建教育出版社，2008。

〔瑞士〕布鲁诺·S. 弗雷：《国际政治经济学》，吴元湛等译，重庆出版社，1987。

陈建主编《国际经济合作教程》，中国人民大学出版社，1998。

崔日明、阎国庆主编《国际经济合作》，机械工业出版社，2007。

〔美〕黛博拉·布罗蒂加姆著《龙的礼物——中国在非洲的真实故事》，沈晓雷、高明秀译，社会科学文献出版社，2012。

〔赞比亚〕丹比萨·莫约：《援助的死亡》，王涛、杨慧等译，刘鸿武审校，世界知识出版社，2010。

〔中非〕蒂埃里·班吉：《中国，非洲新的发展伙伴》，肖晗等译，世界知识出版社，2011。

丁韶彬：《大国对外援助——社会交换论的视角》，社会科学文献出版社，2010。

窦金美主编《国际经济合作》，机械工业出版社，2006。

胡宗山：《政治学研究方法》，华中师范大学出版社，2007。

姬会英主编《国际经济合作实务》，清华大学出版社、北京交通大学出版社，2008。

〔英〕肯尼斯·金：《中国对非洲的援助与软实力：以教育和培

训为例》，刘爱生、彭利平译，浙江大学出版社，2015。

联合国教科文组织：《联合国教科文组织基本文件》，教科文组织出版社，2010。

李安山等著《非洲梦：探索现代化之路》，江苏人民出版社，2013。

李建忠：《战后非洲教育研究》，江西教育出版社，1996。

李小云、唐丽霞、武晋编著《国际发展援助概论》，社会科学文献出版社，2009。

李小云、徐秀丽、王伊欢：《国际发展援助：非发达国家的对外援助》，世界知识出版社，2013。

联合国教科文组织国际教育局著《国际比较教育季刊·教育展望：有效教育援助》，华东师范大学译，华东师范大学出版社，2012。

刘鸿武、黄梅波等：《中国对外援助与国际责任的战略研究》，中国社会科学出版社，2013。

刘鸿武、罗建波：《中非发展合作：理论、战略与政策研究》，中国社会科学出版社，2011。

刘青建：《发展中国家与国际制度》，中国人民大学出版社，2010。

刘云主编《非洲与外部世界关系的历史变化》，世界知识出版社，2014。

〔美〕迈克尔·E.罗洛夫：《人际传播：社会交换论》，王江龙译，上海译文出版社，1997。

〔美〕迈克尔·托达罗：《经济发展与第三世界》，印金强、赵荣美译，中国经济出版社，1992。

门镜、〔英〕本杰明·巴顿主编《中国、欧盟在非洲：欧中关系中的非洲因素》，李靖堃译，社会科学文献出版社，2011。

魏雪梅：《冷战后中美对非洲援助比较研究》，中国社会科学出版社，2013。

〔美〕乔纳森·特纳：《社会学理论的结构》（第6版），邱泽奇译，华夏出版社，2001。

盛洪昌主编《国际经济合作》，中国人民大学出版社，2009。

石林主编《当代中国的对外经济合作》，中国社会科学出版社，1989。

宋新宁、陈岳：《国际政治经济学概论》，中国人民大学出版社，1999。

谢喆平：《中国与联合国教科文组织的关系演进：关于国际组织对会员国影响的一项经验研究》，教育科学出版社，2010。

熊淳编著《人文贫困与基础教育援助——日本的非洲策略研究》，三联书店，2013。

袁本涛：《发展教育论》，江苏教育出版社，2005。

翟风杰、王玉华、潘良：《非洲一体化背景下的中非合作》，世界知识出版社，2013。

章昌裕主编《国际发展援助》，对外贸易教育出版社，1993。

章昌裕主编《国际经济合作》，东北财经大学出版社，2009。

张海冰：《发展引导型援助：中国对非洲援助模式研究》，上海人民出版社，2013。

张宏明主编《非洲发展报告》，社会科学文献出版社，2014。

张民选：《国际组织与教育发展》，上海教育出版社，2009。

张永蓬：《国际发展合作与非洲：中国与西方援助非洲比较研究》，社会科学文献出版社，2012。

《中非教育合作与交流》编写组编著《中国与非洲国家教育合作与交流》，北京大学出版社，2005。

中华人民共和国国务院新闻办公室：《中国的对外援助》，人民出版社，2014。

中国军事百科全书编审委员会编《中国军事百科全书》（光盘

版），军事科学院军事百科研究部．北京北大方正电子出版社，"军事援助"条目。

周弘：《对外援助与国际关系》，社会科学文献出版社，2002。

（二）中文论文

程家福：《新中国来华留学教育结构研究（1950～2007年）》，华东师范大学博士学位论文，2009。

丁韶彬：《社会交换论视角下的对外援助》，中国人民大学博士学位论文，2007。

丁韶彬：《国际援助制度与发展治理》，《国际观察》2008年第2期。

顾建新：《国际援助非洲教育发展及对我国的启示》，《西亚非洲》2008年第3期。

贺文萍：《中非教育交流与合作概述——发展阶段及未来挑战》，《西亚非洲》2007年第3期。

李安山：《论中国对非洲政策的调适与转变》，《西亚非洲》2006年第8期。

李安山：《东京非洲发展国际会议与日本援助非洲政策》，《西亚非洲》2008年第5期。

李安山：《为中国正名：中国的非洲战略与国家形象》，《世界经济与政治》2008年第4期。

刘丽云：《国际政治学理论视角下的对外援助》，《教学与研究》2005年第10期。

刘贵今：《理性认识对中非关系的若干质疑》，《西亚非洲》2015年第1期。

楼世洲、徐辉：《新时期中非教育合作的发展与转型》，《教育研究》2012 年第 10 期。

刘乃亚：《互利共赢：中非关系的本质属性——兼批"中国在非洲搞新殖民主义"论调》，《西亚非洲》2006 年第 8 期。

刘太伟：《冷战后欧盟对非洲援助政策的调整》，上海师范大学硕士学位论文，2007。

罗建波、刘鸿武：《论中国对非洲援助的阶段性演变及意义》，《西亚非洲》2007 年第 11 期。

潘忠：《联合国开发计划署援助与中国的发展——一个国际多边发展援助案例的研究》，中国人民大学博士学位论文，2006。

沈雪霞：《日本国际教育援助的发展现状》，《世界教育信息》2009 年第 10 期。

田丽：《探析冷战后的国际粮食援助：以国际社会对朝鲜的粮食援助为例》，华中师范大学硕士学位论文，2007。

王洪一：《试论"中国威胁论"》，《西亚非洲》2006 年第 8 期。

王义、任君庆：《中国职教援非：应为与可为》，《职业技术教育》2014 年第 6 期。

卫生部国际合作司：《加强实施新战略改革援助非洲医疗工作——记中国援外医疗队派出 40 周年》，《西亚非洲》2003 年第 5 期。

魏雪梅：《冷战后中美对非洲援助比较研究》，中共中央党校博士学位论文，2008。

吴萌：《冷战后中国对非洲的发展援助》，上海外国语大学硕士学位论文，2008。

吴卿艳：《国际教育援非的发展、问题及对策》，《教育发展研究》2009 年第 5 期。

沈志华、董洁：《朝鲜战后重建与中国的经济援助（1954 ~ 1960)》，《中共党史研究》2011 年第 3 期。

熊淳：《减贫战略框架下日本对非洲的基础教育援助研究》，华东师范大学博士学位论文，2010。

徐辉：《战后国际教育援助的影响、问题及趋势》，《外国教育研究》2000年第1期。

张秀琴等：《中国和非洲国家的教育交流与合作》，《西亚非洲》2004年第3期。

张郁慧：《中国对外援助研究》，中共中央党校博士学位论文，2006。

赵玉池、陈时见：《国际教育援助及其对世界教育发展的影响》，《比较教育研究》2010年第10期。

郑裕：《结构调整与非洲教育》，《比较教育研究》2009年第11期。

周弘：《中国援外六十年的回顾与展望》，《外交评论》2010年第5期。

朱丹丹：《国际援助体系与中国对外援助：影响、挑战及应对》，《国际经济合作》2013年第3期。

（三）其他中文文献

联合国教科文组织：《加强教师培训，缩小非洲教育质量差距》，http：//fr. unesco. org/node/179999。

联合国新闻，http：//www. un. org/chinese/News/story. asp？newsID = 22023。

蒲坚：《信托不止于金融》，《人民日报》2013年8月29日，第10版。

全球孔子学院统计数据：http：//www. hanban. edu. cn/confucious-institutes/node_ 10961. htm，上网时间2015年12月20日。

温家宝：《坚持走和平发展道路、促进世界和平与繁荣——在澳大利亚总理霍华德举行的欢迎宴会上的演讲》，《人民日报》2006 年 4 月 4 日，第 3 版。

商务部援外司：《2006 年中国对外援助基本情况》2007 年 1 月 15 日，http：//yws. mofcom. gov. cn/aarticle/b/d/200701/20070104267249. html。

习近平：《携手构建合作共赢新伙伴，同心打造人类命运共同体——在第七十届联合国大会一般性辩论时的讲话》，纽约，2015 年 9 月 28 日。

《世界粮食计划署称津巴布韦面临严重粮食短缺危机》，新华网，http：//news. xinhuanet. com/world/2013 - 09/04/c_ 117215580. htm。

《习近平同南非总统祖马举行会谈》2013 年 3 月 26 日，新华网，http：//news. xinhuanet. com/world/2013 - 03/26/c_ 115168443. htm。

保罗·沃尔福威茨（Paul Wolfowitz）：《中国为非洲提供了宝贵经验》，梁鸥译，《金融时报》2006 年 11 月 1 日。

张东伟：《中国为非洲培训人才超过万人》，《人民日报》（海外版），2009 年 11 月 17 日，第 4 版。

中非合作论坛第一届部长级会议文件：《中非合作论坛北京宣言》，http：//www. focac. org/chn/ltda/dyjbzjhy/hywj12009/t155560. htm。

中非合作论坛第一届部长级会议文件：《中非经济和社会发展合作纲领》，http：//www. focac. org/chn/ltda/dyjbzjhy/hywj12009/t155561. htm。

中非合作论坛第二届部长级会议文件：《中非合作论坛——亚的斯亚贝巴行动计划（2004 ~ 2006 年）》，http：//www. focac. org/chn/ltda/dejbzjhy/hywj22009/。

中非合作论坛第三届部长级会议文件：《中非合作论坛北京峰会宣言》，http：//www. focac. org/chn/ltda/bjfhbzjhy/hywj32009/t584776. htm。

中非合作论坛第三届部长级会议文件：《中非合作论坛——北京行动计划（2007 ~ 2009 年）》，http：//www. focac. org/chn/ltda/bjfh-bzjhy/hywj32009/t584788. htm。

中非合作论坛第四届部长级会议文件：《中非合作论坛沙姆沙伊赫宣言》，http：//www. focac. org/chn/ltda/dsjbzjhy/bzhyhywj/t626386. htm。

中非合作论坛第四届部长级会议文件：《中非合作论坛－沙姆沙伊赫行动计划（2010 至 2012 年）》，http：//www. focac. org/chn/ltda/dsjbzjhy/bzhyhywj/t626385. htm。

中非合作论坛第四届部长级会议文件：《中非合作论坛北京峰会后续行动落实情况》，2009 年 11 月 10 日，http：//www. focac. org/chn/dsjbzjhy/bzhyhywj/t627503. htm。

中非合作论坛第五届部长级会议文件：《中非合作论坛第五届部长级会议北京宣言》，2012 年 7 月 23 日，http：//www. focac. org/chn/ltda/dwjbzzjh/hywj/t954267. htm。

中非合作论坛第五届部长级会议文件：《中非合作论坛第五届部长级会议——北京行动计划（2013 年至 2015 年）》，2012 年 7 月 23 日，http：//www. focac. org/chn/ltda/dwjbzzjh/hywj/t954617. htm。

中非合作论坛第六届部长级会议文件：《中非合作论坛约翰内斯堡峰会宣言》，2015 年 12 月 25 日，http：//www. focac. org/chn/ltda/dwjbzzjh_ 1/hywj/t1327765. htm。

中非合作论坛第六届部长级会议文件：《中非合作论坛—约翰内斯堡行动计划（2016 年至 2018 年）》，2015 年 12 月 25 日，http：//www. focac. org/chn/ltda/dwjbzzjh_ 1/hywj/t1327766. htm。

中非合作论坛北京峰会文件：《关于构建更加紧密的中非命运共同体的北京宣言》，2018 年 9 月 5 日，http：//www. fmprc. gov. cn/wjb－673085/zzjg－673183/fzs－673445/t1591910. shtml。

中非合作论坛第七届部长级会议文件：《中非合作论坛－北京行动计划（2019 年至 2021 年）》，2018 年 9 月 5 日，http/www. fmprc. gov. cn/wjb－673085/zzjg－673183/fzs－673445/dgzzhzjz－

673449/zf/hz/t6735b3/zywj – 673575/t1592067. shtml。

中国政府：《中国对非洲政策文件》，《人民日报》2006 年 1 月 13 日，第 3 版。

布兰特赫基金会 2007 年 7 月的讨论文件：《保罗·卡加梅总统的演讲》，中国人大网：http：//www. npc. gov. cn/npc/xinwen/2018 – 03/18/content_ 2050371. htm。

中国政府：《中国对非政策文件》（2015），http：//www. focac. org/chn/ltda/dwjbzzjh_ 1/t1321590. htm。

《中国驻外（非洲）使馆列表》，http：//www. fmprc. gov. cn/web/zwjg_ 674741/zwsg_ 674743/fz_ 674747/。

中华人民共和国外交部网站，http：//www. fmprc. gov. cn/web/gjhdq_ 676201/gj_ 676203/fz_ 677316/1206_ 677366/1206x0_ 677368/。

《中华人民共和国信托法》第 2 条、第 60 条、第 61 条，2001 年 4 月 28 日。

《财政部、教育部关于完善中国政府奖学金资助体系和提高资助标准的通知》。

《中国教育年鉴》编辑部编《中国教育年鉴》（1995～2015 年），人民教育出版社，1995 – 2015。

中华人民共和国外交部政策规划司编《中国外交》（2009～2018 年），世界知识出版社，2010 – 2018。

国家留学基金委：《2016 年商务部 MOFCOM 奖学金招生指南》，http：//www. csc. edu. cn/laihua/scholarshipdetail. aspx？cid =93&id =4868。

汉语教师海外志愿者网站数据：http：//www. hanban. edu. cn/volunteers/node_ 9652. htm。

教育部国际合作与交流司：《落实中非合作论坛举措　加大对非教育援助力度》，商务部对外援助司网，http：//yws. mofcom. gov. cn/

article/jyjl/201309/20130900295797. shtml。

《肯尼亚购物中心袭击事件》，百度百科，http：//baike. baidu. com
/view/10921656. htm。

李保平：《关于中非教育合作的几个问题》，http：//www.
cctr. ust. hk/materials/conference/china － africa/papers/Li，Baoping －
Chin. pdf。

李小云、徐秀丽、唐丽霞：《中国对外援助的发展：若干建议》，
《国际发展时报》2016 年 1 月 27 日。

（四）外文著作

A. Bennett, *International Organizations：Principles and Issues* (3rd
Edition)，N. J.：Prentice － Hall Inc. 1984.

Ana Maria Gomes, *China's Policy and Its Effects on Africa*，European
Parliament Resolution，2007.

Basic Education Coalition Team, *A U. S. Global Education Initiative*：
Accelerating Progress Towards Education for All，Washington，D. C.：Bas-
ic Education Coalition，2009.

Damtew Teferra, *Scientific Communication in African Universities*：*Exter-
nal Agencies and National Needs*，New York：Routledge Falmer，2003.

David A. Baldwin, *Economic Statecraft*，Princeton：Princeton Uni-
versity Press，1985.

Education 2030 Framework for Action：*Towards Inclusive and Equitable
Quality Education and Lifelong Learning for All*，UNESCO，2015.

EFA － FTI, Making Aid More Effective for Education by 2010：*2008 Sur-
vey on Monitoring the Paris Declaration Indicators in Selected FTI Countries*，
Washington，D. C.：Fast Track Initiative Secretariat (FTI)，2009.

EFA Global Monitoring Report, *Aid Brief* 2009: *Recent Trends in Aid to Education*, UNESCO, 2009.

EFA Global Monitoring Report 2015, *Education for All* 2000 – 2015: *Achievements and Challenges*, UNESCO, 2015.

EFA Global Monitoring Report 2008, *Education for All by* 2015: *Will We Make It*? UNESCO and Oxford University Press Published jointly, 2007.

EFA Global Monitoring Report 2011, *Regional Overview*: *Sub – Saharan Africa*, UNESCO, 2011.

Exegesis Consulting, *An Interim Assessment of Teacher Training*: *Looking to the Future*, Washington, D. C. : U. S. Agency for International Development (USAID), 2006.

Guy Arnold, *Aid and the Third World*: *North/South Divide*, London: Robert Ryce Limited, 1985.

Handbook on Monitoring and Evaluation for Results, New York: UNDP Evaluation Office. 2002.

Helmut Führer, *The Story of Official Development Assistance*, Paris: Organisation for Economic Co – operation and Development, 1996.

H. M. Phillips, *Educational Cooperation between Developed and Developing Countries*, New York: Praeger, 1976.

Incheon Declaration Education 2030, UNESCO. 2015.

John White, *The Politics of Foreign Aid*, London: Bodley Head, 1974.

Karen Mundy, *Educational Multilateralism at a Crossroads*: *Changing International Aid to Education*, Paris: UNESCO, 1999.

Kate Vyborny, and Nancy Birdsall, *Aid for Education*: *More Bang for the Buck*, Washington, D. C. : Center for Global Development, 2008.

Kenneth King, and Buchert, Lene, *Changing International Aid to*

Education: *Global Patterns and National Contexts* (*Education on the Move*), Paris: UNESCO, 1999.

Kenneth King, *China in Africa*: *A New Lens on Development Cooperation with a Focus on Human Resources*, African Studies Group and Comparative Education Research Centre Conference, HKU, 2006.

Narcy Parkinson, *Educational Aid and National Development*: *An International Comparision of the Past and Recommendations for the Future*, London, Macmillan, 1976.

Roger C. Riddell, *Does Foreign Aid Really Work*? London: Oxford University Press, 2007.

The UN Commission on Global Governance, *Our Global Neighborhood*, Oxford University Press, 1995.

Thomas Paterson, and Kenneth J. Hagan, *American Foreign Policy*: *A History since 1900*, 2nd. Edition, Lexington: D. C. Heath and Company, 1983.

Warren Weinstein, and Thomas H. Henriksen, *Soviet and Chinese Aid to African Nations*, N. Y: Praeger Pub, 1980.

William Y. Elliott, *Education and Training in the Developing Countries*: *The Role of U. S. Foreign Aid*, NewYork/Washington/London: Frederick A. Praeger Pub. , 1966.

Wyn Courtney, *Education and Development Co - operation*: *A UNESCO Perspective*, UNESCO: Paris, 1999.

（五）外文论文

Guy Arnold, " Aid and The Third World: North/South Divide ", London: Robert Ryce Limited, 1985.

Hans Morgenthau, "A Political Theory of foreign Aid," *The American Political Science Review*, Vol. 56, No. 2, 1962.

Heyneman S., "The History and Problems in the Making of Education Policy at the World Bank 1960 – 2000," *International Journal of Educational Development*, 2003.

Joshua Eisenman, & Joshua Kurlantzick, "China's Africa Strategy", *Current History*, 2006.

Jr. Robles, C. Alfredo, "EU Development Assistance to the Year 2000 and Beyond: A Theoretical Approach," *European Studies: Essays by Filipino Scholars*, University of Philippines, Center for Integrative and Development Studies with the Institute of International Legal Studies, 1999.

K. B. Griffin, & J. L. Enos, "Foreign Assistance: Objectives and Consequences," *Economic Development and Cultural Change*, Vol. 18, No. 3, April 1970.

Kenneth Waltz, "Theory of International Politics, Reading," Mass. : Addison – Wesley Publisher Corporation, 1979.

Kingsley Banya, & Juliet Elu, "The World Bank and Financing Higher Education in Sub – Saharan Africa," *Higher Education*, No. 1, 2001.

Lene Bukater, "Directing Foreign Aid for Basic Education: Taking Account of Political Will", *Brookings Global Economy and Development Policy Brief*, No. 4, 2008.

Michel. Aid Carton, "International Co – operation and Globalization: Trends in the field of education," In Kenneth King and Lene Buchert, eds, *Changing International Aid to Education*, Paris: UNESCO, 1999.

Noel F. McGinn, *Issues and Challenges Raised by Development Agencies in Implementing the New Modalities of Aid to Education*, Prospects, No. 3, 2008.

Shoko Yamada, "Introduction: Positions of Asian Donors in The Aid Discourse toward Post – 2015," *Asian Education and Development Studies*, Vol. 3, No. 1, 2014.

Stephen Kosack, "Directing Foreign Aid for Basic Education: Taking Account of Political Will," *Brookings Global Economy and Development Policy Brief*, No. 4, 2008.

Zehlia Babaci – Wilhite, Macleans A. Geo – JaJa, Shizhou Lou, "China's aid to Africa: Competitor or Alternative to the OECD Aid Architecture?", *International Journal of Social Economics*, No. 8, 2013.

（六）其他外文文献

" CFIT Project Needs Assessment Report for Ethiopia," UNESCO, 2013.

Chinese Government Scholarship Great Wall Program （ECNU Program 2016 – 2017）.

"Final Report of Implementation Phase of Congo, DR Congo, Liberia, Tanzania, Uganda （CFIT）," UNESCO, 2017.

"Final Report of Implementation Phase of Côte d' Ivoire, Ethiopia, Namibia （CFIT）," UNESCO, 2016.

"Global Education First Initiative," http：//www. globaledu cation-first. org.

Hideki Maruyama, "International Cooperation in Education by Japan," https：//www. nier. go. jp/English/educationjapan/pdf/201209IEC. pdf.

"Lagarde, Christine," "Toward a Second Ivoirien Miracle," IMF, 2013, http：//www. imf. org/external/np/speeches/2013/010713. htm.

" Ogata, Sadako," http://www. jica. go. jp/english/about/president/

archive/ archives_ ogata/index. html.

"Peace Corps," http: //www. peacecorps. gov/about/fastfacts/.

Project Proposal for "Quality Teachers for EFA" UNESCO – Chinese Funds – in – Trust Project (CFIT) Enhancing Teacher Education for Bridging the Education Quality Gap in Africa, UNESCO, 2012.

"Shanghai Consensus," http: //www. unevoc. unesco. org/fileadmin/ up/217683e. pdf.

"Sustainable Development," http://www. undp. org/content/undp/en/ho me/ourwork/sustainable – development/overview. html.

Text of the Speech in Department of State Bulletin, January 30, 1949.

Thomas H. Stanton, "Assessing Institutional Development: the Legal Framework that Shapes Public Institutions," *Evaluation and Development*, *Proceedings of the* 1994 *World Bank Conference*, World Bank Operations E-valuation Department.

"UNESCO Executive Board Document 197/Decisions," UNESCO, 2015, http: //unesdoc. unesco. org/images/0023/002351/235180e. pdf.

"UNESCO Executive Board Document 197/4 Part II," UNESCO, 2015, http: //unesdoc. unesco. org/images/0023/002343/ 234357e. pdf.

"UNESCO Executive Board Document 197EX/20 PART I ," ht-tp: //unesdoc. unesco. org/images/0023/002340/234055e. pdf.

"UNESCO Funds – in – trust," http: //whc. unesco. org/en/funding/.

"UNESCO General Conference Document 38C/37. UNESCO, 2015," http: //unesdoc. unesco. org/images/0023/002345/234540e. pdf 。

USAID, "Administrator," http: //www. usaid. gov/who – we – are/ organization/gayle – e – smith。

（七）有关网站

http：//www. un. org/

http：//www. undp. org/

http：//www. unesco. org/

http：//www. jica. go. jp/

http：//http：//www. focac. org/chn/

http：//www. peacecorps. gov/

致　谢

　　"授人以鱼，不如授人以渔"，对于非洲教育援助是如此，对于本书所获指导亦是如此，在此要感谢所有在成书过程中给予不吝教诲和大力支持的各位师长与同仁。

　　感谢我的博士导师刘青建教授。刘老师是著名的发展中国家问题研究专家，她对非洲问题的深刻见解常常让我在迷顿之际云开雾散。由于工作原因，本书创作阶段笔者远在万里之外的法国，由于刘老师的不倦教诲、督促鼓励，时空并没有成为阻隔。没有刘老师的辛勤付出，没有刘老师的鼓励和支持，这本书不可能如期完成。

　　感谢宋新宁教授。宋老师是中国国际政治经济学的开拓者，是欧洲一体化问题研究专家。他敏锐的学术思维破解了我写作过程中的关键难题，并无私地给予了很多具体指导，让我备受启发和感动。

　　感谢我的硕士导师肯尼斯·金教授。金教授长期从事非洲教育研究，是该领域国际知名学者，这次虽然没有得到他本人的亲自指导，但其学术思想始终影响着我，其关于非洲教育援助的新作，使我如获至宝。

　　感谢田野教授、韩彩珍教授、罗天虹副教授、蒲傅教授、徐莹副教授从逻辑框架、理论构建以及论述表达等方面给予了很多建设性的意见和建议，有力地强化了本书的学术思考。

　　感谢中国现代国际关系研究院林利民研究员、中国社会科学院西亚非洲研究所杨立华研究员、中国现代国际关系研究院徐伟忠研究员、中国人民大学国际关系学院宋伟教授对本书提出的中肯意见，他们的真知灼见让我受益匪浅。

感谢时殷弘、杨光斌、任剑涛、王义桅和孙龙等国际关系学院的老师们，他们的权威课程和专业素养都给我以深深的教益。

感谢清华大学张小劲教授和谢喆平副教授。他们为本书内容的完善提供了莫大的支持和帮助。谢老师著的《中国与联合国教科文组织关系的演进》一书为我的论文写作提供了极具价值的参考和借鉴。

感谢华东师范大学任友群教授。感谢教育部教育管理信息中心展涛教授。感谢中央教育科学研究所孟鸿伟研究员。感谢教育部教育发展研究中心安雪慧教授。感谢中国社会科学院外国文学研究所徐德林副研究员。通过对他们的拜访求教，研究过程常耳目一新，学术观点得以不断斧正。

感谢重庆大学高庆萱副教授。感谢教育部国际司杨晓春处长。他们的热情鼓励和鼎力支持给予我面对各种挫折的勇气。

感谢王朝霞、赵晨光、王勇、王志浩、魏力苏、赵雅婷、方锦程、章洁、卓振伟和杨鸿柳等我亲爱的同门兄弟姐妹们。无论人在校园还是身处海外，我都在第一时间获得他们的倾情相助。

感谢中华人民共和国联合国教科文组织全国委员会的各位领导和同事们，杜越秘书长甚至于百忙之中阅读了本书初稿并提出宝贵意见，他的师长风度是我学习的楷模。

感谢中华人民共和国常驻联合国教科文组织代表团的各位领导和同事们，他们的理解与信任为我提供了不竭动力。

感谢联合国教科文组织中国借调专家董建红博士。她与我分享了信托基金项目的一手资料，多次与我就写作进行深入探讨，提出大量宝贵意见，给予我极大的鼓舞。

　　感谢我的父母和家人。他们的全力配合和默默付出是本书顺利成稿的重要保障。

　　最后，本书的出版还得到了社会科学文献出版社赵怀英编辑的专业指正，在此深表谢忱。

薛莲谨记

2018 年初夏于巴黎

代后记

展示在读者面前的这本书是我挚爱的学生薛莲博士的遗作，本书是在她博士论文的基础上增修完成的学术专著。

2015 年，在启动"非洲国际关系论丛"之初，薛莲博士就是一个积极的支持者和参与者，并一直在繁忙的中国常驻联合国教科文组织代表团工作之余，不断根据出版社的要求对书稿进行修改。可是，却因出版经费问题，多次搁浅。比这更糟糕的情况是她不幸身患重病，与绝症抗争之际，她仍在为书稿不能出版而深以为憾。我则坚定地表示：我们共同努力完成此书的出版。当时，我全部的心愿就是在她离世之前能够见到此书的出版。可是，寻找出版资助实在艰难，终未能让她见到凝聚了多年心血的著作问世。于是，促成此书出版的任务就历史地落在了我的肩上。这是我对她的一个承诺。

2020 年 3 月，在中国艰难抗击新冠肺炎期间，外交部非洲司领导对该书稿的出版给予了大力支持，外交部"中非联合研究交流计划项目"提供了该书的出版资助。

书稿的再次修改是在得知了评审专家意见之后开始的。然而，修改的过程却比想象的更加艰难。其艰难不是书稿本身，而是失去挚爱学生给我造成的情感伤痛。因为就书稿而言，我和薛莲博士从论文的框架结构设计到主要观点的确立，再到论点论据和逻辑关系的斟酌，以及论文写作的全过程，经过了无数次的讨论、商榷和磨合。当时，让我感叹的是薛莲博士虽远在万里之外的法国巴黎的中国常驻联合国教科文组织代表团工作，但她从未因工作繁忙而懈怠。常常是我这边深夜把修改意见用电子邮件发给她后就寝，第二天上午打开电脑就收到了她修改后的部分。她的勤奋和认真使我发自内心地赞扬。对于在中国常驻联合国教科文组织代表团工作的她来讲，在繁重的工作之余为完成博士论文，真不知熬过了多少个不眠之夜。更值得称赞的是她在三年之内完成了博士学业，并以优异的成绩按期毕业。这在中国人民大学国际关系学院的在职博士生中是少之又少的。

情感的痛苦是睹物思人，是白发人送黑发人的哀伤。对她无尽的思念常常使我的修改工作难以为继。不知经历了多少次拿起放下，再拿起再放下。有时是一段文字还没有读完，就读不下去了，或者是完全不知所读文字的内容是什么，全然不在工作状态。我的思路常常被一些往事打断：时而呈现招收博士生面试时，和她的初次相识；时而展现确定了研究选题之后，我们一同前往浙江师范大学非洲研究院（当时该院出版了一系列非洲教育研究的著作）开会调研的情形；时而又回忆起她带着丈夫和女儿捧着生日蛋糕从北京开车到几十里之外的涿州（我当时临时在那里居住）为我庆贺生日的温馨；时而又漂洋过海，浮现我们在巴黎一起参观游览莫奈花园的快乐时光……以致本书成为我有生以来耗费时日最多也最难完成的书稿。

当外交部的批文放在案头，我才猛然意识到不能再这样拖延下去了。强忍着思念和哀痛，先甄别了我手头的几个不同的版本，确认了哪一个是她最后的定稿。接下来的工作是按照评审专家的意见调整结构，让著作的理论和实践结合得更加紧密。进而是对引文的查对，对观点和文字的斟酌，以便能真实表达作者的原意并使书稿的语言文字更流畅，观点表达更准确。经过三次的校读和修改，终于使该书以更高的水准呈现在读者面前。

为此，首先感谢中国政府首任非洲事务特别代表刘贵今大使为出版该书给予的建议。特别感谢我的学生外交部非洲司的贺萌参赞为我寻找出版经费所做出的诸多努力。感谢外交部非洲司领导以及中非合作论坛办的万涛副主任、万鹏参赞为该书出版所付出的辛劳。感谢薛莲的博士同学们苗吉、张凯、王朝霞、王志浩、赵晨光、赵雅婷、王聪悦、李源正、魏力苏等为其著作的出版给予的各种帮助。感谢本书的责任编辑社会科学文献出版社的赵怀英博士一直以来对"非洲国际关系论丛"以及本书出版的全力协助。

最后，我要告慰九泉之下的薛莲博士，在许多人的帮助和努力下，我终于完成了你的遗愿。这本书是你留给我们的最珍贵的礼物。

刘青建

2020 年 6 月 1 日于北京世纪城对山书屋

图书在版编目（CIP）数据

中国对非洲教育援助研究：以中国－联合国教科文组织信托基金为例／薛莲著 . -- 北京：社会科学文献出版社，2020.12

（非洲国际关系论丛）

ISBN 978 - 7 - 5201 - 6106 - 0

Ⅰ . ①中⋯　Ⅱ . ①薛⋯　Ⅲ . 中外关系 - 对外援助 - 研究 - 非洲　Ⅳ . ①D822.24

中国版本图书馆 CIP 数据核字（2020）第 032184 号

· 非洲国际关系论丛 ·

中国对非洲教育援助研究

——以中国－联合国教科文组织信托基金为例

著　　者／薛　莲

出 版 人／王利民

责任编辑／赵怀英

出　　版／社会科学文献出版社 · 联合出版中心（010）59366446
　　　　　地址：北京市北三环中路甲 29 号院华龙大厦　邮编：100029
　　　　　网址：www. ssap. com. cn

发　　行／市场营销中心（010）59367081　59367083

印　　装／三河市龙林印务有限公司

规　　格／开　本：787mm × 1092mm　1/16
　　　　　印　张：16.5　字　数：213 千字

版　　次／2020 年 12 月第 1 版　2020 年 12 月第 1 次印刷

书　　号／ISBN 978 - 7 - 5201 - 6106 - 0

定　　价／129.00 元

本书如有印装质量问题，请与读者服务中心（010 - 59367028）联系